国际投资与"一带一路"建设

李 青 韩永辉◎著

科学出版社

北 京

内 容 简 介

本书主要分为国际投资基础篇、"一带一路"倡议篇、案例篇。国际投资基础篇对国际投资的基本概念、投资理论、资金来源、各种投资方式及投资风险等进行全面的分析与探讨。"一带一路"倡议篇从区域国际投资合作的前景、投资环境、重点投资领域、投资状况、产能合作、投资争端解决等方面对"一带一路"共建国家国际投资进行深入剖析。案例篇从区域视角,通过介绍中国企业对外投资典型案例帮助读者进一步深入了解中国企业在"一带一路"共建国家的投资情况。

本书适合作为高等院校经济、管理类学科本科生和研究生的教材或教学参考书,也可供从事铁路运输行业、国际物流行业、制造业、能源与信息行业等的经济管理人员阅读和参考。

图书在版编目(CIP)数据

国际投资与"一带一路"建设 / 李青,韩永辉著. —北京:科学出版社,2024.12
ISBN 978-7-03-073637-6

Ⅰ. ①国… Ⅱ. ①李… ②韩… Ⅲ. ①国际投资 – 研究 Ⅳ. ① F831.6

中国版本图书馆 CIP 数据核字(2022)第 201289 号

责任编辑:王京苏 / 责任校对:姜丽策
责任印制:张 伟 / 封面设计:有道设计

科学出版社 出版
北京东黄城根北街 16 号
邮政编码:100717
http://www.sciencep.com
三河市春园印刷有限公司印刷
科学出版社发行 各地新华书店经销

*

2024 年 12 月第 一 版 开本:787×1092 1/16
2024 年 12 月第一次印刷 印张:16 1/4
字数:380 000
定价:128.00 元
(如有印装质量问题,我社负责调换)

序　言　一

　　"丝绸之路"一词提出一个多世纪以来，引发了西方众多学者的兴趣，开启了丝路学的研究。在最初的 50 年，形成了"丝绸之路在中国，丝路学中心在西方"的学术格局。"一带一路"倡议的提出和实践，有效激发了中外学者投入丝路学研究的积极性。

　　但近年来，西方对"一带一路"倡议的认知存在较大的偏差和误解。中国学术界如何结合全球丝路学的研究背景，重新定位中国与世界的关系，探索构建"一带一路"发展学，通过加强基础理论研究为"一带一路"倡议实践提供有效的指导意义，成为振兴中国丝路学的必然趋势和有效路径。李青教授和韩永辉教授的研究团队撰写的《国际投资与"一带一路"建设》一书的出版，在此背景下具有重要的学术价值和教学价值。

　　"一带一路"发展学的研究是跨学科的研究，既需要丰厚的多学科理论底蕴，又需要丰富的实践经验。李青教授和韩永辉教授的研究团队具有深厚的"一带一路"倡议研究背景，尤其是对全球产业链、国际投资等全球化和全球经济治理的相关课题，有较高质量的研究成果，理论基础扎实。同时，广东国际战略研究院与多个中小企业合作，收集和研究了大量的中国企业在"一带一路"共建国家投资的案例，能够为读者更准确地了解和把握中国企业在"一带一路"共建国家的投资动态提供一个新的视角。

　　纵观现有关于"一带一路"发展学的出版物，多数以期刊或专著的形式问世，鲜见有结合国际投资的"一带一路"倡议科普性文献。广东国际战略研究院是全国首个获批"全球经济治理"专业的博士点，培养了一批跨学科、跨专业的综合研究人才，在人才培养过程中沉淀了丰富的实践经验，探索出了国际化人才的培养需求和方法，为《国际投资与"一带一路"建设》一书的撰写提供了坚实的教学价值支撑。期待这本能为国家培养国内国际双循环新发展格局背景下的综合型人才的理论与实践有效融合的专业性文献的出版！

林桂军

对外经济贸易大学原副校长、教授

2024 年 8 月

序 言 二

"一带一路"倡议自提出以来，坚持共商共建共享，取得了重大的成就。在《中共中央关于党的百年奋斗重大成就和历史经验的决议》中，共建"一带一路"被表述为"当今世界深受欢迎的国际公共产品和国际合作平台"。如何推进中国企业以"高标准、可持续、惠民生"为目标"走出去"，全方位开展与"一带一路"共建国家经济发展、民生改善相关的合作项目，从而携手共同建设和平之路、繁荣之路，推动共建"一带一路"高质量发展，成为当下中国企业界和学术界应当共同探索的重要课题。

正是在这样的时代背景下，广东国际战略研究院的李青教授和韩永辉教授带领的团队以全球化的视角及战略性的眼光辨清中国在"一带一路"建设中所面临的机遇与挑战，创作《国际投资与"一带一路"建设》一书，以国际投资理论为基石，为政府及企业在推动和参与共建"一带一路"高质量发展的实践中提供有效的战略咨询与决策支持。该书坚持"五通"的视角，围绕中国对"一带一路"共建国家的投资状况，对"一带一路"倡议的发展成果进行梳理和总结，提出中国与"一带一路"共建国家的国际产能合作的新模式和新机制，有助于开拓中国企业参与"一带一路"建设的新视野。总体而言，该书的理论基础扎实、实践指导建议独具视角与创新思维。

从理论意义上看，该书在阐述理论时具有历史发展的视角并遵循理论动态演化的规律。该书首先对国际直接投资理论的发展历程进行梳理，其次对与发展中国家息息相关的国际直接投资理论进行论述，同时，该书还关注国际投资理论发展前沿，探讨最新的国际直接投资理论。这种行文结构安排和理论分析逻辑有利于读者清晰地看到国际投资理论的发展脉络与发展趋势。从实践指导意义上看，该书对"一带一路"共建国家的经济特点及其产业优势进行全面解读，在剖析目前中国企业在东道国投资状况的同时，对中国与"一带一路"共建国家开展产能合作的重点领域及其发展战略进行创新性探究，对参与"一带一路"合作的企业具有重要的决策参考价值。

盛 斌

南开大学副校长、教授

2024 年 8 月

序 言 三

中国的经济崛起是全球经济一体化历史进程的一个组成部分。这种现象必须在世界经济体系理解性框架内部而不是在其之外来理解。现有的国际经济秩序是由权力和政治决定的，同时也是由历史、文化和价值观决定的。这些正在改变，并且未来还将继续改变。冷战的结束、苏联的解体、经济自由主义的盛行、美国单边主义的衰落、世界金融危机的发生、新兴大国的崛起，特别是中国的崛起，都在影响着世界经济。中国的崛起，尤其是最近几年中国提出的一系列全球倡议，包括"一带一路"倡议是否正在将现行的世界秩序转变为更加横向的关系？中国的伟大复兴是否会导致新的发展理念的出现，形成南南关系的国际体系，并形成一种新型的发展模式？

从世界体系理论角度来看，中国的崛起对世界经济格局产生了巨大的影响。现代世界经济体系是以资本为逻辑、为主导的，并且受资本积累（也称为"价值法则"）的驱动。世界经济几个世纪以来一直在扩张，逐渐将全球纳入其劳务分工之中。资本流动和生产转移导致了权力的地理转移。中国的崛起可以被解读为其发展战略政策的成功，即中国通过开放政策获得了全球分工、资本转移和资本流动带来的利好。比如，新中国成立 70 多年来，在中国共产党的领导下，实施改革开放的新中国在几乎一穷二白的基础上，建立起门类齐全的现代工业体系，实现了由一个贫穷落后的农业国成长为世界第一工业制造大国的历史性转变。换句话说，中国的成功反映了世界经济的内涵特征。

大国兴衰在世界经济重塑中扮演的角色是复杂的，是机会与挑战、向上动力与向下动力的动态统一。世界经济的历史演变是一系列周期性现象，每个周期都伴随着新兴大国的崛起，并且每个周期的新兴大国都有其独特的发展和治理模式。每个周期中的主导国家都会根据半边缘和边缘国家的劳动力技能与价格、技术水平以及当地政策条件将制造业和资本向半边缘和边缘国家转移。正是制造业的转移和资本流动、世界"发展空间"的扩大给发展中国家带来了更多的机会与选择。中国的"一带一路"倡议是世界经济的新一轮周期性现象的反映，体现了中国作为一个新兴大国不是只关注自身的发展，而是致力于实现亚欧非大陆的半边缘和边缘国家多元、自主、平衡、可持续的发展。

长期以来，国际公共产品供给不足、基础设施落后、经济发展水平低困扰着广大的欧亚地区的发展中国家。对"一带一路"共建国家的国际投资作为新国际开发项目，可以在短期内创造就业机会、完善基础设施，长远来看，可以激发经济活力。"一带一路"倡议将以开放包容的态度扩大跨国界的利益。

"一带一路"倡议已经超越了其推动经济发展和互联互通的经济意义，而形成了代表中国特色的一种新的世界秩序。这种世界秩序并不是要取代西方主导的秩序，而是为全世界，尤其是广大南方国家提供了一个新的选择、一个新的机遇、一个新的发展模式。世界秩序正朝着多秩序的方向发展。世界各国都在按照自己的国情选择自己的发展模式和合作伙伴。"一带一路"无疑已成为全世界瞩目的、不可忽略的、最具有吸引力的选项。

广东国际战略研究院的李青教授和韩永辉教授著的《国际投资与"一带一路"建设》一书，结合广东国际战略研究院与多个中小企业的合作，收集了大量的中国企业投资"一带一路"共建国家的案例，对全球产业链、国际投资等领域进行了高质量的研究。这本书不仅验证了世界体系理论，而且显示了中国的模式、中国的方案和中国的选项。

李　形

丹麦奥尔堡大学国际关系学教授

中国广东国际战略研究院特聘教授

2024 年 8 月

前　言

自 2013 年提出以来，"一带一路"倡议以中国的新发展为世界提供新机遇，以持续高质量发展的举措，在扩大国内各区域开放水平的同时，拓建了更为广泛的朋友圈，向世界表明了中国持续推动全球经济复苏的不懈努力和构建人类命运共同体的大国担当，并取得了实打实、沉甸甸的成就。

当前，正值世界百年未有之大变局，部分国家推动产业回流、收紧外资政策、加强外资准入审查，经济全球化出现分化，中国的对外投资遭遇逆流。中国企业如何抓住历史发展机遇，依托"一带一路"倡议的重要平台，推动中国与"一带一路"共建国家产业合作持续拓展、投资合作持续深化，实现对外投资的高质量发展，成为重要的课题。

本书从国际投资的基本概念和发展历程出发，梳理国际投资的基本理论、基本规律和基本要素，并重点围绕"一带一路"共建国家的投资环境和中国企业的对外投资状况，从"五通"的角度总结"一带一路"倡议的发展重点、目标及其成果，研判投资存在的风险，继而从地区、国家、产业和企业等多个层面探讨中国与"一带一路"共建国家的国际产能合作状况、合作模式及合作机制，为中国企业立足自身优势、稳步拓展与"一带一路"共建国家合作新领域、强化风险防控提出一系列务实的参考建议。

本书结构和主要内容如下。

全书分为三篇，第一篇为国际投资基础篇，包括第一章至第六章；第二篇为"一带一路"倡议篇，包括第七章至第十四章；第三篇为案例篇，即第十五章。第一章导论围绕国际投资的概念和基本特征，解释国际投资的产生过程及其对投资国和东道国的影响，同时总结国际投资的主要研究内容和研究方法。第二章对国际直接投资理论的发展历程进行梳理，详细介绍垄断优势理论、内部化理论、产品生命周期理论、比较优势理论等主流的国际直接投资理论，并有针对性地介绍资本相对过度积累理论、小规模技术理论等与发展中国家息息相关的国际直接投资理论。本章还紧跟国际投资理论发展前沿，分析异质性企业理论、战略三角理论等最新的国际直接投资理论。第三章主要围绕国际直接投资中的绿地投资、跨国并购，以及国际间接投资中的国际股权投资和国际债券投资等国际投资方式，对各种投资方式的基本含义、内容、特点和优缺点等方面进行介绍及对比。第四章主要阐述国际投资环境的定义、构成要素及特性，概括国际投资环境的评估方法，并在此基础上进一步总结国际投资环境风险识别和风险管理的办法。第五章分别从对外投资和吸引外资两个角度梳理国际投资的规则和法律规章制度。第六章系统介绍中国对外投资不同发展阶段的特征，在此基础上总结中国对外投资和利用外资的状况。第七章从历史背景、发展历程、基本内涵等方面对"一带一路"倡议进行比较全面的解读。第八章则从"五通"的角度总结"一带一路"倡议的发展重点，并在分析六大经济走廊项目概况的同时，展望中国与"一带一路"共建国家投资合作的前景。第九章介绍"一带一路"共建国家的经济特点、优势产业及其与中国的经贸合作关系。第十章分析了中国对"一带一路"共建国家的直接投资状况。第十一章从"一带一路"宏观视角出发，剖析"一带一路"的投资环境及中国企业进行直接投资所面临的风险，并为其应对投资风险、迎接挑战提出一些参考意见。第十二章从国际产能合作的基本内涵、特征及发展思路出发，分析总结中国与"一带一路"共建国家开展产能合作的状况，并对产能合作重点领域及其发展战略进行具体的探究。第十三章借助国际投资协定的概念，全面分析中国与"一带一路"共建国家的国际投资双边协定、区域协定和多边协定的签订背景和发展状况，并进一步阐述"一带一路"地区的国际投资争端解决机制。第十四章通过对亚洲基础设施投资银行（以下简称亚投行）、丝路基金、第三方市场合作和境外经贸合作区的发展历程与内部机制及职能等方面的梳理，探讨"一带一路"倡议框架下的国际合作模式和合作机制的创新。最后本书专门用第十五章补充一些延伸性学习材料，通过中国企业对外投资的真实案例，结合投资母公司和被投资公司的发展状况及投资并购过程，分析中国企业对国际投资区位、行业和企业的选择偏好，以期让读者更准确地了解和把握中国企业在"一带一路"共建国家乃至全球范围内的对外投资情况。

本书由广东外语外贸大学广东国际战略研究院李青教授和韩永辉教授撰写。同时感谢杨妙新、罗晓斐、谭舒婷、何珽鋆、彭嘉成、王红波、邓家利、张双钰、董峰、韩素璇、廖阳菊对专著撰写工作的帮助和支持。

本书特别感谢国家社会科学基金重大项目"粤港澳大湾区构建具有国际竞争力的现代产业体系研究"（20&ZD085）、国家社会科学基金重大项目"全球产业链重构对全球经济治理体系的影响及中国应对研究"（21&ZD074）、国家自然科学基金项目（71873041、72073037）、广东省自然科学基金项目（2021A1515011814）、广东外语外贸大学全球治理与人类命运共同体实验室和广东省哲学社会科学创新工程 2022 年度特别委托项目（GD22TWCXGC12）、深圳市建设中国特色社会主义先行示范区研究中心委托课题"新发展格局下深圳高水平对外开放研究"（SFQZD2402）、中国海外利益保护研究中心、广东省习近平新时代中国特色社会主义思想研究中心广东外语外贸大学基地的资助。

在本书撰写过程中，参考了国内外相关研究文献，国家发展和改革委员会（以下简称国家发展改革委）、商务部、国家统计局、中国海关数据库及各级政府和智库公布的最新资料，在此一并表示感谢。本书力求逻辑架构清晰、研究方法丰富、研究内容全面，希望具有较高的启发性，但由于笔者理论基础、实务经验及研究水平有限，本书难免存在着诸多不足，未能尽善尽美，望业界前辈、同仁及读者批评指正。

李青　韩永辉

广东外语外贸大学

2024 年 8 月

目　　录

第一篇　国际投资基础篇

第三篇　案　例　篇

第一篇

国际投资基础篇

第一章 国际投资导论

作为国际经济活动的主要形式之一，国际投资不仅在商界成为备受关注的重要领域，在学术界也一直是研究的热点。国际投资活动能够有效地加速生产国际化和资本国际化，同时促进国际技术交流、推动科技进步，促进生产力的发展，进一步推进经济全球化进程，从而对世界经济产生重大影响。准确把握国际投资的内涵、了解国际投资的特征、明晰国际投资发展的脉络、熟悉国际投资的研究内容并掌握必要的研究方法，对于掌握国际投资的全貌，尤其是对于分析和理解国际投资对投资国与东道国产生的影响具有基础性意义。本章主要围绕国际投资的概念和基本特征，解释国际投资的产生过程及其对投资国和东道国的影响，同时，在此基础上总结国际投资的主要研究内容和研究方法。

第一节 国际投资概述

从不同维度看待国际投资，可以对国际投资进行不同的定义。例如，有些经济学家从投资主体的角度去定义国际投资，有些经济学家则把投资期限作为其切入点去定义国际投资。国际投资定义可概括为以跨国公司、国际金融机构、个人投资者、政府机构和非政府组织等为代表的投资主体，为获得预期回报而将货币或其他资产形式的资本投入境外的经济活动中的行为。对于这些投资主体而言，它们对自身的投资行为具有独立决策的权力，同时也需要尽到相应的责任，即对投资结果负责。不仅如此，这些投资主体还具备将自身所拥有的货币、有形或无形资产和生产要素进行资本化的能力，以跨国运营的方式来实现资本的跨国界流动和配置，最终实现价值增长。

一、国际投资内涵的延伸与发展

近年来，随着国际投资的发展，有关国际投资的定义也有了延伸和发展，主要包括以下几个方面。

（一）投资主体和客体向多样性发展

首先，在国际投资领域，国际投资的主体不再局限于一国居民或企业，还包括各国政府和国际组织，如一些国际金融机构和国际基金组织，也积极地在世界范围内进行着国际投资活动。其次，投资客体也日渐丰富，包括了土地、厂房、设备等实物资产和知识产权、服务、专利技术等无形资产及证券、应收账款、期权等金融资产。各式投资主体和投资客体的不同组合使得国际投资内涵与形式更加丰富，也使得国际投资越发多元化。

（二）资本的跨国运营成为主要内容

国际资本流动是资本的跨国输入或输出。国际投资作为国际资本流动的一种形式，不仅包括商品和货币的运营，还包含对资本的跨国运营，是商品、货币和资本的整合运营，具有营利性、经营性等特性。也正因如此，复杂的国际投资环境和相对较高的投资风险是国际投资主体需要面临的一大挑战。

（三）投资目的向非经济增值延伸

实现价值增长是国际投资的核心目标，这里的价值增长不仅是在国内实现价值增长，更是一种超越国界的价值增长。不仅如此，这里所说的价值既包括经济价值，又包括政治、社会及公益等多个方面的非经济价值。也就是说，国际投资的目的逐步从单一的经济增值目的，向实现经济价值、政治价值和公益价值等多方面价值的增长延伸。对于一些营利性机构，如跨国公司，为了实现自身收益的最大化，其以国际投资的形式在全球范围内寻找最适合投资的场所。而对于政府部门和一些国际组织而言，进行国际投资更多是为了促进国际贸易的平衡发展，消除部分落后国家的贫困问题，甚至是为了获得战略优势，因此这些投资带有较浓的公益色彩，是以非经济增值为目的的投资行为。

二、国际投资的主体和客体

（一）国际投资的主体

国际投资的主体通常是指那些能够对自身投资具有独立决策权，承担自身投资行为责任的投资实体，既包括企业法人，也包括政府机构和非政府组织，还可以是自然人。随着国际投资的发展，国际投资的主体也呈现出多样化的发展，主要包括四类，即跨国公司、个人投资者、国际金融机构及政府机构和非政府组织。

1. 跨国公司

跨国公司是指在全球范围内从事生产、销售等系列经营活动的经济实体，是国际化大型企业。其通常会在母国以外的国家或地区设立子公司或是办事处，但国外子公司和办事处均由母国的总公司进行管理。在国际直接投资领域，跨国公司是最为重要的主体。

2. 个人投资者

个人投资者主要参与国际间接投资活动，其中以买卖国际证券为主，主要是对各种国际投资证券进行投资或是对国际投资工具进行相应的买卖，如对存托凭证的投资或持有。一般而言，个人投资者在进行国际间接投资活动时无须离开本国国土，即主要在本国范围内从事相应的投资活动。而个人投资者的国际直接投资活动则是在东道国建立个人独资企业，或者与他人或其他企业建立合伙制企业或公司制企业，但个人投资者从事国际直接投资活动的仅为少数。

3. 国际金融机构

国际金融机构主要可以分为两大主体，一类是跨国银行，另一类是非银行机构。实际上，在国际证券投资和金融服务行业，国际金融机构扮演着重要的直接投资主体角色。

此外，不同的国际金融机构，其业务范围也存在差异。因此，根据其业务范围的不同，这些国际金融机构具有全球性和区域性的差别。

4. 政府机构和非政府组织

政府机构主要指各国政府部门，而非政府组织则是一些国际性组织。政府机构和非政府组织的主要职责就是从事带有国际援助性质的国际投资，该投资具有基础性和公益性，如对一些较为落后的国家提供国家政府援助贷款、政府优惠贷款、世界银行贷款等，但这些贷款多半带有附加条件。

（二）国际投资的客体

国际投资的客体指国际投资主体从事国际性投资活动时的操作对象，包括实物资产、金融资产和无形资产。

1. 实物资产

实物资产属于有形资产，在生活中，人们可以通过将实物资产投入生产活动或者是转化为服务的形式来实现财富或收入的增长和在经济活动中创造收益。具体而言，实物资产主要包括土地、建筑物（如厂房）、机器设备和零部件及原材料等。

2. 金融资产

金融资产是指一种以价值形式存在的资产，是单位或个人用以索取实物资产的凭证，可大致分为现金及现金等价物金融资产和其他金融资产两大类。前者主要包括现金、各类银行存款、货币市场基金的现金收入及人寿保险的现金收入等。而后者则包含了国际债券、国际股票等因为个人投资行为而获得的资产。

3. 无形资产

与有形资产相对，无形资产指归属于企业，但不存在实物形态的非货币性资产。从广义上看，无形资产包括金融资产、专利权、商标、商誉等。而从狭义上看，通常以会计上的定义，将专利权、商标、商誉等作为无形资产。

三、国际投资的分类

（一）按投资主体分类

以投资主体为分类标准，可以将国际投资分为两类，一类是国际公共投资（international public investment），另一类是国际私人投资（international private investment）。一般认为，国际公共投资主要指各国政府部门或者国际组织所进行的以公共利益为主导的国际投资活动，多半带有国际援助的色彩。而国际私人投资，主要指个人或者跨国企业所进行的营利性质的国际投资活动，其主要目的是实现自身利益最大化。例如，欧莱雅进入中国市场，其看重的是中国是一个巨大的消费市场。

（二）按投资期限分类

以投资期限作为分类标准，国际投资又可划分为两类，一类是短期国际投资（short-term international investment），另一类是长期国际投资（long-term international investment）。

这种分类主要是按照国际收支统计分类，将一年内的债权定义为短期投资，超过一年期限的债权、股票和实物资产则纳入长期投资的范围。但是在时间期限上颇有争议，有人认为应以 3 年为期限节点来划定长期国际投资和短期国际投资，有人认为应以 5 年为期限节点。

（三）按投资形式分类

1. 国际直接投资

国际直接投资是指投资主体以获取企业经营管理权的形式来获得投资收益的投资方式，具有实体性、控制性和渗透性。像绿地投资、跨国并购等投资参与方式都属于国际直接投资。而从所有权来看，国际直接投资主要有三种形式，即国际合资经营、国际合作经营和国际独资经营。

2. 国际间接投资

国际间接投资是指在国际证券市场上，投资者通过购买外国企业发行的股票和外国企业或政府的债券来获取利润的投资方式，主要包括国际证券投资及国际信贷投资这两种形式。具体而言，国际证券投资囊括了国际股权投资和国际债券投资，而国际信贷投资则主要包含了政府贷款、国际金融机构贷款等。与国际直接投资相比，国际间接投资不能对筹资者的经营活动进行控制。

3. 国际直接投资与国际间接投资的区别

一般而言，这两种国际投资形式主要有以下几点区别。

（1）是否对国外企业具有控制权。对于国际直接投资来说，掌握国外企业的控制权是其盈利的关键所在，而国际间接投资的盈利方式主要是购买国际债券，因此间接投资一般不掌握对国外企业的控制权。

（2）资本跨国流动的复杂程度有所不同。国际直接投资活动主要涉及的是生产资本的跨国流动，而这里的生产资本不仅包括货币资本，还包括一些非货币资本，如设备、零部件、专利、劳动等生产要素。也就是说，国际直接投资是货币、商品和劳务等生产资本在世界范围内流动的投资活动。而国际间接投资更多的是依托国际证券市场来从事相关的投资活动，即以货币资本为主要形式来实现国际投资。

（3）投资风险存在差异。由于国际直接投资主要与企业的生产经营活动有关，而这一连续性的活动往往需要较长的投资周期，也就意味着当投资者在进行国际直接投资时，其所面临的风险有所增加。不仅如此，国际直接投资往往与企业经营状况挂钩，也就意味着国际直接投资获取的收益存在着不确定性，会因为企业经营状况的改善而引起利润的上升，也会因为经营状况的恶化而导致利润下降。但是对于进行国际间接投资的投资者而言，其主要参与方式是购买国际证券，这一投资行为是一种短期行为，且收益较为稳定，从而承担的风险也就相对较小。

四、国际投资的特征

在国际投资的发展进程中，国际投资的投资范围逐步扩张，投资主体和客体呈现出多元化的发展，投资目的也不再仅仅局限于营利，因此，国际投资的特征随着国际投资活动的拓展与延伸而有所变化。与国内投资不同,国际投资主要包括以下几个特点。

（一）国际投资主体身份具有双重性

国际投资的运作主体作为国际投资活动中的主要参与者,既可以对外国进行直接投资,又可以接受外商的直接投资,总体上呈现出国际投资主体身份的双重性。这里所说的进行对外直接投资的国际主体主要包括跨国公司和跨国银行等跨国机构,其通过在世界上其他国家和地区建立分部或者是子公司来实现国际化的生产经营,因此也成了国际投资活动中的主要行为体;而吸收外商投资的主体一般包括国内各地政府和企业机构,各地政府在吸引外商直接投资当中往往发挥着主要作用。

（二）国际投资使用的货币价值存在波动性

国际货币作为国际投资的使用载体,在发挥国际支付作用时其使用价值往往呈现波动性的特征。为便利国际投资合作,国际投资者往往使用国际上通用的货币（如美元、英镑和欧元等）进行国际投资交易。受国际收支和外汇储备、利率、通货膨胀和政治局势等因素影响,本国货币在兑换国际货币时,货币价值往往呈现上下波动的特性。其中,汇率波动包括货币贬值和货币升值,货币的价值走势一般会对国际投资的流动规模、流动走向及流动形式产生一定程度的影响。

（三）国际投资领域受国际博弈影响

国际投资作为一种经济行为,其投资运行掺杂经济因素的同时往往也和大国之间微妙的关系息息相关,具有一定的政治色彩。在投资前期,投资者需要对东道国的国际投资环境和投资法律制度进行全面的调查分析,特别是要对涉及政治敏感的投资行业领域做进一步的了解;在投资项目运行过程中,受国际政治关系动荡影响,东道国可能会利用本国政策措施,对跨国公司的资金流通设置限制、资产实行冻结,甚至强制对外资企业实行国有化措施,使得国际跨国企业在国际投资经营当中面临很大的政治不确定性。

（四）国际投资环境呈现差异性

当投资者从事国际投资时,也就意味着其需要跨越国家的边界,同来自不同国家的人进行经贸合作。而各国在语言、制度、文化、传统习俗等方面有所差异,由此导致投资者在东道国进行投资时难免受到一些阻碍。例如,中国企业在东南亚进行国际投资时,在不了解当地环境保护机制、风俗习惯等的情况下,就会很难抢占东南亚市场的市场份额。不仅如此,北美外资安全审查机制的愈发严苛也无疑抬高了外资进入北美的门槛。因此,在国际投资中,应当充分了解东道国的制度、风俗习惯等,适应东道国与本国在投资环境方面存在的差异性,以此增加投资成功的可能性。

（五）国际投资过程曲折烦琐

国际投资所涵盖的时间周期较长,在对外投资经营的过程中也会面临诸多问题和挑战。一方面是企业投资经营面临的制度性障碍和要素性壁垒。制度性障碍方面,东道国通常会通过市场准入、投资股份比例方面严格的法律法规和规范性文件来限制国际投资者的投资范围和投资深度。此外,投资者还面临东道国政府的各类行政审批,可能出现企业开办时间周期较长,设立手续烦琐等问题。要素性壁垒方面,投资者在进行对外投资活动中往往在资金流动、土地供给、人才流通、信息流动等方面遇到问题,面临高昂的投资要素成本。另一方面,当前,国际上对于在国际投资过程中发生的矛盾冲突没有很好的应对和解决措施,纠纷解决机制还不够完善。由此,国际投资者在国际争端解决当中往往处于被动地位,如面临申请国际仲裁程序烦琐、周期长,效力认定及执行难等问题。

（六）国际投资运营风险大

在一国范围内从事投资活动时,所面临的环境较为单一,投资者主要考虑收益性、安全性和变现性等因素,投资收益受环境影响的程度较国际投资而言较小。国际投资是一种在世界范围内进行的投资活动,复杂多变的国际投资环境大大增加了投资的风险。一是汇率风险,国际投资属于跨国投资,免不了要进行汇率兑换等活动,此时汇率的波动将会对国际投资产生不小的影响。当投资者所持有的货币受汇率波动而大幅贬值时,其获得的利润也会大幅减少。二是政治风险,当东道国的政局动荡、政权更迭,相应的国际投资政策和对待外来资本的态度都将有所改变,势必会影响投资者的收益。因此,在国际投资领域,汇率风险和政治风险均会导致投资风险的加大。

（七）国际投资目的复杂多变

国际投资不是以营利为唯一目标,不同的投资主体有不同的投资目标。对于个人或跨国公司而言,其在国际投资领域是以利益为主导,在全球范围内寻求最适宜的投资场所,以此来获得高额收益。而对于一国政府和国际金融组织来说,它们从事国际活动的主要原因是为了社会公共利益。各国政府对落后的边缘化国家提供政府贷款,在帮助落后国家解决资金缺口的同时,也与其建立了良好的合作伙伴关系,为日后两国深入发展奠定了基础。国际金融组织所提供的国际援助则是为了实现全球范围内贸易的平衡发展、解决区域内的贫困问题等。

案例 1-1

吉利控股收购沃尔沃

随着中国的发展和进步,中国民营企业也趁着这股"东风",日益发展壮大。在这一时代背景下,如何实现自身收益最大化成了民营企业家思考的问题。为此,越来越多的民营企业选择走出国门,进军国际市场,"跨国并购"也就兴盛一时。而在众多跨国并购案例中,"吉利控股收购沃尔沃"这一"蛇吞象"的跨国并购势必成为其中浓墨重彩的一笔。这标志着浙江吉利控股集团有限公司(以下简称吉利控股)向中高端汽车行业迈进。2010 年 3 月 28 日,吉利控股宣布与美国福特汽车公司(以下简称福特)签署最终股权收购协议,这份股权收购协议价值 18 亿美元。由此,吉利控股拥有了沃尔沃汽车公司(以下简称沃尔沃)100%的股权及包括知识产权在内的相关资产。

在全球对外投资热情高涨的情况下，吉利控股也萌生了收购沃尔沃的念头。自2004年以来，包括发展中国家和地区在内，全球范围内对外投资的总额在不断增长。虽然2008年金融危机的爆发在一定程度上阻碍了全球经济的发展，但中国2009年的对外投资额除金融行业外仍然处于向好的态势。此外，中国汽车业的销量也于2009年2月开始超越汽车巨头美国，在全球汽车销售市场上一举摘得桂冠。正是在这样一种时代背景下，吉利控股在与福特接触谈判3年后，一举收购沃尔沃。

实际上，吉利控股从2002年起便开始关注沃尔沃，但是直到6年后，吉利控股才首次向福特提交了竞购建议书，并于2003年被福特确定为沃尔沃首选竞购方，直至2010年，吉利控股方成功收购沃尔沃。在此次收购中，吉利控股在沃尔沃的知识产权、零部件供应及研发等方面均与福特达成相关协议。不仅如此，通过此次收购，吉利控股在品牌价值、技术能力及发展前景等方面都有了质的飞跃。

请思考：吉利控股收购沃尔沃属于何种国际投资行为，你如何看待这一收购案？

资料来源：时海涛，于峰.2011.吉利收购沃尔沃案例分析[J].现代商业，8：250-251.

第二节　国际投资的产生与发展

随着国际经济交易活动的不断拓展，国际投资的形式和内容也在不断地发生着变化。国际投资是伴随着国际资本的发展而发展的。从国际资本活动的历史进程来看，国际投资活动的形式从最初的货币资本的国际流动，演化为生产资本的国际流动与货币资本的国际流动并存的格局。纵观国际投资的发展历程，可以将国际投资的产生与发展过程大致分为五个阶段：形成阶段、徘徊阶段、恢复阶段、腾飞阶段和转变阶段。

一、形成阶段（18世纪末至1914年）

一般而言，可以把18世纪末到1914年（第一次世界大战前夕）划分为国际投资的形成阶段。这一时期，由于工业革命的爆发，世界科技水平得到迅速提升，生产力也大大提高，国际分工格局初见雏形。由此，工业资本和金融资本相互融合，推动着国际投资的发展，国际投资活动日益频繁。

在这一时期，国际投资的特点主要包括：①参与国际投资主体较少，以英美法德等少数发达资本主义国家为主；②资本流向较为集中，主要是自然资源较为丰富的北美洲、大洋洲和拉丁美洲的一些国家，以及非洲、亚洲的一些殖民地、半殖民地国家；③投资形式较为单一，主要投资形式是借贷资本和证券投资，到1914年生产性直接投资占据国际投资总额也微乎其微；④18世纪末到20世纪初，各式资本相互角逐、自由竞争，私人进行海外投资受到政府的约束较少，所以此时发达国家的对外直接投资中，私人投资占据绝大部分。

二、徘徊阶段（1915年至第二次世界大战后）

在第一次世界大战结束后，国际投资格局发生了微妙的变化。英国和法国在大量借款的同时削减了自身的对外投资，从而削弱了其债权国的地位。而德国面对第一次世界大战的惨败，不得不支付高昂的战争赔款。与此同时，美国打着"中立"与"和平"的旗号，在第一次世界大战期间热火朝天地做起了军火生意和发放高利贷。到了 1917 年，美国向德国正式宣战，并在第一次世界大战结束后摇身一变，由债务国变成了债权国，国际投资的主要来源国也从英国转变成了美国。

到了 1929 年，世界经济发展放缓并逐步进入低迷期，导致世界范围内经济危机的爆发。此次大危机也成了人类历史上规模最大、历时最长的一次经济危机。在这一时期，工厂倒闭、工人失业的现象屡见不鲜，从美国开始爆发的经济危机逐步蔓延到了欧洲乃至全世界，全球股市大崩盘，资本主义世界陷入大萧条。直至第二次世界大战（以下简称二战）爆发，全球投资发展依然徘徊不前，全球范围内出现极端贸易保护主义。这一时期的国际投资主要表现为以下三点。第一，国际投资总额呈现下降趋势。第二，国际投资方式以间接投资为主。以英美两国为例，1920 年，证券投资占美国海外私人投资的3/5；1930 年，国际间接投资占英国的对外投资比重超过 80%。第三，国际投资的主体有所改变。虽然在这一时期私人投资依然占据着较大比重，但是由于战争对于私人资本的影响和冲击，政府的对外投资规模迅速扩张。

三、恢复阶段（二战后至 1979 年）

自二战结束到 20 世纪 70 年代末，国际投资进入恢复阶段。在这一时期，各国都处于战后恢复期，努力恢复自身经济发展水平，世界政治格局处于相对稳定的局面。与此同时，第三次工业革命的兴起又在一定程度上刺激了国际投资的增长。这一时期的国际投资主要呈现出三个特点。

1. 国际投资规模有所扩大

发达国家的对外投资规模迅速扩张，在 1945—1978 年这三十多年的时间里，其对外投资总额从最初的 510 亿美元增长至 6000 亿美元。不仅如此，国际投资主体不再仅限于发达国家，部分发展中国家和地区也逐渐参与到国际投资的进程中。

2. 国际直接投资成为主流

第三次工业革命的兴起推动着世界科技水平的整体提升，这进一步刺激了国际直接投资的发展，国际直接投资也就开始在国际投资领域扮演引领者的角色。1945 年，国际直接投资额为 200 亿美元，仅占国际投资总额的 39.2%。到了 1978 年，国际直接投资额达到了 3693 亿美元，占国际投资总额的比例提升至 61.6%。

3. 国际投资格局有所改变

二战结束后，各参战国为此次战争投入了大量的人力、物力、财力，导致自身经济发展停滞、经济实力大不如前。然而，当时的美国却有迅速崛起之势，无论是经济和军事都得到迅猛发展，并开始取代英国成为国际投资的主导国，稳坐世界霸主的位置。但美国的发展之路也并非顺风顺水，国际收支逆差的难题及 20 世纪 70 年代的国际石油危机，均对美国的世界债权国地位造成了冲击。

四、腾飞阶段（1980 年至 2000 年）

进入 20 世纪 80 年代后，整个世界的科技呈现迅猛发展的态势，并且在全球化潮流的推动下，世界金融和经济的发展水平稳步提升。正是在这样一种时代背景之下，国际投资保持良好的增长势头，国际投资进入腾飞阶段，这一阶段从 1980 年一直持续到 2000 年。在这一阶段，国际投资规模迅速扩大，全球对外直接投资规模从 1980 年的 534 亿美元增加到 2000 年的 15 690 亿美元，增势显著。具体来看，主要表现为以下三个方面。

1. 国际投资呈现出多元化的发展趋势

进入腾飞阶段以后，国际投资的世界格局不再呈现出美国称霸的局面，日本和西欧国家也逐步发展壮大，慢慢在缩小它们同美国之间的差距，也就是"大三角"格局。同时，越来越多的发展中国家和地区更加积极地参与到国际投资当中，国际投资呈现出多元化发展的新局面。

2. 国际直接投资和国际间接投资共同繁荣

随着时代的发展，国际直接投资与国际间接投资都成为国际投资领域不容割舍的重要组成部分，共同促进国际投资的发展。世界银行的统计资料显示，在 1989 年至 1999 年这 10 年，世界各国和地区的国际直接投资占全球生产总值的比重大幅上升，与 1989 年相比，1999 年的比重增加了 2 倍；不仅如此，国际间接投资的比重也增长到了 14% 左右。

3. 国际投资的参与方式多样化

此前，大部分投资者通过股权参与的方式进行国际投资，旨在拥有或控制自身企业在国外分支机构的全部股权。自二战结束后，虽然在高新技术领域仍然采用股权参与的方式，而在其他方面，与东道国合作建立合资企业的方式被越来越多的国家所接纳，非股权参与方式也逐渐发展起来。

五、转变阶段（21 世纪以后）

21 世纪以来，全球化进程加快，越来越多的国家希望参与到全球化进程中，分享全球化的成果。在全球化的推动下，国际投资规模进一步扩大。具体来看，处于转变阶段的国际投资主要具有以下几个特点。

1. 国际直接投资产业分布发生转变

随着世界科技水平提升、生产力显著增加，国际投资的产业布局逐步发生转变：不再以劳动密集型产业为主，而是将重心转移到了资本密集型、技术密集型产业，如高新技术产业和金融服务业。据统计，近年来，全球数字领域相关行业跨境投资显著增长，如电子产品及信息技术领域。2019 年，全球范围内信息与通信行业的跨境并购净额为 250 亿美元，2020 年达到了 800 亿美元，增长率高达 220%。[①]著名并购案例包括德国英飞凌科技公司以 98 亿美元收购美国赛普拉斯半导体公司。

2. 国际投资呈现多元化发展趋势

长期以来，国际投资主要流向发达国家，但是 2020 年，流入发达国家的国际直接投资总额为 3120 亿美元，较上一年下降了 58%。流入发展中经济体的国际直接投资减少

---

① 数据来源：联合国贸易与发展会议发布的《2021 年世界投资报告》。

幅度较小，减少了 8%，国际直接投资总额为 6630 亿美元。亚洲发展中国家已是最大的国际直接投资流入地区，占全球国际直接投资一半以上，增长 4%，达到 5350 亿美元。由于经济增长的韧性、投资便利化和持续的投资自由化，2020 年流入中国的国际直接投资增长了 6%，达到 1490 亿美元。[①]

3. 跨国并购的重要性凸显

2020 年，新冠疫情对国际直接投资方式也产生了巨大的影响，其中，绿地投资受到的冲击尤为明显。据统计，全球披露的绿地项目价值和数量分别减少了 33% 和 29%。国际项目融资价值也受到影响，下降了 42%。跨境并购交易净额下降了 6%，交易数量下降了 13%，2020 年第四季度的大幅增长基本上抵消了上半年的急剧下降。[①]

4. 发展中国家和地区成为国际投资的热点

2018 年，流入发展中国家和地区的国际直接投资总额增加，且发展中国家和地区吸引的国际直接投资占国际直接投资总额的比重超过 50%，达到历史新高度。其中，亚洲地区成为全球外资流入量最多的地区。[②]

第三节　国际投资的影响

不可否认，国际投资在世界经济舞台上发挥着重要的作用。但是，不同国家的国情存在差异，由此导致国际投资对于不同国家所产生的经济影响也存在着差别。本节将从对投资国、东道国及世界的影响这三个方面具体分析国际投资的影响。

一、国际投资对投资国的影响

对于投资国而言，其进行国际投资的原因就是有利可图，所以国际投资必然会对投资国产生积极影响。但就像一枚硬币拥有正反两面，国际投资也会对投资国产生一些消极影响。

（一）积极影响

1. 规避贸易壁垒

投资国进行对外直接投资时可以避免东道国的贸易保护，从而扩大本国在世界市场上的经营范围。同时，通过对外投资，投资国可以在东道国投资建厂，因此在生产过程中就可以使用东道国的劳动力和原材料，运输成本得以大大降低，以此来增加本国产品在世界市场上的竞争力。

2. 促进本国出口增长

虽然从短期看投资国的对外投资会造成本国资本的大量外流，但是从长期来看，对外投资利润的回流增加了投资国的外资流入，导致本国资本项目顺差。并且，对外投资的增加必然也会推动投资国的原材料、产品等的出口，在一定程度上实现了投资国的贸

---

① 数据来源：联合国贸易与发展会议发布的《2021 年世界投资报告》。
② 数据来源：联合国贸易与发展会议发布的《2019 年世界投资报告》。

易顺差。

3. 成为促进外交的重要方式

对于投资国而言，对外投资能够成为在外交领域与他国进行谈判的筹码，可以解决外交问题及和他国建立良好的合作关系。

（二）消极影响

1. 影响就业结构

当投资国进行对外投资时，最令普通民众担忧的就是他们的就业问题。在民众看来，母国进行对外投资，在他国开设海外分公司、建立新的厂房，就会导致母国工人就业机会的减少。

2. 加速技术外溢

投资国进行对外投资时，母国可能需要转让部分先进技术和管理经验到东道国。因为当投资国想要对某一国家进行对外投资时，东道国为了能够在较短时间内提升自身的管理和技术水平，通常把学习投资国的先进技术和管理经验作为附加条件加入谈判中，如若投资国接受，就会导致这部分先进技术和管理经验的流失。

总体而言，尽管对外投资对投资国存在着一定程度上的消极影响，但是投资国从中获得的利润是那些消极影响所无法比拟的。因此，企业"走出去"的利总是大于弊的。

二、国际投资对东道国的影响

对于东道国来说，其愿意接受国际投资的根本原因是想要解决自身发展所遇到的资金缺口问题，但是国际投资对东道国的影响远不止于此，当然也伴随着一定程度的消极影响。

（一）积极影响

1. 增加资本存量

对于大多数的落后国家来说，资金不足是它们在发展过程中遇到的一把枷锁，往往制约了它们的进一步发展。因此，接受国际投资就是东道国遇到资金缺口时的最佳"武器"。因为国际投资一般不需要东道国额外支付利息便可获得发展资金。

2. 获取学习效应

国际投资在解决资金问题的同时，还产生了溢出效应。因为当投资国对东道国进行投资时，其带来的不仅是资金，还有先进的技术和管理经验。学习曲线效应[①]意在说明：东道国的技术和管理水平要想在短时间内有飞跃式的进步，那么学习投资国的先进技术和管理经验就是一条捷径。由此，短时间内，东道国便可缩短自身同投资国之间的发展差距，继而实现自身经济水平的提升。

---

① 学习曲线（learning curve）表示一种商品的平均成本与生产者的累积总产量之间的关系。当发展中国家引入了发达国家的技术时，可能会面临比发达国家更低的学习曲线，从而获得了发达国家累积产量带来的更低的平均成本优势。

3. 增加就业

投资国在东道国投资建厂，增加了东道国的就业机会，使得东道国的工人更有机会获得属于自己的工作，从而降低了失业率。

（二）消极影响

许多学者认为投资国在东道国的投资往往会导致东道国的产业结构失衡。因为，当东道国的某一行业获得投资而迅速发展时，其他行业的发展速度往往相对下降，这就会导致东道国的产业结构发展相对失衡。

三、国际投资对世界的影响

伴随全球化热潮而来的是国际投资的进一步发展，而国际投资似乎又有一股反作用力，影响着世界的方方面面。

（一）推动世界科技水平的提升

国际投资推动着技术和资本朝着有利可图方向流转的同时，又使得东道国学习到了先进技术和管理经验，由此东道国能够在短时间内提升自身的技术水平。不仅如此，对外投资是技术转移的过程，也是发达国家进行旧技术转移、新技术研发的过程。发达国家将落后的技术转移到发展中国家，推动发展中国家技术水平的提升，同时这笔投资又使得发达国家获得了一笔丰厚的收益。因此，发达国家可以将这笔收益投入研究与开发（research and development，R&D）当中，形成一个良性循环。

（二）推动生产经营的国际化

国际投资是商品和劳务跨国流动的过程，因此国际投资的发展会带来生产和经营的国际化。以苹果手机为例，苹果手机的研发设计工作在美国完成，其组装工作主要在中国完成，而其零部件来自世界各地：显示屏来自韩国，传感器来自日本，数字基带、射频收发器及电源管理器来自德国。国际投资推动着原材料、技术、中间产品等在全球范围内流动。

（三）推动全球经济一体化进程

国际投资的发展使得越来越多的国家希望能够参与到国际投资的行列中，分享国际投资发展的硕果。为此，许多国家纷纷出台了相应的优惠政策，希望能够尽可能降低制度壁垒给各国投资者带来的障碍，从而促进全球经济一体化进程。

第四节　国际投资研究内容及方法

国际投资是国际经济活动的重要组成部分，其主要研究对象是资本，主要研究内容是分析资本的跨国界流动及这一流动过程会对世界经济产生何种影响。为了更好地研究国际投资，需要从整体的视角出发，探究国际投资同其他国际经济活动之间的关系。本节主要介绍国际投资的研究内容、研究方法和研究意义，同时探讨国际投资学与相关学科的关系。

一、国际投资的研究内容

国际投资学的研究内容主要包括投资的主体、客体及主体和客体之间产生关系的机制，对这些机制的解释其实就是国际投资理论。因此，国际投资学的研究内容通常包括国际投资理论、国际投资主体、国际投资客体及国际投资管理等方面的知识。

（一）国际投资理论

国际投资理论主要包括两大部分，即国际直接投资理论和国际间接投资理论。具体来说，国际投资理论意在探明什么是国际投资、国际投资的演变历史、国际投资的分类及投资者在进行国际投资时的动机等。

（二）国际投资主体

学者往往将跨国公司作为国际投资的研究主体，探索跨国公司的发展、组织架构、经营方式及其在国际投资过程中的投资经营活动；各国政府和国际性组织参与国际投资的进程和相关国际机制；跨国金融机构参与国际投资的发展状况及其对国际投资的影响；居民在国际投资中的投资行为和投资活动的特点。

（三）国际投资客体

国际投资的客体既包括有形资产，也包括无形资产。具体而言，包括固定资产、国际租赁、劳务输出等实物性资产的国际投资，以及生产技术、商标商誉、特许经营权等无形资产的国际投资，还有债券、股票等金融资产的国际投资。

（四）国际投资管理

国际投资管理的实质就是对国际投资进行细化分析，主要包括国际投资所处的投资环境分析、该项国际投资的可行性及相应的风险分析，并对如何做好国际投资中的风险防范进行应对分析。

概括而言，国际投资学就是研究国际投资活动的应用学科，其建立在理论与实务相联系的基础之上，讲究宏观与微观相结合。随着全球一体化进程的逐步深入，国际投资的内容将会越来越丰富。

二、国际投资学与相关学科的关系

国际投资活动正在世界各个角落如火如荼地展开，与国际投资相关的研究也在紧锣密鼓地进行中。当前，人们不仅对国际投资学感兴趣，而且开始去探究国际投资学和此前的国际贸易学及国际金融学之间的联系。在下文中，读者可以进一步理解国际投资学和相关学科的关系，加深对国际投资学的理解。

（一）国际投资学与国际贸易学的关系

国际贸易学主要研究的是商品和劳务的跨国界交换，以及这一过程中存在的生产关系和上层建筑的发展规律。从这一定义不难看出，国际贸易学与国际投资学之间既存在一定的区别，又相互联系。

1. 区别

从区别来看，第一，虽然二者的研究内容都包含了对于商品和劳务的国际流动的研究，但是国际贸易学在研究商品和劳务的资本及非资本特性时，更加侧重于解释商品和劳务中所含有的非资本特性。然而，国际投资学旨在说明商品和劳务的资本特性。第二，国际贸易学重在"贸易"二字，即主要研究商品、劳务及资本之间的交换关系，而国际投资学则把将生产要素投入生产过程中并最终实现价值增长作为研究重点。

2. 联系

从联系来看，国际贸易学和国际投资学在研究内容方面都包含了对于商品和劳务的国际流动的研究，两者相辅相成。国际贸易学的发展带动了产品的跨国流动，而产品的跨国流动又有利于投资者在全球范围内找寻适宜的投资场所。也就是说，国际贸易学对于国际投资学起着引领作用。反过来，国际投资学的发展必然会改变各国的购买力水平，从而又对国际投资学具有反作用。

（二）国际投资学与国际金融学的关系

概括来讲，国际金融学离不开"货币"，它需要去探究货币的跨国流动及其发展规律。国际金融学与国际投资学同样也存在着一定的区别与联系。

1. 区别

从区别来看，第一，相较于国际金融学的研究领域，国际投资学的研究范围不局限于货币，还包含了设备、零部件、原材料、专利等。在国际投资学领域，货币仅仅被当作在生产交换过程中能够引起价值增长的要素之一。第二，在国际金融学领域，主要的参与者是各国的政府机关及涉及国际金融领域的国际组织，其主要研究的是货币的跨国流动所引起的世界范围内利率、汇率的波动，以及对世界范围内的国际贸易平衡和各国的国际贸易地位所产生的影响。而国际投资学的主体是跨国公司，其主要研究的是跨国公司在世界范围内对自身利益的追寻。

2. 联系

从联系来看，国际金融学和国际投资学是在相同的理论基础上发展起来的，好似同一树干的不同分支。在传统的国际金融理论[①]中，就包含有外国直接投资理论，而外国直接投资理论同国际投资学的理论基础具有同根性，两者都试图从国际分工和货币跨境流通的角度解释国际资本流动，为现代国际投资提供科学的理论支撑。

---

① 传统的国际金融理论中包括汇率理论、国际收支理论、外国直接投资理论、国际储备理论、国际货币制度。

（三）国际投资学与西方投资学的关系

西方投资学主要是从微观的角度来研究证券投资，其中包括证券组合理论、金融资产定价模型等，这些都属于西方投资学的范畴。具体来看，国际投资学与西方投资学有以下几个方面的区别与联系。

1. 区别

（1）国际投资学不仅包含了国际间接投资，还包含有国际直接投资，而不是仅仅局限于证券投资的研究。

（2）国际投资学更好地解释了投资活动的"跨国性"，意在说明为何投资者愿意离开祖国去国外进行投资活动。但是在西方投资学中，"跨国性"未见体现。

2. 联系

西方投资学与国际投资学最为明显的一点联系就在于国际投资学领域的国际间接投资理论的基础是西方投资学的证券投资，是证券投资的微观理论在世界范围内的拓展与延伸。

三、国际投资的研究方法

对于国际投资进行科学合理的研究离不开科学、可靠的研究方法。在进行国际投资的研究过程中，应坚持以下几点才能够准确分析国际投资所遇到的矛盾、挑战，揭示国际投资进程中所存在的一些客观规律。

（一）理论与实践相结合

在国际投资的研究过程中，要注重以科学的理论总结为指导，并且在实践过程中，将实践操作与理论总结相结合，更加准确地揭示国际投资进程中存在的内在规律，进一步补充理论研究。随后，再利用逐步完善的理论指导国际投资的实践活动，从而得到更加合理的理论总结，以此形成良性循环，最终形成符合普遍发展规律的国际投资学。

（二）静态分析与动态分析相结合

静态分析就是不考虑时间及其他因素的变动，而是假设国际投资过程是相对稳定的，并以此为前提来考察某一具体时点上国际投资的特性。而动态分析就是以国际投资是处于不停变动的过程为前提假设，探究国际投资实际变动趋势是否符合正常发展趋势，并对国际投资的未来发展趋势进行分析和预测。

在研究国际投资的过程中，不能仅仅考虑静态分析，也不能片面地追求动态层面的分析，而是要将两者相结合。也就是说，在对国际投资进行分析时，既要知晓国际投资的发展规模、状况及趋势，又要根据发展变化及时调整策略。由此可以通过分析国际投资规模、发展状况及趋势，进一步揭示国际投资过程中的客观规律。

（三）定性分析与定量分析相结合

定性分析要求我们可以透过现象看本质，即研究国际投资的本质是什么，通过分析、比较、抽象和概括来揭示在国际投资过程中存在的客观规律和各方面所存在的本质联系；定量分析就是要对国际投资进行量化分析，要清楚了解在国际投资过程中哪些数量发生了变化、这些数量之间存在什么样的关系及这些数量的具体特征是什么，以此来揭示国际投资中的各种现象的相互作用及国际投资未来的发展趋势。

在国际投资的研究分析过程中，不仅要通过定性分析进行相应的判定，还要通过定量分析进行相应的数学计量。也就是说，在国际投资研究的过程中，要科学运用数学方法，建立适当的数学模型，对国际投资过程中的现象进行客观分析，同时对投资项目进行定性分析，使得国际投资的研究分析更加精准。

（四）个量分析与总量分析相结合

个量分析就是将国际投资过程进行分解，对每一小部分进行单独分析，考察每一部分所具有的属性；总量分析就是从整体角度出发去研究国际投资过程，探究各个部分之间存在的联系。

在对国际投资进行研究时，既要从局部出发，考察单个方面所蕴含的特征，掌握这些因素在国际投资过程中发挥的作用，又要站在整体的高度，考虑各个部分之间所存在的联系及相互影响，做到局部和整体相协调。

（五）抽象分析与实证分析相结合

国际投资学需要将抽象分析与实证分析相结合，需要在前人对国际投资进行理论总结的基础上，根据实际生活中的投资活动所总结出的经验，揭示客观的国际投资发展规律，真正做到理论联系实际。仅凭理论分析无法产生说服力，必须以实证分析为基础，通过实际活动去解释抽象假设，将抽象分析与实证分析相结合。

四、国际投资的研究意义

（一）宏观层面的意义

从宏观层面来看，随着全球化的进程日益加快，各国之间的贸易往来也变得越来越频繁，研究国际投资就成了全球范围内的客观实际需要。在全球一体化逐步加深趋势的推动下，各国的往来不仅局限于商品的往来，还包括科技、人力、资本等多个方面的跨国流动。而各国在吸引对外直接投资的政策和态度有所不同，研究国际投资的发展状况、特点及趋势就显得尤为重要。通过对国际投资的研究，可以进一步推动国际投资在全球范围内的发展，更好地预测国际投资未来的发展趋势，更好地服务全球人民，让各国共享国际投资规模扩张所带来的成果。

（二）微观层面的意义

从微观层面来看，全球化背景下，国界不再对各国投资者有绝对的约束力，相反，各国投资者纷纷跨越国界以期在全球范围内寻求适宜的投资场所，最终达到自身利益最大化的目的。换句话说，国际投资就成为各国投资者谋取自身利益最大化的投资方式。股权参与方式、合作经营、国际租赁等都是投资者跻身国际投资领域的主要途径和方式。因此，研究分析国际投资的一些基本特性，可以判断在何种情况下，投资者可以选择何种投资方式与东道国进行合作，以获取相应的利润，实现价值增长。

（三）对中国的意义

对于中国来说，自改革开放以来，中国在经济方面取得了硕果，但是在对外投资方面仍然存在许多不足。因此，通过对国际投资的研究，可以加深对于国际资本运动规律和国际机制的认识，更好地指导中国进一步推动改革开放，更好地为中国对外投资服务，推动中国更深入地参与到全球化进程当中，继续成为全球化进程的受益者。因此，全面学习和掌握国际投资的理论知识与实务经验意义重大。

专栏 1-1

发展中国家对外直接投资的特征分析

自 21 世纪伊始，在国际投资的队伍中有越来越多的发展中国家的身影，其吸引对外直接投资的指数也有所攀升。根据联合国贸易与发展会议发布的《2019 年世界投资报告》，2018 年排名前 20 的东道国或地区中的发展中经济体与 2017 年相同，如图 1-1 所示。

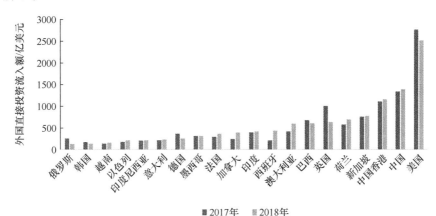

图 1-1　2017 年和 2018 年外国直接投资流入额排名前 20 的东道国或地区
资料来源：联合国贸易与发展会议发布的《2019 年世界投资报告》

21 世纪以来，发展中国家不仅积极跻身于国际投资队伍当中，还从绿地投资向跨国并购转变，旨在培养自身的核心竞争力。20 世纪，发展中国家参与国际投资的方式主要是绿地投资，且多在发展中国家之间进行。进入 21 世纪后，全球一体化趋势使得世界各国联系愈发紧密，发展中国家参与国际投资的方式不再局限于绿地投资，它们希望通过跨国并购等多种方式更多地参与到国际投资进程当中，包括对发达国家的一些企业进行收购，通过这种方式既能够为自己在国际投资领域赢得一席之地，又能够通过收购发达国家的企业来迅速提升自身科技和管理水平。在表 1-1 中，读者可以看到 2013 年发展中国家参与的超 30 亿美元的交易额的跨国并购案例。

表 1-1　2013 年发展中国家参与的跨国并购交易额达到 30 亿美元以上的案例

兼并公司	兼并公司所属国家	被兼并公司	被兼并公司所属国家	总额/亿美元
正大集团	泰国	中国平安保险（集团）股份有限公司	中国	94
双汇国际控股有限公司	中国	史密斯菲尔德食品公司	美国	71
正大集团	泰国	暹罗万客隆公司（Siam Makro Public Company Limited）	荷兰	66
中国石油天然气集团公司	中国	意大利埃尼集团的东非子公司	莫桑比克	42

资料来源：联合国贸易与发展会议发布的《2014 年世界投资报告》

同时，不同的经济体可以依据自身情况设立不同的特区政策目标。中低收入经济体可以与外国伙伴合作建设经济特区，分担发展成本、利用伙伴国家和外国特区开发商的专业知识及经验，来更多地参与到经济体投资的进程中（表 1-2）。

表 1-2　经济特区发展阶梯

经济体	特区政策目标	常见特区类型
高收入经济体	为复杂的跨境供应链提供高效平台，专注于避免经济扭曲	物流中心自由区（非工业自由区），通过设有独立监管框架的科学园区或者通过与特区无关的激励措施来实现创新和新的工业革命目标
中高收入经济体	支持向服务经济转型，吸引新的高科技产业，专注于提升创新能力	基于技术（如研发、高科技、生物技术）的特区、针对高附加值产业或价值链环节的特区、服务（如金融服务）特区
中等收入经济体	支持产业升级，促进全球价值链的整合和升级，关注技术传播和溢出	关注全球价值链密集型产业的特区、服务特区（如业务流程外包、呼叫中心）
低收入经济体	刺激工业发展和实现多样化，抵消投资环境中的弱点，在限定的区域内实施试点业务	多活动特区、旨在吸引加工行业的资源型特区

资料来源：联合国贸易与发展会议发布的《2019 年世界投资报告》

本 章 提 要

（1）一般而言，国际投资可以界定为：以跨国公司、政府机构和非政府组织、个人投资者等为代表的投资主体，为获得预期回报而将货币或其他资产形式的资本投入境外的经济活动中的行为。

（2）随着国际投资的发展，其内涵也有了扩张与延伸，其中包含了以下几点：一是投资主体和客体向多样性发展，二是资本的跨国运营成为主要内容，三是投资目的向非经济增值延伸。

（3）当今国际投资的主体和客体范围不断延伸，具体来说，主体包含了跨国公司、个人投资者、国际金融机构、政府机构和非政府组织这四大类；客体包含了实物资产、金融资产及无形资产。

（4）在对国际投资进行分类时，可以按照投资主体、投资期限及投资形式进行相应的分类。

（5）相对于国内投资，国际投资的主要特征主要体现在七大方面，分别是：投资主体身份具有双重性、投资使用的货币价值存在波动性、投资领域受国际博弈影响、投资环境呈现差异性、投资过程曲折烦琐、投资运营风险大、投资目的复杂多变。

（6）纵观国际投资的发展历程，可以将国际投资的产生与发展过程大致分为形成阶段、徘徊阶段、恢复阶段、腾飞阶段及转变阶段这五个阶段。

（7）在对国际投资对世界产生的影响进行分析时，需要了解国际投资对东道国、投资国及世界产生的影响。

思考与探索

国际投资的发展变迁在哪些方面推动了世界经济的发展？

第二章 国际直接投资理论

国际直接投资理论主要解释为什么会出现国际直接投资、国际投资主体进行跨国投资的动机和出发点是什么。学者从不同角度探讨跨国公司进行国际投资的动机和影响因素，从而形成了不同的国际直接投资理论。从 20 世纪 30 年代开始，国际投资理论逐渐形成和发展。既有从发达国家向发展中国家投资的视角进行分析的主流国际投资理论，也有从发展中国家向发达国家投资的视角所形成的发展中国家国际直接投资理论。

具体而言，国际直接投资的主要理论包括：垄断优势理论、内部化理论、产品生命周期理论、国际生产折衷理论等。其中，垄断优势理论，认为国际直接投资的决定性因素是跨国公司拥有技术、管理经验、资金实力、信息、规模经济及全球性销售网络等方面的垄断优势。内部化理论，则从企业通过建立内部市场、利用内部的管理协调资源配置，从而减少外部交易的成本和不确定性的角度解释国际投资的动因。产品生命周期理论，通过分析产品的创新、发展、成熟、衰退阶段，解释为什么投资国把本土市场进入成熟或衰退阶段的产品放到海外进行生产。国际生产折衷理论，论述的是如果一家跨国公司同时具有所有权优势、内部化优势和区位优势，那么它就具备了进行对外直接投资的条件和优势。除此之外，还有其他非主流的国际直接投资理论，如资本相对过度积累理论、小规模技术理论、异质性企业理论、防御型投资理论、依附投资理论和国家支持投资理论等。本章内容围绕以上理论的产生背景和基本观点及其发展完善过程展开论述，以期让读者整体把握国际投资理论的研究和发展概况。

第一节 早期的国际直接投资理论

关于早期的国际直接投资理论，我们以时间发展为主轴，重点阐述 20 世纪 30 年代、20 世纪 40 年代至 50 年代及 20 世纪 60 年代以后的三段历史时期内，国际直接投资是如何发展起来的。

一、20 世纪 30 年代

人们对于国际直接投资理论的关注可以追溯到 1933 年罗格纳·纳克斯（Ragnar Nurkse）撰写的论文《资本流动的原因和效应》。在该文中，纳克斯创新性地引入国际资本流动概念对国际直接投资进行研究，在他看来，产业资本是国际资本的主要载体，而产业资本的跨国界流动也就成为国际资本流动的主要形式。不仅如此，纳克斯认为，资本之所以会在各国之间进行流转，主要是受不同国家的利率差异影响。因为，人们进行任何投资活动总是在追求自身利益的最大化，这也就使得那些利率高的国家对资本的吸引力更大。而真正决定利率差异的是各国资本的供求关系，利率差异导致的资本跨国流动又会引起各国资本的供求关系发生新的变化。正是资本这样一种循环往复的运动，即利率差异、资本流动、资本供求关系三者相互作用，使得国际资本的跨国流动处于动态平衡的状态之中。

在纳克斯的国际直接投资理论中体现了两个核心观点：第一，人们对利润的欲望是推动资本跨国界流动的根本原因，即人们总是想要赚更多的钱；第二，在资本的跨国流动中最为主要的是产业资本，因为只有具备规模效应的产业经济才能够实现最低平均成本。虽然纳克斯的国际直接投资理论存在一定的缺陷，如纳克斯似乎并没有在国际直接投资和国际间接投资中划分严格的界线，但他对于引起国际直接投资动因的探究为日后研究国际直接投资的根本特征提供了依据。尽管纳克斯将资本，尤其是产业资本定性为国际直接投资的流动要素，这一点也成了后来国际投资研究的基础，但是他并未对国际直接投资给出全面精准的定义。

二、20 世纪 40 年代至 50 年代

麦克道格尔（M. S. McDougal）和肯普（J. E. Kemp）在纳克斯研究的国际直接投资理论的基础上，利用几何图形来阐述国际直接投资的产生、发展及其带来的福利效应。麦克道格尔和肯普的主要观点就是希望能够利用国际资本流动理论框架来实现国际投资的一般化，但他们也存在和纳克斯的国际直接投资理论相同的问题，即没有将国际投资分为国际直接投资和国际间接投资。不仅如此，麦克道格尔和肯普也没有区分资本流动方式（信贷或是生产转移），没有提及影响资本流动的因素（如产业、技术和市场等），更没有明确表达自己对于"投资者是否对投资经营活动具有控制权"这一问题的观点。他们所做出的贡献主要在于通过几何图形解释了国际直接投资和国际间接投资之间存在哪些共通性，但未能找出两种投资方式各自的特性，具有一定的局限性。

三、20 世纪 60 年代以后

20 世纪 60 年代以后，资本的逐利性催生了大量跨国公司，其规模和实力也伴随着资本的扩大再生产而与日俱增。在跨国公司的推动下，国际直接投资也开始走向国际投资领域的中央，得到各个国家的广泛关注。在这样一种时代背景之下，国际直接投资理论被越来越多的学者从不同角度展开研究，而不单单局限于利率差的角度，还包括产业活动、技术创新及市场动态等多种与国际直接投资相关的影响因素的角度。由此，国际直接投资理论也就衍生出了众多的分支和学派。

第二节　主流的国际直接投资理论

主流的国际直接投资理论主要是从大型企业的视角出发，解释为什么大型企业会进行对外投资，尤其是发达国家的企业为什么会到发展中国家投资。这部分理论主要包括：垄断优势理论、内部化理论、产品生命周期理论、比较优势理论和国际生产折衷理论等。

一、垄断优势理论

（一）产生背景

在二战初期，国际贸易理论是当时的主流学说，国际贸易理论也就成为许多西方学者用以解释国际投资现象的工具。然而，国际贸易理论却有一个非常苛刻的假设前提，就是各国的生产要素是无法自由流动的，这就会导致利用国际贸易理论无法去解释一些客观的国际投资现象，也就是理论与实际在一些情况下是不相符的。美国学者斯蒂芬·海默（Stephen H. Hymer）开始对这类现象产生了浓厚的兴趣，并在论著中首次提出了垄断优势理论，以此解释国际直接投资遇到的理论和实际难题。完全竞争假设是传统国际贸易理论的假设前提，而海默则摒弃了这一传统假设前提，认为市场是处于一种不完全竞争状态的，也正是不完全竞争市场才推动了对外直接投资的进行。这种不完全竞争市场具有四个特性。

（1）不完全竞争的产品和要素市场。

（2）存在规模经济。

（3）政府在市场交易中也会发挥作用，会造成一定的市场阻碍。

（4）各国的贸易往来存在关税。

在海默的观点里，国际资本流动不仅是由生产要素禀赋的相对差异所引起的，诸如技术、劳动、资本、土地，这些资源也存在跨境转移。投资者进行对外直接投资的根本目的就是希望通过资源的转移、优化配置和重组来实现自身利益最大化。上述内容即海默的垄断优势理论，许多学者又把这一理论称为厂商垄断优势理论。

（二）基本观点

在垄断优势理论中，海默认为当投资者在进行对外直接投资时，他们往往面临着较大的风险，只有当厂商特有的某种优势使其获得的收益能够补偿其所要承担的风险和成本时，厂商才有海外投资的意愿。厂商特有的垄断优势主要包括大型跨国企业拥有的大规模资本和利用大规模资本所实现的管理能力和技术研发能力的提升。具体而言，跨国公司所具有的垄断优势如下。

1. 资本筹集优势

跨国公司的规模巨大，自身拥有大量的资本，许多跨国公司的资本总量和规模甚至超过一些落后的小国。同时，它还可凭借自身无形的信誉资产在金融市场上以更低的成本获得更多的融资。较低的投融资成本和巨大的融资规模给跨国公司带来了无可比拟的竞争力。

2. 技术优势

跨国公司可以凭借其雄厚的经济实力投身于技术研发工作。它可以招募大量顶尖的科研人才组成专家研发团队，开发高新技术产品，占领未来技术领域的战略要地，掌握并增强核心竞争力。与此同时，跨国公司又可以对这些高新技术进行知识产权保护，以此对该领域进行垄断，同时也抬高了其他竞争者进入该行业的门槛，进一步维持和巩固自己的垄断地位。

3. 管理优势

完备的组织结构、培训优良的管理团队，这些都是跨国公司的竞争优势，能够帮助跨国公司高效地对企业工作进行管理。同时，由于跨国公司资本规模较大，它们可以通过培养高级管理人员，将其组成训练有素的管理队伍，确保企业运营的高效性。

4. 规模经济优势

跨国公司通过在国际范围内的一体化经营实现在国际上的专业化分工，从而有效地降低了生产成本，增加了边际收益，这种运营模式实质上就实现了规模经济。不仅如此，跨国公司在生产经营过程中投入了大量的资本，形成了规模巨大的生产模式，这无疑抬高了其他企业的进入壁垒。因此，跨国公司为增强自身发展实力，往往会选择通过巨大的资本投入形成专业化的国际分工以实现规模经济。

（三）发展与完善

在海默之后，越来越多的学者发现垄断优势理论实质上还存在着些许不足。因此，他们开始对这一理论进行补充，不断完善该理论，使得对外投资理论从各个角度得到了符合时代和各国国情的丰富与深化。

1. 金德尔伯格

1960 年海默最早提出对外直接投资理论后，由其导师金德尔伯格（Charles P. Kindleberger）对此理论进行了补充和发展，并着重阐明了市场结构具有非完美的特性，以及跨国公司的垄断优势。

2. 约翰逊

约翰逊（H. G. Johnson）在海默和金德尔伯格研究的基础上，提出了"知识资本"这一术语。他曾在自己发表的一篇论文中指出，跨国公司对知识资本的控制权也是其拥有的垄断优势之一，是跨国公司决定对外直接投资的关键。虽然知识资本的获取成本高昂，但是其边际成本较低，对跨国公司而言是十分重要的垄断优势。因此，约翰逊认为跨国公司可以通过内部转移将知识资本以较低成本转让给海外子公司，让子公司能够以较低的成本获取生产效率较高的知识资本。由此，在增强子公司竞争力的同时也能够通过对外投资有效提高知识资本的使用效率。

3. 凯夫斯

凯夫斯（R. E. Caves）不否认海默提出的垄断优势的观点，同时还提出产品的差异化也是跨国公司进行对外投资的关键。他在自己的论文[①]中指出，跨国公司可以"对症下药"布局经营网络。因为，不同的国家和地区有着不一样的政策环境、技术水平和消费者偏好，要有针对性地设计、包装和销售自己的产品，突出自身产品针对不同需求产生的不同适宜性，彰显产品差异性的特点，从而提高产品对消费者的吸引力。

4. 尼克博克

与海默的思路不同，尼克博克（F. T. Knickerbocker）针对美国跨国公司对外投资行为提出了自己的见解。基于对 1967—1978 年美国对外投资发展状况的研究，尼克博克发

---

① 凯夫斯于 1871 年发表了《国际公司：对外投资的产业经济学》的论文。

表了名为《垄断性反应与跨国公司》的论文，在文中，尼克博克解释了寡占和寡占反应的含义。寡占就是指在某些领域或行业中，少数大公司控制了整个领域或者是整个行业；而寡占反应就是在这样一种领域或行业里，某一个公司的投资行为并不单单会影响自身，也同样会对所处行业的其他公司造成影响，也就是说这几家公司的投资行为是相互依赖、相互影响的。不仅如此，尼克博克还把寡占反应行为分为进攻型和防御型。进攻型行为就是指单个公司率先在某地建立了第一家子公司；而防御型行为则是指当单个公司率先建立了第一家子公司后，其他公司纷纷效仿，也在相同地点建立了属于自己的子公司。尼克博克指出防御型行为多半发生在利润高的行业、经济实力雄厚的公司当中，只有它们才能采取防御型行为。尼克博克的观点使得垄断优势理论更加充实、完善。

二、内部化理论

（一）产生背景

内部化理论主要是西方学者为了研究跨国公司而建立起来的一般理论，最早可追溯到"科斯定理"。1937 年，美国经济学家科斯在《企业的性质》一文中着重说明了在市场发生交易时高昂的成本问题，科斯认为在进行市场交易时主要会产生以下几个方面的成本。

（1）寻求和确定合适的交易价格的成本。

（2）确定合约方责任的成本。

（3）履约过程中的风险成本。

（4）交易过程中的交易成本。

科斯提出若能将市场交易成本内部化就能够有效降低企业的生产成本问题。因为科斯认为，就一般情况而言，与市场交易成本相比，企业内部的组织交易成本会相对较低。从这一点也可以看出为什么公司要进行对外直接投资，为什么跨国公司能够迅速扩大规模，并在国际投资领域占据一席之地。

而后，越来越多的学者开始推崇科斯的观点。巴克莱（Peter J. Buckley）和卡森（Mark Casson）均在自己的书中表达了自己对于科斯观点的支持，分别于 1976 年和 1978 年合作出版了《跨国公司的未来》和《国际经营论》。他们在书中就坚持了科斯的观点，认为可以把外部市场建立在企业内部，通过将外部成本内部化就能够有效降低企业的生产成本，从而获得额外收益。1981 年，拉格曼（Alan M. Rugman）在《跨国公司内部：内部市场的经济学》（*Inside the Multinationals: The Economics of the Internal Markets*）一书中，在阐述将外部成本内部化可以有效降低交易成本的同时，拓宽了内部化理论的研究范围。由此，内部化理论随着跨国公司的发展得到了相应的发展。

人物介绍——科斯

罗纳德·哈里·科斯（Ronald H. Coase，1910 年 12 月 29 日—2013 年 9 月 2 日），是新制度经济学的鼻祖、芝加哥经济学派的代表人物之一，同时也是诺贝尔经济学奖获得者，"科斯定理"则是科斯提出的著名理论。

1937年，科斯发表了《企业的性质》一文，在该文中，科斯首次提出了"交易成本"这一术语，旨在解释"企业为什么会存在"及"企业扩大规模的边界在哪里"这两个问题。在科斯的观点里，企业的存在离不开"成本"二字，也就是说，当市场的交易成本过高时，商人就希望能够将此类的成本内部化，正是在这种思想的影响下，企业诞生了，其目的就是降低交易成本。而什么时候企业会停止扩张呢？当企业内部的交易成本同市场交易成本相等时，此时若再进行扩张，企业成本将会增加。因此，企业会在这时停止扩张，此时的企业也就达到了最优的状态。这一理论观点的提出也让科斯成为诺贝尔经济学奖的获得者。随后，在1960年，科斯发表了《社会成本问题》。在该文中，科斯指出了庇古所认为的"外部性"问题的不足。在科斯眼中，只要交易过程中的产权是明晰的，那么，不论产权属于交易的哪一方，即便有外部性，交易仍然可以顺利进行。这一观点也被命名为"科斯定理"。

资料来源：张五常. 2013. 罗纳德·哈里·科斯[J]. 中国企业家, 18: 95-98.

案例 2-1

微软在中国

从1992年进入中国，微软已逐步发展成为中国最大的外国投资者之一。而这一切离不开微软同中国信息化发展的共同进步，其本土化的经营模式切合中国实际，符合中国消费者的需求。通过与中国的产业伙伴合作创新，微软让越来越多的技术、产品和服务在中国落地生根。目前，微软在中国的合作伙伴已超过17 000个。

研发和创新始终是微软关注的重点。微软在中国期间，不仅成立自己的研究院，并将该研究院发展为研发集团，还不断升级其在中国的研发设备。发展至今，微软的研发集团包括了基础研究、技术孵化、产品开发和战略合作，该团队不仅分布于中国的主要城市，还在东京、首尔等地建立了自己的分支，其中，微软中国苏州研发中心现已成为微软最大的海外研发基地。不仅如此，微软还在北京和上海建立起了属于自己的研发园区。由此，微软的研发团队正积极推动自身同客户及合作伙伴之间的创新合作。

在投资方面，微软对浪潮数字企业技术有限公司、中软国际有限公司、大连华信计算机技术有限公司等中国本土企业进行了战略投资。从2006年到2011年，微软对中国的投资总额超过1亿美元，推动着国内软件行业的发展；在技术合作方面，微软与当地政府及合作伙伴建立了21个技术中心，其中8个已成功升级为"国家发展改革委—微软软件创新中心"分中心，大力支持了中国本土软件企业。微软还与工业和信息化部合作建设基于Windows/.Net和嵌入式软件的软件实验室。此外，微软中国已将八项专利技术授权给深圳、广州、成都、重庆等地的合作伙伴，帮助他们缩短开发周期并加速创新。

请思考：如何用内部化理论解释微软在中国的投资发展战略？

资料来源：作者根据微软中文官网新闻中心信息编写。

（二）基本观点

内部化理论主要探讨的是通过将市场交易建立在企业内部，以较低的企业内部的组织交易成本来取代高昂的市场交易成本，从而有效地降低企业的生产成本。基本观点如下。

1. 世界市场交易成本内部化

从国际投资领域来看，跨国公司建立的动机就蕴含在世界市场上进行交易的过程中，即通过对外直接投资的方式，将世界市场的交易成本内部化，从而推动了跨国公司的形成。由此，也就较好解释了为什么跨国公司要进行对外直接投资。因为通过这一投资行为，跨国公司可以有效降低企业的生产成本，增强自身在世界市场上的竞争力，获得相应的利润。通俗来说，就是既能扩大市场布局，又能简化母公司和子公司之间的可控操作，避免子公司或母公司与外部市场进行交易，从而将更多的交易活动内部化。

2. 产权知识转移内部化

对于跨国公司所掌握的知识资产而言，由于产权知识产品的价格和其传播过程中的价格无法得到很好的确认，这就容易导致产权知识产品的模仿者不需要花很长的时间就可以获得对知识资产的控制权，并且成本也相对较低。因此，在内部化理论中，知识产品市场失灵被认为是对外直接投资形成的原因之一，只不过这里所说的对外直接投资是通过跨国公司控制知识资产而形成的。在此情形下，跨国公司为了避免外部市场对自身所具有知识资产优势造成的损害，应合理地将市场内部化，同时利用对知识资产的控制权来进行对外直接投资，规避相应的风险，获取更高收益。海外子公司也可以通过内部化市场，以较低的成本获取知识产品，提高自身的生产效率，提高自己在世界市场上的竞争力。

内部化理论也进一步解释了跨国公司为何要进行国际直接投资活动。因为，跨国公司在发展过程中，其规模会不断发展壮大。此时跨国公司在国内市场上与同一行业竞争者的摩擦很可能会不断增加，由此边际收益递减。正是这些情形的出现，导致跨国公司希望在海外市场获得更大的收益，同时也能够通过对外直接投资的方式使得海外市场的交易成本内部化，从而有效地降低自身在世界市场上的生产和经营成本的同时，又拓宽自己的市场范围，保持持续稳定地获得利润的能力。

三、产品生命周期理论

（一）产生背景

20 世纪 60 年代，国际贸易活动日益频繁，跨国公司的国际投资行为也变得越来越频繁。然而，国际贸易理论和国际投资理论在当时仍然只是两个独立的个体。国际贸易理论由海默的垄断优势理论衍生发展而来，其理论基础包括比较优势理论和要素禀赋理论。但是，这些理论更多的是从静态的角度对国际投资进行分析，缺乏对国际投资的动态分析。

在这一时代背景下，美国哈佛大学教授雷蒙德·弗农（Raymond Vernon）提出了产品生命周期理论。该理论认为，拥有知识资产控制权的创新型企业总能够在所处领域取得显著的成效，拥有这一优势的企业也会努力保持自己在新技术领域的领先地位，以此获取技术研发的收益。但是，新技术的领先优势并不可能一直保持下去，技术的模仿者会陆续出现，以更低的成本来生产产品，从而对技术领先企业造成威胁。弗农认为新产品存在生命周期，跨国公司正是基于这样一种生命周期开启了自己的国际直接投资之旅。

（二）基本观点

产品生命周期理论实际上就是产品的兴衰论，人们对于产品的新鲜感总有耗尽的一天，所以随着经济全球化和跨国公司遍布全球，如今的产品生命周期越来越短。新产品从最初的研发到进入市场阶段，只有少数拥有精良研发团队的企业才能够掌握新产品的核心技术；随后，新产品技术发展逐渐成熟，与上述企业拥有类似水平研发团队的其他企业也掌握了此项技术，并开始从事此种产品的生产；到了发展的最终阶段，绝大部分企业都可以仅靠自己的能力生产出该种产品，这就使得该产品市场竞争异常激烈，利润大幅下降，从而最初研发该产品的企业选择退出该产品市场，开始投入更新技术的研发当中。弗农就把这一段产品生命周期概括为四个阶段：产品的创新阶段、产品的发展阶段、产品的成熟阶段及产品的衰退阶段。

1. 产品的创新阶段

第一阶段是产品的创新阶段。此时仅仅只有少数的发达资本主义国家才有能力和资金投入新产品的研发当中，这些国家具有对新产品技术研发的垄断优势，率先生产出新产品以满足国内需求，而后将少数新产品出口到其他少数发达资本主义国家。在这一时期，由于此时新产品的研发主要集中在少数发达的资本主义工业化国家，产品尚未标准化，无法量化生产，生产成本较高，继而销售价格也较高。因此，此时产品生产不会进行海外转移，主要还是集中在国内进行生产。

2. 产品的发展阶段

第二阶段是产品的发展阶段。这一时期其他和技术领先国具有相似技术研发水平的资本主义发达国家开始模仿技术领先国，纷纷跻身于新产品的研发领域。对于这些国家来说，限制进口或许是保护本国市场的最好方式，以实现本国居民对自主研发的新产品的消费。此时由于市场上出现了许多与新产品相关的替代品，而技术领先国因其他发达国家的进口限制，无法将自己的产品大量出口到这些国家。在这样一种情况下，技术领先国为了补偿自己的技术研发成本、获取更大利益，这些国家就需要通过对外直接投资，避开贸易壁垒，在海外投资建厂，扩大自己的海外市场。

3. 产品的成熟阶段

第三阶段是产品的成熟阶段。当产品发展到这一阶段也就意味着该项产品的研发技术已发展成熟，不仅其他发达国家，甚至一些发展中国家也掌握了新产品的研发技术，市场上出现了越来越多的竞争者，新产品的同质产品也层出不穷。此时，为了维护自身利益，技术领先国会开始在劳动成本较低的国家和地区建立工厂，继续生产产品。这些地区虽然劳动力成本较低，但是消费水平却足以达到消费新产品的要求，从而在一定程度上降低了由于竞争者增加给技术领先国带来的利益损害。

4. 产品的衰退阶段

第四阶段是产品的衰退阶段。这一时期,新产品的生产完全进入了标准化生产进程中:产品研发技术完全发展成熟、技术工人的生产熟练程度大幅提升、生产效率得到很大程度的提高。因此,技术领先国完全丧失了对于新产品的研发优势,开始退出该产品的生产领域,转向从事其他更新技术的研发工作,以始终保持自己在产品研发领域的领先地位。此时产品的生产工作主要是由一些较为落后的发展中国家来进行。

（三）发展与完善

1. 弗农对产品生命周期理论的修正

弗农在其于 1974 年发表在《经济分析与跨国公司》期刊上的论文——《经济活动的区位》（The location of economic activity）中,就经济活动的区位问题进行了相关研究,提出了一些关于产品生命周期理论的不足并予以纠正。随后,他又在 1979 年发表的一篇文章中对产品生命周期理论进行了完善。

为了实现对产品生命周期理论的完善,弗农引入了寡头市场行为的概念。他认为国际市场是不完全竞争市场,跨国公司就是寡占反应的行为体。在创新阶段,由于寡占者完全拥有技术领先优势,此时产品的生产在国内进行。在发展阶段,其他少数公司具备了新产品的生产技术,也开始从事新产品的生产,同时这些国家的政府开始制定限制进口政策,以达到保护国内市场的目的。在这样一种情形下,寡占者开始进行海外投资,以规避贸易壁垒,继续攫取自己的寡占利润。随着产品生产工艺逐渐发展成熟（成熟阶段）,越来越多的公司开始投入新产品的生产当中,市场上出现了越来越多新产品的替代品。这就会出现一种情况,即产品价格下降,初始研发的企业所获利润减少。为此,跨国公司会选择将自己的生产版图扩大至海外,进军海外市场,获得更多利润。到了衰退阶段,跨国公司开始退出该产品市场,利用自己优秀的技术研发团队,从事更新产品的研发。

2. 约翰逊对产品生命周期理论的完善

美国学者约翰逊对产品周期理论中的影响因素进行了补充说明,他认为影响投资者行为的不仅有技术因素,还包括劳动力素养、市场因素、贸易壁垒及东道国对待对外直接投资的态度等多方面的因素。

1）劳动力素养

劳动力素养与产品的生产效率息息相关。在创新阶段,由于新产品的研发技术只掌握在少数发达工业化国家手中,此时对工人的技能水平就有较高程度的要求,只有较高素养的劳动力才有生产新产品的能力。但是,待产品进入成熟阶段后,需要降低产品的生产成本、提高生产效率,此时就需要拥有熟练生产技能的工人从事产品的生产。

2）市场因素

这里所说的市场因素主要是指新产品的销售需要与相应的购买力相匹配。在创新阶段,产品的价格较高昂,所以主要在发达国家进行生产、销售;在成熟阶段,产品生产呈现出规模化的特点,因此,此时产品也可销售到一些发展中国家,以此占据更多的市场份额。

3）贸易壁垒

许多国家由于掌握的新产品研发技术落后于领先国,为保护本国市场,贸易保护政策就成了不可或缺的一部分。因此，为了避免或减少贸易壁垒对自身的影响，跨国公司就需要进行海外投资以拓宽市场范围。

4）东道国对待对外直接投资的态度

东道国的态度对于投资者的对外直接投资决策至关重要。对外直接投资可以被看作解决东道国在发展过程中资金缺口的重要渠道，因此东道国实施相应的外资优惠政策可以提高自身对外资的吸引力度。

四、比较优势理论

（一）产生背景

20世纪70年代后，在世界经济版图中，出现了日本的身影，它也开始参与到国际投资领域。在这一时代背景下，越来越多的学者开始研究日本的国际直接投资。那么以欧美国家为主体的国际直接投资理论是否适用于对日本对外投资行为的研究呢？事实上，许多经济学家发现，传统的西方国际直接投资理论似乎与日本的实际情况不是十分吻合。所以，小岛清（Kiyoshi Kojima）基于自己对日本企业的了解和深入研究，提出了比较优势投资理论，并在其于1978年出版的《对外直接投资：跨国经营的日本模式》中对比较优势投资理论进行了系统阐述，该理论也被称为产业选择理论、边际产业扩张论等。

在国际贸易领域，大卫·李嘉图（David Ricardo）提出了类似的比较优势贸易理论。该理论认为国际贸易的产生是由于两国生产技术的相对差异，即生产技术的差异化是国际贸易产生的基础，而这种差异化的本质在于，不同的生产技术导致了两国生产成本的差别。小岛清的比较优势投资理论解释了为什么一国的企业会选择以直接投资的方式进入海外市场，而大卫·李嘉图的比较优势贸易理论则意在说明两国之间发生贸易往来的原因。

（二）基本观点

1. 三个命题

比较优势理论主要由三个部分组成。

（1）比较优势理论认为对外直接投资的决策受到多种因素的影响，包括有形资本、技术和技能资本等一系列经营资源。

（2）比较成本的差异并非比较利润率的差异所引起的。一般情况下，成本差异会带来利润差异。因此，若某一行业具有比较成本优势，那么该行业往往也能获得较高的利润。从这一角度出发，我们可以认为比较成本差异或者比较利润率差异可能导致国际贸易的发生，也可以解释投资者的国际投资行为。

（3）日本的对外投资和美国的对外投资有所区别。第一，因为美国具有先进的技术和工业设备，所以美国的对外直接投资活动主要发生在制造业部门。但是日本的国际直接投资活动更多的是发生在劳动密集型产业。因为在日本，这类产业存在产能过剩的情况，或者是在日本已失去比较优势急需寻求海外市场。第二，美国推动具有比较优势的企业进行国际投资活动，而日本则希望在国内不具备比较优势的企业进行对外投资。第三，美国对外投资企业以具有技术优势的大型寡头垄断企业为主，而日本则是以拥有实用技术的中小型企业为主。第四，美国主要同其他发达国家（以西欧国家为主）进行国际投资活动，而日本的主要合作伙伴则是发展中国家。

2. 从比较优势理论看对外直接投资的原因

比较优势理论认为有以下几个因素会影响企业的对外直接投资行为。

1）自然资源导向型

由于国内某些自然资源稀缺，而这些资源是不可生产的，所以投资者进口自然资源主要是将其作为中间产品以生产其他产品。一般认为，自然资源导向型的投资可以在一定程度上弥补国内存在的某些比较优势的不足，所以在比较优势理论中，小岛清将其称为贸易替代型的对外直接投资。

2）劳动力导向型

劳动力导向型的投资多半发生在发达国家，因为发达国家的劳动力成本较高，如果某种产品，特别是劳动密集型产品在国内进行生产，高昂的劳动力成本使得产品的生产成本迅速增加，严重降低了该种产品在国际市场上的竞争力。因此，对于发达国家来说，它们更愿意把自己的工厂转移到劳动力成本相对较低的发展中国家，以减少自己的生产成本。

3）市场导向型

市场导向型的投资一般分为两种：一是为了抢占国际市场的份额而进行的对外直接投资，二是希望减少东道国贸易保护政策对自己的影响而进行的对外直接投资。

3. 核心内容

比较优势理论主要采用的是国际贸易中通用的 2×2 模型，在比较成本原理的基础之上，分析两个国家、两种产品。在比较优势理论中，进行对外直接投资的企业不一定是具有核心竞争优势的企业，那些虽然在国内丧失了比较优势，但是在海外市场具有比较优势的企业也仍然可以进行对外投资，即把这些产业转移到在东道国具有比较优势的那些海外市场，以保持自己的市场份额，实现贸易数量的增加。在小岛清看来，那些将要失去或已经失去比较优势的产业应在海外市场寻求自身发展机会，利用自身在海外市场存在的比较优势，获得比国内更大的收益。小岛清将这类产业称为"边际产业"。

案例 2-2

华为国际投资案例分析

1987 年，华为技术有限公司（以下简称华为）在深圳成立。经过数十年的发展历程，在通信供应领域，华为跻身全球前三的水平。1996 年，华为开始推动自己的海外投资计划，截至 2020 年，华为在全球拥有超过 180 家子公司，包括海外子公司、研发中心和研发机构。此外，通过在全球范围内建立培训中心，华为不仅为东道国培养了技术人才，也在推动华为员工的本地化。

华为是一家综合性电信解决方案提供商，是无线、固网（固定电话网络）、数据、终端和软件的全球供应商。虽然华为的实力不断增强，但是与欧美老牌同类型公司相比，也存在一定的发展差距，贸然进入这些国家，华为很有可能以失败而告终。但是，在欧美市场中，相比之下，俄罗斯的市场竞争强度不是很大，存在成功的可能。在此情况下，华为率先进入俄罗斯市场。1997 年，华为与乌法（俄罗斯城市）当地企业 Russian Beto

Konzern 和俄罗斯电信公司（Russian Telecom）成立了合资企业 Beto-Huawei。随后，华为先后在拉美、非洲、东南亚等地进行了对外直接投资。从 1997 年在巴西成立合资公司，到 2001 年将 10G 同步数字系列的光网络产品引入德国，华为在国际市场的知名度越来越高，并逐步通过与世界各地知名代理商合作，成功进入了法国、西班牙、英国等欧洲发达国家。同时，华为通过与美国 3Com 公司合资进入北美市场。由此，华为扩大了在美国数据和宽带接入市场的影响力，这也标志着华为真正进入国际市场。

请思考：如何运用小岛清的比较优势理论解释华为的跨国投资战略依据？

资料来源：陈金图. 2013. 狼的视野：华为国际化战略透视[J]. 企业研究, 23: 56-60.

五、国际生产折衷理论

（一）产生背景

国际生产折衷理论又称"国际生产综合理论"，是由英国瑞丁大学教授约翰·哈里·邓宁（John Harry Dunning）于 1977 年首次提出。国际生产折衷理论从微观跨国企业的视角，在兼容西方经济理论中的厂商理论、区位理论及工业组织理论的基础上，继承和吸收了垄断优势理论、内部化理论，并引入了区位优势理论，最终构建了一个结合了对外直接投资理论和国际贸易理论的折衷理论。

总体来看，邓宁的国际生产折衷理论是以往直接投资理论的集大成者，系统地将国际贸易理论融入垄断优势理论、内部化理论、区位优势理论中，并将三者进行有机结合，极大地弥补了过往学者对国际投资的部分解读的不足。此外，邓宁还在对外投资动态发展分析和对发展中国家投资分析中运用了国际生产折衷理论，为国际投资理论增加了新的理论框架。

（二）基本观点

1. 国际生产折衷理论的模型框架

邓宁认为国际生产折衷理论包括三个层次的要义：所有权优势（ownership）、内部化优势（internalization）和区位优势（location）。这三项优势之间具有紧密的联系。三项优势决定了跨国公司的海外投资经营活动发展类型。

1）所有权优势

一国公司在对外国进行直接投资时不可避免地会承担诸多投资风险，如语言障碍或缺乏对当地消费需求的了解等。在这种情况下，公司团队通常将自身的竞争优势转移到其他国外市场，以抵消在投资过程中遇到的风险，因此，所有权优势也可以理解为跨国企业在对外直接投资活动中的竞争优势，即跨国公司独有的且难以被其他企业获取或者模仿的专有信息和所有权。

所有权优势是国际投资公司展开对外直接投资的基础，具体而言，所有权优势主要包括两方面：一方面是企业在海外投资经营前就拥有的独特优势，如生产要素禀赋（资金、劳动力、先进技术）、产品专利权、公司品牌声誉及公司内部专业化管理；另一方面是跨国企业在东道国开展投资经营所发挥的优势，如获取当地廉价劳动力和原材料、开展规模经济产生的优势等。一国的跨国企业的所有权优势即竞争优势越大，其对外直接投资的能力越强。

2）内部化优势

内部化优势是跨国公司出于对外部市场失效的考虑，运用企业的所有权优势对冲和消除外部市场失灵的一种方法。具体而言，市场失灵包括结构性失灵和交易性失灵两大类，前者是指东道国政府对投资者施加投资贸易壁垒造成的，后者是指市场信息难以掌握或者竞争对手限制导致企业需要投入大量的财务成本去完成市场交易。

基于上述限制，引出了内部化优势。内部化优势是指投资企业在价值链投资活动时考虑到不同市场运营的成本效应，选择与东道国当地生产商建立合作伙伴关系。即利用不同国家的外包优势，选择将生产外包给具有更低成本的原始设备制造商或者将产品设计授权给优势更明显的独立外国公司，而企业内部专注于创建和开发其自身的核心竞争力。邓宁认为，当跨国企业因内部化经营而取得的经济效益越大时，其开展国外投资活动越有利。

3）区位优势

区位优势往往是指东道国的某一区位相对于另一个区位具备的地理优势或者资源优势，是否存在区位优势是跨国企业在考虑进入投资市场时的重要考量。区位优势主要包括以下几个方面：投资经营所在地的地理位置、劳动力交通原材料的成本情况、政府发挥的政策优势程度。不管是哪种资源优势，它们都是固定的和不可移动的。如果东道国存在显著的区位优势，将会为跨国企业带来较低的交通和原材料成本、相对优惠的外商投资政策及广阔的消费市场。通常，区位优势越显著的地区，往往越容易形成外商投资聚集效应。

2. 跨国经营模式的选择

跨国公司对上述投资优势的不同选择，决定了企业跨国经营模式的差异。根据企业对所有权优势、内部化优势和区位优势三类优势把握程度的不同，可以分为不同跨国经营模式，具体解释如下。

（1）当跨国公司以技术转移为主要的经营方式时，应当注重对所有权优势的把控。

（2）当跨国公司以出口贸易为主要的经营方式时，应兼顾所有权优势和内部化优势。

（3）当跨国公司在东道国进行直接投资时，除了把握以上两种优势，还应把握区位优势。

案例 2-3

特斯拉在中国

特斯拉不仅是美国最大的电动汽车及太阳能板生产商，同时也是全球顶级的新能源汽车制造商，该公司于 2003 年由马丁·艾伯哈德在美国硅谷创立，而 Space X 的创始人伊隆·马斯克也是该初创公司的投资人。经过了 18 年的飞速发展，截至 2021 年 10 月，特斯拉的市值突破 1 万亿美元，成为全球有史以来第一家市值破万亿的汽车公司。

近两年特斯拉在中国取得了飞速发展。2019 年 3 月 7 日，特斯拉与中国签署了在上海投资建厂的协议，历史性地启动了其在海外的第一家超级工厂。官方统计数据显示，2021 年 10 月特斯拉在中国的销量已增长到其在美国销量的近一半，其品牌下的 Model 3

和 Y 系列车型位列中国新能源汽车乘用车市场销量的前三名。特斯拉能够在短时间内取得如此巨大的成就离不开其企业自身三大优势的形成。

首先，在企业所有权优势方面，特斯拉最突出的是自身的技术优势。企业自成立之初就植根于技术的研发和创新，充分利用其在硅谷的技术资源，大胆摆脱传统汽车的模块化设定，独立布局于全新的电动汽车平台，在自动驾驶、电机电控及芯片电池等方面建立起领先于行业水平的专利技术，其突出的全新创新型产品为企业吸引了一大批市场用户。随着用户群体的不断累积及企业品牌的形象持续构建，特斯拉在中国市场快速地形成了规模效应。随着中国上海超级工厂的快速投产运营，其规模效应不断被放大，2021年第三季度，特斯拉在中国的销售额为 31.1 亿美元，占同期美国销售额的 48.5%。

其次，特斯拉将超级工厂落户在上海是基于区位优势的考量。上海坐落于中国的东部，除了拥有强劲的金融经济基础和国际化的营商环境，其雄厚的产业基础条件和完备的人力资源优势也是吸引特斯拉在上海投资建厂的重要原因。上海临港的独特区位优势不仅能够满足超级工厂超大的占地面积需求，还能兼顾新能源汽车的超长产业链布局，降低汽车制造的生产成本。总体来看，特斯拉选址上海不仅能够辐射中国内陆，还为向日本、韩国乃至南下的东南亚地区的辐射提供了支点。

最后，上海市政府为特斯拉的投资建厂也提供了诸多政策支持。特斯拉在中国（上海）自由贸易试验区（以下简称上海自贸区）内建设制造工厂，其没有选择和中国企业共同建立合资公司，而是选择全资拥有，这与上海自贸区的相关政策有着极大关系。从 2018 年开始，中国开始逐步放宽对汽车行业外资持股比例要求，逐步取消专用车、新能源汽车的外资股比限制，上海又是这一政策先行先试的重要示范区，这为特斯拉开展企业专业化统一管理带来了极大的便利。此外，特斯拉还获得了远低于市场价的土地用于建设工厂，拿到了较低的年利率银行贷款，以及相应的税收优惠补贴和人才补贴，这为特斯拉在工厂建设投产初期提供了有力支持。

请思考：如何运用邓宁的国际生产折衷理论解释特斯拉在中国投资的战略依据？

第三节　发展中国家国际直接投资理论

自 20 世纪 80 年代以来，国际投资领域出现了越来越多发展中国家的身影。上文内容着重分析了美日欧等发达国家的国际直接投资行为，但对于发展中国家参与国际直接投资活动的动机却没有进行很好的说明。因此，本节将重点介绍一些关于发展中国家的对外直接投资理论，以期呈现发展中国家参与国际投资的动因及其对外直接投资的特点。

一、资本相对过度积累理论

（一）产生背景

资本相对过度积累理论主要是用于阐述在发展中国家中，那些资本过度积累的部门是否愿意进行对外直接投资。对于发达国家来说，正是因为存在"资本过剩"，他们才走上了对外直接投资的道路。但是发展中国家在发展过程中往往存在资金缺口问题，资本不足是阻碍发展中国家发展的关键所在。所以，越来越多的学者开始研究发展中国家为何会进行对外直接投资，资本相对过度积累理论就是其中之一。

（二）基本观点

美国经济学家阿瑟·刘易斯（William Arthur Lewis）提出了"二元经济结构"，它是指一种常在发展中国家见到的现代经济与传统经济并存的现象，即一国既拥有先进的现代技术部门，又拥有落后的传统农业部门。这样一类经济结构就被称为"二元经济结构"。苏联学者阿·勃利兹诺伊利认为在国际投资领域也会存在"二元经济结构"。一般而言，传统农业部门和现代工业部门之间的生产技术水平差距较大，继而导致两个部门的劳动生产率也存在较大差异。而且，由于传统农业部门往往存在生产率低下的问题，无法适应现代工业部门快速发展的实际需要，由此两个部门间的生产率水平差距会不断加大。也就是说，对于发展中国家而言，现代工业部门的生产力和该国的总需求之间存在匹配失衡的情况，由此导致局部出现结构性供给过剩的现象或者是部分企业和行业出现"资本相对过度积累"的现象。在这样一种情形下，发展中国家的对外直接投资成为可能。

（三）评价

资本相对过度积累理论是把"二元结构论"与国际投资相结合，认为正是在发展中国家内部，总是存在传统经济部门和新兴经济部门之间的发展差距，导致局部出现资本过度积累的现象，最终推动了发展中国家的国际直接投资行为。但是，资本相对过度积累理论本身也存在着一定的缺陷。首先，该理论的逻辑不够严密；其次，该理论仅仅阐述了当发展中国家出现普遍资本缺口时发生对外直接投资的可能，但是关于发展中国家国际直接投资行为的动因及发展中国家进行对外直接投资的方式，并没有进行很好的说明。

二、小规模技术理论

（一）产生背景

在传统国际直接投资理论中，一个国家要想进行对外直接投资的前提是该国拥有垄断技术优势和规模经济，但是当发展中国家加入国际投资队伍时，面对发展中国家相对落后的技术水平，这一先决条件似乎欠缺一定的说服力。对此，美国学者刘易斯·威尔斯（Louis T. Wells）从投资主体入手，观察发展中国家在国际投资过程中的特点，并在其 1977 年发表的一篇文章中提出了小规模技术理论。

（二）基本观点

小规模技术理论认为发展中国家同样也是具有技术优势的，主要包括以下几点。

1. 技术结构符合小市场服务需求

与发达国家相比，发展中国家的人均收入水平可能相对较低，从而这些国家人民的消费能力相对不足，尤其对于新技术产品的消费能力有所欠缺，若发达国家用其先进技术在发展中国家实行大规模生产便无法补偿其高昂的技术研发成本。因此，对于发展中国家来说，这些国家往往采用引进发达国家先进技术的方式，而后对发达国家的先进技术进行改造以适应国内环境，满足小市场的需求而获得竞争优势。

2. 发展中国家拥有"当地采购和特殊产品"的特殊优势

在威尔斯的研究中，他发现由于发展中国家在引进技术方面消耗了较高的成本，因此为了能够有效降低一定的生产成本，发展中国家往往会采购国内的原材料来进行生产以弥补引进技术导致的成本损失。不仅如此，发展中国家的对外直接投资在某种程度上还具有民族色彩，其出口的产品总是满足自己海外同胞的需求，而这些生产通常又是利用母国的资源，在一定程度上具有成本优势。这些"民族投资"在马来西亚、泰国、新加坡等地都较为常见。

3. 低价营销战略

"低价"似乎成了发展中国家提升自身产品国际竞争力的主要手段，即以较低的价格抢占部分市场份额。而发展中国家能够以较低价格销售产品的原因就在于本国的劳动力成本较低，且能够在国内以较低价格购买到原材料，从而在一定程度上降低了生产成本。与此同时，发展中国家在广告营销方面的投入也相对较少。

（三）评价

小规模技术理论以发展中国家为主体，将发展中国家的跨国公司行为与发展中国家的市场情况结合起来进行分析，说明了不是只有拥有垄断技术优势才能进行海外投资的观点，对国际直接投资理论进行了补充。但是小规模技术理论的不足之处就在于其认为发展中国家在生产过程中使用的是降级技术，而对于发展中国家的高新技术产业的对外直接投资行为无法进行说明。

案例 2-4

浙江民营企业对外直接投资的优势

近年来，浙江民营企业实力明显增强。根据浙江省市场监督管理局、浙江省工商业联合会、浙江省民营企业发展联合会联合发布的"2019浙江省民营企业100强"名单，我们可以看到，2018年浙江民营企业净资产总额再次超过1万亿元，增长率达到了17%左右。其中，年销售额超过1000亿元的浙江民营企业数量增加到9家，浙江民营企业综合实力稳步提升。

在需求多元化和多层次的市场结构中，浙江民营企业具有大型企业无法比拟的技术优势。改革开放40多年来，浙江民营企业积累了一定的技术知识，也形成了一定的技术溢出效应，拥有在国际市场上追求要素边际效益最大化的可能性。浙江民营企业在开展对外直接投资活动中，注重推动经营资源的转移，形成了一批优质企业，其中不少企业既生产劳动密集型产品，又生产新型复合材料产品，成为拥有劳动及高新技术复合优势的生产企业。对于这种复合新产品，工业化国家由于劳动力成本高不愿意生产，落后的发展中国家不具备生产此类产品的能力。因此，浙江民营企业可以利用好自身比较完善的技术创新基础，同时加大引进先进技术的力度，实现"干中学"，努力积累自身的学习经验，促进技术创新。

请思考：如何运用小规模技术理论解释浙江民营企业的对外直接投资优势？

三、技术地方化理论

（一）产生背景

随着发展中国家进行对外直接投资规模越来越大，许多学者开始有针对性地研究发展中国家的国际直接投资活动。英国经济学家拉奥（Sanjaya Lall）通过对印度跨国公司的研究分析，提出了技术地方化理论，为发展中国家的国际直接投资理论做出了补充。

（二）基本观点

无论是小规模技术理论，抑或是技术地方化理论，"技术"都成了这两种理论研究发展中国家对外直接投资行为的切入点。在拉奥看来，发展中国家引进发达国家的先进技术并不是一味地模仿和复制，而是一个创新的过程，是发展中国家改造引进的先进技术以适应本国发展情况的再创造的过程。

在技术地方化理论中，发展中国家通过技术改造获取了以下几点优势。

（1）通过技术改造，发展中国家掌握的技术更适宜本国发展的需要。

（2）相得益彰的技术所生产的产品更能满足本国和与本国国情类似的其他国家及地区的需求，由此增强了自身产品在本国和其他类似国家及地区的市场竞争优势。

（3）小规模技术与发达国家的大规模技术相比，经济效益更高。

因此，拉奥认为通过技术改进，发展中国家将引进的先进技术地方化，在适宜当地发展需要的同时，也获取了相应的竞争优势，为对外直接投资提供了可能。

（三）评价

技术地方化理论较为贴合发展中国家在国际投资领域的实际情况，该理论强调了技术地方化的过程使得发展中国家也能够进行对外投资。同时，该理论指出，在综合考量本国生产技术、需求环境等方面的因素后，发展中国家引进并改造技术的过程就是获取竞争优势的过程，这一过程符合发展中国家实际发展状况，证明发展中国家依靠技术地方化同样也能够参与国际投资活动。

四、技术创新产业升级理论

（一）产生背景

20 世纪 80 年代以后，以韩国、新加坡为代表的新兴工业化国家开始逐步走向世界舞台的中央，他们大举进入国际投资领域，逐步成为发达国家对外投资的竞争者，这也标志着发展中国家逐步走向国际投资舞台。在这一时代背景下，英国学者坎特威尔（John Cantwell）及其学生托兰惕诺（Paz E. Tolentino）提出了技术创新产业升级理论，从技术创新视角对发展中国家的国际投资行为进行了系统阐述。

（二）基本观点

技术创新产业升级理论认为技术创新对于企业和国家发展是至关重要的。发达国家拥有雄厚的经济实力，其依靠强大的资本支撑可以很好地投入技术研发当中，占领技术创新领域的制高点。但是，与发达国家不同，发展中国家在技术研发过程中往往存在着资金缺口问题。因此，对于发展中国家而言，引进技术和习得技术经验就成了发展中国家技术进步的重要渠道。坎特威尔和托兰惕诺认为，发展中国家进行技术积累不仅能够推动本国技术水平的提升，还在本国的国际直接投资领域发挥着重要作用。不仅如此，在他们看来，发展中国家在技术达到一定水平后再进行对外投资的过程并不是一蹴而就的，其对外直接投资遵循着以下的发展顺序：从自然资源丰富的部门转移到高新技术产业部门，从传统农业部门转移到现代工业部门，从周边国家转移到更远的国家和地区。

（三）评价

技术创新产业升级理论更符合发展中国家的实际情况。在该理论中，坎特威尔和托兰惕诺明确指出对于发展中国家来说，其技术创新过程的重点在于技术积累过程，在于引进先进技术后不断累积学习经验的过程。同时，该理论还认为发展中国家的对外直接投资活动的产业分布和地理分布会随着时间的推移而发生改变。因此，技术创新产业升级理论做到了理论联系实际。

第四节　其他国际直接投资理论研究

传统的国际直接投资理论关注的重点在于大型企业，如垄断优势理论、产品生命周期理论等。然而，在发达国家当中，中小企业仍然占据企业总量的绝大多数，成为解决发达国家大部分人口就业问题的重要力量。因此，在国际投资领域，中小企业也占据了一席之地，对于中小企业的对外直接投资行为的研究也受到越来越多学者的关注。关于中小企业直接投资的理论主要包括防御型投资理论、依附投资理论、国家支持投资理论和信息技术投资理论等。与此同时，随着服务业的发展，国际投资理论也由原来只关注制造业的国际投资行为，开始转向同时关注服务业的国际投资行为，出现了关于服务业领域的对外直接投资理论。

一、关于中小企业直接投资的理论研究

（一）防御型投资理论

防御型投资理论指在本国将要失去或已经失去竞争优势的中小企业，借助海外投资的方式，降低自己的生产成本（因为海外的劳动力相对廉价），从而获得继续经营的机会。

（二）依附投资理论

依附投资理论的主要观点是在国际直接投资领域，中小企业是大型企业的追随者，而这一现象的产生离不开大型企业对外直接投资行为所产生的溢出效应。一方面，在进行对外直接投资时，大型企业不仅带去了资金，还无形中带去了自己所拥有的无形资产（技术和管理经验），而中小型企业通过学习大型企业的技术和管理模式，能够在较短时间内使得自身的技术和管理水平得到提升。另一方面，大型公司的国际直接投资活动通

常是将产业内部化的过程,从而能够为中小企业提供更加广阔的平台、更大的发展空间。基于上述两点溢出效应,中小企业的对外直接投资的能力得到提升。

(三)国家支持投资理论

国家支持投资理论认为中小企业不具备大企业的垄断优势,在世界市场上无法拥有大企业的绝对竞争优势。因此,在国际投资领域,中小企业离不开国家的帮助,否则这些企业很难在国际市场上"活得长久",需要由国家对中小企业的对外直接投资活动提出支持。国家应出台相应的政策,大力扶持中小企业的国际投资活动,鼓励中小企业"走出去"开拓世界市场,在世界市场上取得成功。

(四)信息技术投资理论

进入信息时代以后,中小企业似乎从中有所受益。中小企业不再因为规模的限制、成本的制约而无法向世界各地派驻联络员或在世界各地建立海外办事处。信息时代的便利化使得中小企业也能如大企业一般,获得来自世界各地的讯息,并且依托信息网络进行办公,提高了办事效率。信息技术投资理论意在说明中小企业借助信息化的便利性及自身的灵活性在信息时代培养了自己在进行对外直接投资时的独特竞争优势。

二、关于服务业直接投资的理论研究

一直以来,国际投资理论研究始终把制造业作为研究重点,尤其是二战结束之后,在世界科技水平迅速提升的推动下,在制造业领域,跨国公司是对外投资的"新宠",与之相关的理论研究也层出不穷,而关于服务业投资的理论研究却鲜少有学者涉及。近年来,人们的关注重点逐步转向服务业,服务业在一国生产生活中的比重明显增加,关于服务业的投资也开始受到广泛关注。具体而言,关于服务业领域对外直接投资的代表性理论的研究主要出自以下几位学者。

(一)邓宁

邓宁的主要成就在于他将关于制造业直接投资的相关理论应用于对服务业的理论研究。在他看来,服务业需要进行对外直接投资主要是因为所有权优势、区位优势和内部化优势。在其于1989年发表的《跨国企业和服务增长:一些概念和理论问题》一文中,邓宁就服务业跨国公司的国际投资活动的概念和理论问题进行了解释说明。

(二)鲍德温

最初,鲍德温(Boddewyn)试图用一些此前以发达国家为主体的国际投资理论来对服务业跨国公司的国际投资行为进行阐述。但是他发现,由于服务业领域的特殊性,在用主流思想去看待服务业跨国公司的直接投资行为时会与主流理论的前提假设相违背。因此,他提出:在研究服务业直接投资行为的过程中,一些简单的假设就有助于分析的进行,试图用特定理论进行精确说明反而会适得其反。

（三）索旺

索旺（Sauvant）的突出贡献在于从实证分析的角度来研究服务业的直接投资行为。1933年，索旺等运用回归法对1976—1986年不同国家的11个部门里最大的210家企业的数据进行了检验，同时他还分析了有哪些因素会影响服务业领域跨国公司的对外直接投资行为。在综合分析过后，他得出结论：市场规模、文化差异、产业集中度及企业规模与增长等是服务业跨国公司进行对外直接投资的决定性因素。

（四）卢格曼

卢格曼（Rugman）试图从银行的角度出发，用内部化理论来对服务业跨国公司的国际投资活动进行解释说明。在内部化理论中，跨国公司将外部交易内部化来有效降低生产成本。所以，卢格曼认为跨国银行同样可以用较低的内部组织成本来替代高昂的外部交易成本，从而实现高效经营。

第五节　国际直接投资理论的最新发展

在讨论了一系列针对发达国家和发展中国家的传统对外直接投资理论之后，我们将在本节展现一些有关国际直接投资理论的最新进展。随着全球化的日益深化，有关国际投资的理论也随着时代的发展而演进。对此，许多学者从多维的角度去研究国际直接投资，有关国际直接投资的理论研究也得以不断丰富和完善，国际投资领域出现了越来越多新的理论来对国际投资现象进行解释说明。

一、异质性企业理论

（一）产生背景

20世纪90年代以前，对于国际投资领域的研究主要集中在产业层面，很少涉及微观企业层面，与对外直接投资相关的理论很难解释微观企业的一些对外直接投资行为，这主要体现在：①新贸易理论预期所有的企业均会进行出口，然而，实际上企业出口的参与度普遍不高；②与非出口企业相比，出口企业具备明显的竞争优势，其技术水平、管理水平更高，资本规模更大；③在贸易自由化的推动下，世界市场也遵循着"优胜劣汰"的原则，低生产率的企业会逐渐退出出口业务，而高生产率的企业往往会在出口业务的竞争中胜出。正是在这样一种时代背景之下，异质性企业理论应运而生。

（二）基本观点

异质性企业理论主要是从企业的生产率差异角度出发对企业的国际直接投资行为进行研究。这里所说的生产率差异包括了企业在所有权、建立年份、组织方式、规模、资本密集度、人力资本、技术选择等方面的差异。异质性企业理论以Melitz（2003）的模型作为其基本理论框架解释了两个基础性问题：①企业生产率水平如何影响公司的出口决策？②贸易的自由化程度是否会影响资源在产业内再配置的过程？这种影响程度又有多大呢? 根据 Melitz（2003）的模型，贸易成本降低对生产率不同的企业会产生不同的影响，从而可以通过产业结构的调整来提高整体的生产率水平。

同时，许多学者还通过 HMY（Helpman-Melitz-Yeaple）模型对异质性企业在出口与对外直接投资之间的国际化选择展开研究分析，结果表明: 在一家企业决定自己是否进行对外直接投资时，这一选择往往和该公司的生产率有关。一般而言，生产率越高的企业对外直接投资的意愿越明显，而对于那些生产率最低的企业来说留在国内市场是最好的选择。

二、竞争优势理论

在《国家竞争优势》一书中，美国哈佛大学教授迈克尔·波特（Michael E. Porter）首次提出了竞争优势理论，而后又分别在《竞争战略》和《竞争优势》这两本书中对竞争优势问题进行了系统的阐述。

在竞争优势理论中，波特提出了"波特五力分析模型"（图 2-1），该模型通过从潜在进入者的流动性威胁、购买者的购买能力、替代者的替代性威胁、供应商的议价能力及现有竞争者的对抗五个角度来分析产业环境的状况。在这五种竞争力量中，波特又总结出了三种战略思路，企业有望通过这三种战略思路来提升自身的竞争力并获得最终的成功。具体来看，这三种战略思路有: 成本领先战略、差异化战略和专一化战略。在波特眼中，这三种战略思路是企业获取竞争优势的制胜法宝，由此企业可以进一步提高自身的收益水平。

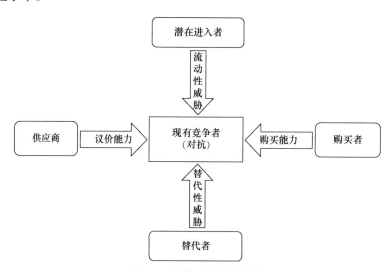

图 2-1　波特五力分析模型

根据波特的理论观点，一个企业在发展其竞争优势时会经历四个阶段。第一阶段是初始阶段，此时企业主要通过购买价格低廉的原材料和雇佣廉价劳动力来降低生产成本，通过这样一种方式来增强自身的竞争力；第二阶段以投资为主导，处于这一时期的企业重点在于引进先进的技术，并对先进技术进行改造以适应自身发展的需要，从而达到提升自身技术水平的目的，最终实现在国际市场上竞争地位的提升；第三阶段以创新为主导，企业在引进技术的同时还需要投入自己前期积累的资本以发明创新技术，占领未来核心技术领域的制高点；第四阶段则是以财富作为主导，由于在经历了三个阶段之后，企业积累了一定的资本，企业规模也得到了相应的扩张，所以此时的企业会不断进行技术创新以保持自己的竞争优势。

波特的竞争优势理论突破了此前的仅关注技术优势的瓶颈制约，将关注重点转移到了管理层面。同时，波特的竞争优势理论还从宏观的视角出发，对跨国公司的对外直接投资活动进行分析，突破了此前诸多微观理论的桎梏。由此，对外直接投资理论也更符合现实。

三、战略三角理论

此前所探讨的一系列理论主要分析的是发达国家的对外直接投资活动，但随着时代的发展，随着国际直接投资发展越来越成熟，许多发展中国家也参与到国际直接投资的行列中。因此，战略三角理论就填补了国际直接投资领域对发展中国家对外直接投资行为分析的空白。该理论将自己的理论分析框架构建在"战略三角"上，并从资源观、产业观及制度观这三个方面出发，对发展中国家的对外直接投资行为进行了很好的分析。

（一）资源观

资源观的核心观点是企业所拥有的资源就是企业在进行国际投资活动中所具有的比较优势，而资源不仅是诸如工厂、土地等有形资源，同时还包括专利、经营经验等无形资源。一般认为，企业进行对外直接投资的前提就是企业对一定有形资源所拥有的控制权。而且，企业所拥有的有形资源与其自身的规模成正比关系，即若一家企业的规模不断扩大，那么该企业所拥有的有形资源也会越来越多。正如异质性企业理论所言，大规模的企业通常在进行海外扩张时具有优势。也就是说，有形资源在企业的国际直接投资活动中扮演着重要角色。此外，一家企业所拥有的无形资源也是至关重要的。因为对于一家企业而言，其在进行出口业务时所积累的经验也能够影响其国际直接投资活动。

（二）产业观

产业观的主要内容是产业特征会影响企业的对外直接投资行为，而产业特征主要包括产业竞争程度、产业要素密集度等。

1. 产业竞争程度的影响

根据"波特五力分析模型"，企业会受到来自五个方面的影响，即潜在进入者的流动性威胁、购买者的购买能力、替代者的替代性威胁、供应商的议价能力及现有竞争者的对抗会影响企业的对外直接投资行为。一般认为，这五个因素的力量越强，所处产业的竞争程度就越强，从而企业面临来自各方瓜分市场份额的威胁就越大，企业就越倾向于进行海外投资，以获取更大利润。

2. 产业要素密集度的影响

产业要素密集度同样也能够影响企业的对外直接投资行为。从发展中国家来看，发展中国家的技术水平较发达国家更为落后，而发展中国家缺乏充足的资本和优秀的科研团队，无法在较短时间内研发出创新型技术。因此，发展中国家倾向于在发达国家对技术型企业进行直接投资，以期引进发达国家的先进技术，而发达国家的技术密集型产业则更倾向于在市场规模较大的发展中国家进行直接投资以期获取市场红利。对于发展中国家的劳动密集型产业而言，其在本国便可获得廉价劳动力，因此这类产业进行对外投资的可能性相对较小。

（三）制度观

制度观不仅强调东道国的政策环境在外国投资者的对外投资过程中发挥着重要作用，而且强调外国投资者的母国政策环境同样也会有重要影响。例如，中国地域广阔，不同地区在对外直接投资领域所制定的政策不同，这种显著的地域差异也会影响中国整体的国际投资活动。因此，制度环境在降低交易成本中占据着主要地位，即高质量的制度环境可以在一定程度上降低信息不对称性，从而有助于降低交易成本。

专栏 2-1

中国企业的对外直接投资的特征分析

"走出去"战略自提出以来，受到广泛关注，而中国对外直接投资的迅猛发展也在证实"走出去"不仅是个口号。根据路孚特（Refinitiv）数据平台的数据，2019 年中资海外并购总规模超过 2415 亿元，其中交易金额较大的案例包括江苏沙钢集团有限公司完成了对欧洲最大的数据中心公司 Global Switch 的收购、长江实业集团有限公司对英国酒吧和酿酒业的国宝级品牌——Greene King 的收购等。不仅如此，随着政府支持的力度不断加大，有越来越多的中国企业愿意并且渴望"走出去"。从投资主体来看，据商务部统计，截至 2018 年底，有限责任公司仍然在中国境内企业对外投资中扮演着主要角色（图 2-2）。

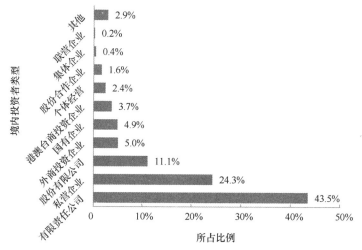

图 2-2　截至 2018 年末不同登记注册类型的境内投资者占比
资料来源：商务部、国家统计局、国家外汇管理局联合发布的《2018 年度中国对外直接投资统计公报》

从投资行业来看，《中国企业全球化报告（2020）》显示，2018 年以来，中国企业对外直接投资的主要行业首先是制造业，占比达 49.6%，其次是信息传输、软件和信息技术服务业，占比达到了 15.4%。2018 年，新设和增资的中资企业项目主要分布在制造业、批发和零售业及租赁和商务服务业（表 2-1）。

表 2-1　2018 年中资企业项目所属行业分布（单位：项）

所在行业	减资	未投资	新设	增资	总计
制造业	337	4463	694	1656	7150
批发和零售业	436	7034	671	1773	9914
租赁和商务服务业	289	2763	357	973	4382
建筑业	406	1042	256	782	2486
信息传输、软件和信息技术服务业	87	1157	223	432	1899
科学研究和技术服务业	151	887	185	407	1630
农、林、牧、渔业	81	981	113	375	1550
交通运输、仓储和邮政业	111	556	84	269	1020
电力、热力、燃气及水的生产和供应业	54	234	74	169	531
采矿业	94	811	73	320	1298
居民服务、修理和其他服务业	39	524	49	141	753
文化、体育和娱乐业	18	325	32	82	457
教育	1	81	21	28	131
住宿和餐饮业	8	272	20	41	341
水利、环境和公共设施管理业	11	57	9	22	99
房地产业	44	555	7	154	760
卫生和社会工作	3	49	6	15	73

资料来源：商务部、国家统计局、国家外汇管理局联合发布的《2018 年度中国对外直接投资统计公报》

从中国境外企业在各大洲的分布情况来看，中国企业的海外投资主要集中在亚洲，中国在亚洲的境外企业数量所占比例超过 50%（图 2-3）。

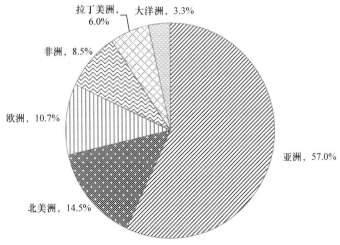

图 2-3　截至 2018 年末中国境外企业在各大洲的分布情况

资料来源：商务部、国家统计局、国家外汇管理局联合发布的《2018 年度中国对外直接投资统计公报》

本 章 提 要

（1）国际投资理论是国际经济理论的重要分支，它解释了国际投资活动的驱动条件及影响因素。主流的国际直接投资理论包括垄断优势理论、内部化理论、产品生命周期理论及比较优势理论。

（2）发展中国家的国际直接投资理论解释了落后国家与新兴国家在缺乏技术、品牌、资金优势的情况下，仍然进行对外直接投资的行为动机及竞争策略。发展中国家的国际直接投资理论包括资本相对过度积累理论、小规模技术理论、技术地方化理论、技术创新产业升级理论。

（3）中小企业是国际投资活动的参与主体，中小企业对外直接投资的高速增长是世界经济中一个突出的现象。当前，解释中小企业的对外直接投资行为的理论包括防御型投资理论、依附投资理论、国家支持投资理论、信息技术投资理论。

（4）随着跨国公司的海外生产经营网络的扩张，服务业在国际直接投资领域的比重明显增加，服务业投资也开始受到广泛关注。服务业领域的国际直接投资理论的研究代表人物主要包括邓宁、鲍德温、索旺、卢格曼等学者。

（5）随着全球化的日益深入，有关国际投资的理论也随着时代的发展而演进。当前，有关国际直接投资的前沿理论主要包括异质性企业理论、竞争优势理论、战略三角理论。

思考与探索

根据国际直接投资理论，中国吸收国际直接投资的优势和劣势有哪些？中国企业对外直接投资可能面临的机遇与挑战有哪些？

第三章　国际投资方式

国际资本的流动形式既可以表现为产业资本流动，也可以表现为金融资本流动。一国以产业资本的形态输出资本所进行的跨国的生产性活动被称为国际直接投资，其主要形式包括绿地投资和跨国并购。一国以金融资本的形态输出资本所进行的以短期逐利为目的的金融资产投资被称为国际间接投资，其主要形式是国际股权投资、国际债券投资等。本章主要围绕国际直接投资中的绿地投资、跨国并购，以及国际间接投资中的国际股权投资和国际债券投资等，对各种投资方式的基本含义、内容、特点和优缺点等方面进行介绍与对比。

第一节　国际直接投资

随着跨国公司经营全球化，国际直接投资成为国际资本跨境流动的主要形式之一。国际货币基金组织（International Monetary Fund，IMF）将国际直接投资界定为一国的投资者将资本用于他国的生产或经营，并掌握一定经营控制权的投资行为。本节先介绍国际直接投资最主要的主体——跨国公司，继而介绍绿地投资和跨国并购的具体内容。

一、跨国公司

（一）跨国公司的概念

跨国公司是跨国企业、超国家公司、国际化公司和世界公司等一系列大型跨国经营主体的总称。这些大型跨国公司在海外设有分支机构和经营办事处，由总部对这些海外分支机构进行协调和战略管理。跨国公司的商品生产销售网络通常延伸到全球范围内，承包制造和外部经营是跨国公司参与全球价值链的重要形式。

（二）跨国公司的产生与发展

跨国公司作为国际资本流动的时代产物，其产生和发展经历了起源阶段、初步形成、迅速发展、成熟发展四个阶段。

1. 跨国公司的起源阶段

跨国公司作为资本输出的产物，其最早发源于 16 世纪末 17 世纪初的英国特权贸易公司，其中以英国东印度公司为代表。这类特权贸易公司由于长期进行掠夺性经营，故受到东道国的强烈抵制，并于 19 世纪后半叶逐渐衰退。

2. 跨国公司的初步形成

19 世纪 60 年代，以欧美主要发达经济体为代表的国家先后进行了工业革命和海外殖民扩张，推动了资本主义垄断经济的发展和工业资本的对外输出，培育产生了一批早期的跨国公司。该阶段的跨国公司规模较小，地理分布主要集中在英法德美等少数资本主义强国，其中包括美国的埃克森美孚公司、英国 bp 公司、荷兰皇家石油公司等资本巨擘。对外贸易是跨国公司开展海外经营的主要方式，而海外投资仍然被视为开拓国际市场的辅助手段。

3. 跨国公司的迅速发展

虽然受两次世界大战影响，西欧国家的跨国经营活动进入滞缓阶段，但美国和日本的跨国企业却利用战后机遇迅速发展，并逐步在世界范围内建立起自己的领先地位。这个时期，发达国家的跨国公司数量和规模呈现大幅度增长，跨国收购和兼并活动也随着企业规模扩张而不断增加，跨国经营的方式也逐步多元化，壮大了一大批制造业领域的跨国企业。根据联合国贸易与发展会议发布的《1993 年世界投资报告》，1993 年全球十大跨国公司中美国的大型跨国集团占据榜单一半以上的席位。但随着发展中国家及新兴经济体的不断崛起，全球主要大型跨国集团中逐渐出现发展中国家企业的身影。特别是2008 年全球金融危机后，以美国为代表的发达国家纷纷推行"再工业化"战略，一时间出现大规模资金回流，导致发达国家的跨国集团渐渐消失在全球十大对外投资经济体名单中。

4. 跨国公司的成熟发展

伴随生产销售网络全球化，现代跨国公司也迎来了成熟发展阶段，现代跨国公司通过全球的研发、生产、销售网络，进一步塑造了国际分工秩序，并对现代世界产业结构和国际投资发展格局产生了重要影响。

（三）跨国公司的特点

伴随国际生产分工深化，跨国公司开始逐步布局全球经营网络，涵盖融资、生产、运输、销售、服务等一体化的经济活动环节。与国内公司及其他的国际经济集团相比，跨国企业具有以下几个显著的特征。

1. 生产经营活动跨国化

优化资源配置是跨国公司进行海外经营的重要目标，也是扩张国际市场的重要手段之一。决定跨国企业海外资源整合能力的主要因素包括东道国的人力资源、跨国公司的供给网络完善程度及公司的需求特征。一般而言，绿地投资和海外并购都是跨国公司实现全球范围内再生产的重要手段，通过在海外设厂或者收购东道国企业，整合当地的生产资源及廉价的人力资源，形成分布式多节点的全球生产经营网络，实现生产经营活动的跨国化。

2. 企业发展战略全球化

跨国公司的经营活动以全球为中心，主动打入国际市场提升国际竞争力。跨国公司布局全球化发展战略需要对公司的内外部环境做出全面的剖析，并依据各种分析手段进行全面的论证和判断，从而确定子公司的发展方向、产品的研发方向、市场进入的方式、融资集资的渠道及供应生产销售网络的布局等。利润最大化和长期效益的可持续性是跨国公司的全球性战略的基本考量因素。因此，跨国企业在布局全球化发展战略时，通常不会聚焦单独一国的市场资源情况及某一子公司的生产经营状况，而是对集团在全球生产经营网络中的各个环节做出全盘的考量。

3. 公司内部组织一体化

实现内部组织一体化是跨国公司布局全球性战略的重要动机。市场内部化理论认为，当生产要素尤其是中间品市场不集中时，跨国公司有动机将外部市场内部化，降低由不确定因素带来的交易成本，以实现管理经营活动的统一。同样在组织层面，为降低各个环节衔接摩擦带来的管理成本，跨国公司通常实行高度集中的组织管理体制。即以母公司为中心节点，通过管理网络的辐射把海外的子公司及其附属机构整合为一个集团，提升资源整合能力及公司全球经营的韧性，实现公司内部组织一体化和经营活动的全球化。

4. 国际经营环境复杂化

生产销售网络的全球化加大了跨国公司国际经营的不确定性。相比于国内较为熟悉的经营环境，国际经营环境通常更为错综复杂。跨国公司通常面临高收益和高风险并存的发展空间，这种环境对跨国公司的管理能力和风险应对能力的要求更高。除了应对一般性的商业风险外，跨国公司还需要面对东道国的政治风险和复杂的财务风险。政治风险指东道国与其他国家的政治关系发生变化时对跨国公司所造成的风险，包括东道国对跨国企业资产没收、财产征用和所有权国有化等风险及东道国政变、革命带来的一系列风险；财务风险主要指东道国汇率变化及通货膨胀对跨国企业的生产经营活动带来的经济损失风险。

（四）跨国公司的投资类型

跨国投资已成为当今国际经济交流的重要形式。根据投资目标导向的不同，可以将跨国公司的投资划分为以下六种类型。

1. 资源导向型投资

资源导向型投资是指跨国公司以获取某种资源禀赋为目的进行的对外直接投资。由于各个国家在资源禀赋方面存在差异，特定的生产要素缺失会制约跨国公司的全球生产经营。当企业面临本国原材料短缺问题时，跨国公司倾向于选择到资源禀赋较为丰富的地区进行投资建厂，以减少资源获取的成本。

2. 出口导向型投资

出口导向型投资即跨国公司为了维护和扩大海外的贸易份额而进行的投资活动。贸易出口和对外投资是彼此联系相互促进的关系，对外投资作为一种出口形式，其通过对外输出机械设备等资本产品、零部件和原材料等中间产品及专利技术等知识性产品的方式促进与东道国的贸易发展。

3. 降低成本导向型投资

降低成本导向型投资是一种利用降低生产经营成本的方式扩大收益的投资方式，其中，生产经营成本包括劳动力成本和运输成本。一方面，随着一些新兴国家的经济地位提高和劳动力成本上升，跨国公司为节省劳动力成本，倾向于将劳动密集型环节转移到劳动成本相对低廉的国家或者经济体。另一方面，为了降低原材料运输所带来的成本支出，跨国企业往往选择在原材料场地附近投资建厂，同时享受东道国政府提供的低廉土地和税率，以此来降低投资经营的成本。

4. 研究开发导向型投资

研究开发导向型投资是跨国公司获取高新技术和生产工艺的重要形式。部分跨国公司为了打破竞争对手的技术垄断和封锁，提升自身技术能力水平，往往通过向技术先进的发达国家并购和收购高新技术公司，设立海外技术研发中心及建立技术子公司，获取国外先进的生产工艺及高新产品研发技术。

5. 克服风险导向型投资

克服风险导向型投资是跨国公司对冲全球经营风险的重要手段。跨国公司为了降低在一个地区的经营风险，在全球范围内建立多个跨国子公司和分支机构，从而形成多头并举的跨国经营模式，进而降低因单个生产经营活动过于集中而带来的经济损失。

6. 发挥潜在优势型投资

发挥潜在优势型投资是指企业将在本国生产经营中取得的优势要素外溢到国外市场的投资行为。以发达国家为例，大型的跨国公司为实现其全球扩张战略，会充分利用其在产品、技术、资金、管理、销售等多方面的优势，积极主动打入发展中国家的市场，开设工厂或者兼并外国企业，扩展其在全球的市场份额。

二、绿地投资

（一）绿地投资概述

1. 绿地投资的概念

绿地投资（greenfield investment）是指跨国公司等投资主体在东道国境内新建企业或者厂房，获取该企业部分或者全部资产所有权的合规投资。绿地投资需要跨国公司拥有技术优势及强大的管理能力，能够弥补额外的固定投资和营销网络的不足。同时，跨国公司还需要承担在东道国境内建设厂房、购买机器设备等固定资产投资的成本。跨国企业在东道国境内创建企业拓展业务，除了能获取长期利益，还可以提高东道国生产能力、创新产出水平及经济发展水平，进一步降低东道国的失业率。

2. 绿地投资的形式

从形式上来看，绿地投资主要有两种形式。

（1）母国在东道国内开设国际独资企业，外国投资者拥有该企业全部的资产所有权，其形式包括海外分公司、跨国子公司及海外避税地公司。

（2）母国与东道国建立国际合资企业，外国投资者拥有该企业部分的资产所有权，其中包括股权式合资公司及契约式合资公司。

3. 绿地投资的条件

一般而言，母国对东道国进行绿地投资需要满足两个条件。

（1）跨国公司需要占据一定技术领先优势及对特定的生产要素具有垄断优势。由于绿地投资赋予了跨国公司资产所有权，其生产经营活动有较大的自主性和灵活性，能够最大限度保持市场垄断优势。

（2）东道国经济发展程度较低，尚未建立成熟完备的工业体系。东道国为了实现本国发展的工业化，通常会通过引进外资的方式来激活经济发展活力，特别是对绿地投资的需求巨大。

（二）绿地投资的优点与缺点

1. 绿地投资的优点

作为国际投资的热门投资方式之一，绿地投资能够赋予跨国公司较大的自主权，跨国公司可以更好地把握市场动态和资金流向，能够充分发挥企业的技术和管理优势。

（1）绿地投资赋予跨国企业高度的经营自主权利，有利于跨国公司根据发展方向选择有利的生产规模及投资国别。

（2）投资者可以在较大程度上把握风险。母公司掌握了在利润分配、营销策略等方面的主动性，其可以根据公司的发展模式及战略选择，及时调整经营策略，从而新建企业也在一定程度上掌握了主动权。

（3）采取绿地投资的方式使得跨国公司更易融入当地市场。实质上，跨国公司不仅可以通过在东道国开设子公司来增加当地税收和就业岗位，还可以通过参与企业的经营活动而向当地输送先进的技术和管理经验。总体来看，由于新建厂房的所有权归跨国公司所有，其经营活动不容易受到东道国法律法规的限制。此外，跨国公司的融资投资活动均能够在企业内部进行，不容易与当地企业产生经济纠纷，能减少投资争端引发的东道国民众的排外情绪。

（4）企业能更大程度地维持公司在技术和管理方面的优势。虽然许多投资者担心通过绿地投资的方式可能会产生技术溢出效应，使得母国先进的研发资源有所流失，但是技术排斥与激烈竞争使得企业有更强的紧迫感和动力，反而会促进投资企业加大自主研发力度，设计出适应本公司发展阶段和技术层次的产品与项目，进一步保证公司在技术上保持优势。

2. 绿地投资的缺点

尽管绿地投资使跨国公司在东道国经营上具有较大的自主性，但是其需要以新建企业或厂房的方式进入东道国市场，这意味着跨国公司需要承担长周期、高成本、高风险的后果。

1）建设灵活性较低

跨国公司以新建企业或者厂房的方式进入东道国市场，前期需要充分的筹备工作和人员调配准备，因而绿地投资一般会经历较长的建设周期，且中途出现突发状况有可能会导致工程的停工或者搁置。此外，绿地投资要求跨国公司具有雄厚的资金实力、完善的经营管理体系和技术先导优势，这也制约着跨国企业快速开拓东道国市场。

2）承担成本较高

开拓国际市场是跨国企业进行绿地投资的重要动机，但是由于各国监管法规之间存在差异，跨国企业初入东道国市场可能会对当地的法律法规不甚了解。而且，出于本土化经营的需要，跨国企业也可能会面临技术人才和管理人才匮乏的困境。由此，投资者需要投入较大的时间和资金以适应并融入东道国市场，从而投资者的投资成本也大大增加。

3）投资风险最高

创建企业的过程非常耗费资金和时间，跨国企业只能独自承担所有风险，不确定性较大，其投资机会成本和失败风险在所有投资方式中最高。

三、跨国并购

（一）跨国并购概述

1. 跨国并购的含义

作为跨国资本输出的主要方式之一，跨国并购是指兼并国外企业的资产股权以获取资源要素的投资活动。跨国并购的对象通常涉及两个或者两个以上国家的企业，与境内并购活动具有明显的区分特征。其中，主并购方是并购的发起方，而目标企业则是被并购方。跨国并购的渠道较为广泛，主并购方既可以通过投资的方式直接收购东道国的目标企业，也可以通过东道国所在地的附属公司或者机构获取目标企业的资产和股权。跨国并购的形式也多种多样，包括要约收购、现金收购及控制权收购。此外，跨国并购按照含义也可以分为兼并和收购，因此需要从兼并与收购两个维度来剖析跨国并购。

2. 兼并的含义

兼并是指主并购方通过产权转让的方式获取目标企业的部分或全部所有权，实现生产要素优化组合的投资方式。兼并能够壮大主并购方的实力，同时也会使得目标企业失去行使法人地位的权利，属于企业变更和终止的重要方式，也是激发市场竞争活力的途径。在发达国家中，跨国公司主要通过吸收兼并和创立兼并两种方式实现公司规模的壮大。

3. 收购的含义

收购是指主并购方以产权交易的方式获取目标企业资产或者股权的投资行为。收购一般涉及股权转移行为，是企业资本经营的重要方式。当主并购方在收购中的股权占比较大时，能够对目标企业进行有效的控制，获取更大的决策权和执行权，便于组织内部的调整及对外扩张战略的实施，最终实现利益最大化的目标。根据投资活动内容的不同，收购可划分为资产收购与股份收购两种形式。主并购方以独立法人的方式收购东道国的企业，一般会成立离岸公司或者在离岸区域对目标企业进行间接收购，这样能够有效规避和减少东道国监管带来的风险。

4. 兼并和收购的关系

从市场角度来，兼并和收购都会引起市场份额与行业结构的变动，激发市场竞争活力，提升区域经济发展的效益。一般而言，西方国家会将兼并与收购视为一个统一的整体，将两者统称为 M&A。企业并购的内涵和 M&A 大体相似，均有吸收合并和收购企业的意思。兼并是指一个公司或组织通过吸收合并或收购其他公司或组织，从而实现资源整合和扩大规模的行为。因此，在中国一般将公司兼并与公司收购统称为公司并购。

（二）跨国并购的类型

从主并购方和目标企业是否通过第三方进行交易，可以将跨国并购划分为直接并购与间接并购两种方式。根据跨国并购的行业性质，可以将跨国并购划分为纵向跨国并购、横向跨国并购及混合跨国并购。

1. 直接并购与间接并购

直接并购是指主并购方考虑到战略发展及自身的经营状况，向目标企业提出所有权转移的具体要求，并经过双方谈判磋商签订正式协议，完成所有权关系的转移。间接并购是指主并购方在没有直接对接目标企业的情况下，通过第三方金融机构获取目标企业股权和控制权。相比于直接并购，间接并购受当地政府法律法规的限制较大，同时也需要面临市场不稳定性风险。

2. 纵向跨国并购、横向跨国并购及混合跨国并购

纵向跨国并购是指处于相似产品不同环节或者不同生产阶段的公司间的并购行为。纵向跨国并购一般涉及供应链的延伸，主并购方为了获取持续稳定的原料供应来源，抢占竞争对手的市场份额，一般采用纵向并购方式巩固自身在原料获取和产品销售方面的优势。鉴于并购双方在原料获取和产品销售方面存在密切的合作关系，纵向跨国并购相对容易。

横向跨国并购是指主并购方为了抢占国际市场份额，提升产品国际竞争力，获取高额的垄断利益，而对产品相似度高的企业进行并购的活动。在横向跨国并购活动中，主并购方和目标企业都有相似的行业背景，便于组织内部的整合和产品的共同研发，因此并购交易的成功率也相对较高。

混合跨国并购是指两个以上不同国籍的企业之间进行的并购投资活动。混合跨国并购通常是基于单一行业的经营风险而采取的多元化投资战略和产品销售模式，以获取多元化国际分工优势。

（三）跨国并购发展历程

自第二次工业革命发生以来，伴随时代发展潮流跨国并购在不同时期呈现出不同的发展特征。总体上，跨国并购共经历了四次发展浪潮，依次为以横向并购为特征的跨国并购、以纵向并购为特征的跨国并购、以混合并购为特征的跨国并购及新兴经济体崛起推动的跨国并购。

1. 以横向并购为特征的第一次跨国并购浪潮

19 世纪下半叶，第二次工业革命的深入推进对机械化的规模生产提出了更高的要求，促进了借助企业并购来实现规模经济的发展势头。这个阶段的跨国并购是以横向并购为主要特征，即快速占领海外市场和扩大市场份额，跨国公司积极寻求收购跟自身生产经营相类似的公司。横向并购主要在欧美发达国家掀起热潮，其中美国企业最为活跃。1899 年美国并购数量达到 1208 起，是 1896 年的 46 倍，并购的资产金额达到了 22.6 亿美元。

2. 以纵向并购为特征的第二次跨国并购浪潮

第一次世界大战后，经济的恢复重建有力地推动了汽车、化工、电器、机械制造等产业的发展，这也使得该阶段的跨国并购特征是以扩展产业链条为代表的纵向并购，即跨国公司凭借并购其业务产品的上下游公司，在全球范围内建立研发、生产、销售为一体的链条体系。通过这种形式的国际并购，部分领域的跨国公司逐步建立起其在行业内的垄断地位。

3. 以混合并购为特征的第三次跨国并购浪潮

在经历两次世界大战的经济创伤之后，20 世纪 60 年代混合并购掀起了跨国并购新浪潮。此次并购浪潮较前两次的规模更大、速度更快，且并购的对象也更加多元化。诸多跨国公司为实现多元化的发展战略，积极寻求并购与自身行业和产品不同的公司，以达到扩大投资利润和规避投资风险的目的。1969 年，仅美国企业就发起了 2307 起跨国并购活动。

4. 新兴经济体崛起推动的第四次跨国并购浪潮

20 世纪 90 年代以后，跨国并购活动逐渐成为外商直接投资的重要手段。1990 年，跨国并购额仅为 1866 亿美元，而到了 2000 年并购额则快速增加至 1.1 万亿美元。此外，跨国并购额占全球国际直接投资的份额也有大幅提升，1995 年到 2000 年提升了 28 个百分点。联合国贸易与发展会议指出，未来跨国并购在全球国际直接投资中的比重将进一步提升。特别是在新兴经济体整体崛起的情况下，越来越多新兴经济体企业将通过跨国并购的方式来获取技术、品牌等战略性资产以应对国内市场上所受到的制度和市场方面的限制。

（四）跨国并购的优点与缺点

1. 跨国并购的优点

1）能有效减少竞争对手

跨国并购允许主并购方以相对灵活的方式进入市场，减少了来自外部的竞争压力。以制造业为例，跨国并购方式能够缩减投资者项目建设与投资周期，快速开拓目标市场，抢占国外经营有利位置。从供求角度分析，跨国并购不会改变东道国原有的供求关系，从而能够降低来自当地企业竞争的激烈程度。

2）能快速获取生产资源

跨国并购投资方式能够拓展主并购方的资源获取渠道，提升国际市场竞争力。当目标企业和本企业的产品关联度较小时，主并购方可以拓展企业的产品种类，扩大企业的生产规模，使企业获取规模经济和范围经济双重效益。此外，通过海外并购主并购方能获取技术人才、生产设备及管理人才，突破技术研发瓶颈，实现由追赶式发展到超越式发展的转变。

3）能延续原有融资合作

跨国并购能够延续企业原有融资合作，保持长期经营的稳定性。主并购方能够继续和与目标企业有信贷关联的金融机构合作，为企业融资投资带来更大的方便。

2. 跨国并购的缺点

1）价值评估差异化降低并购成功率

国际会计标准差异、监管规则不一致、信息不对称等问题都会使得无形资产评估变得更为困难，评估机构难以对企业价值做出真实准确的评估，从而导致并购双方决策困难，最终降低跨国并购的成功率。

2）东道国限制因素加大投资难度

东道国的法律法规限制及地方保护主义的抵制都会增加企业并购的难度。鉴于并购涉及两国不同政府及法律体系，主并购方进入东道国市场必然会面临来自当地监管法规的压力。为了获取当地政府的支持和优惠待遇，提升合规经营的效益，跨国企业通常愿意在短时间内付出大量的人力财力，与东道国政府建立良好的关系。但这种高成本的合法化也意味着跨国企业更容易受到东道国法律法规的限制，而对本国产业实施保护主义也会使得跨国企业对战略敏感性行业的并购相对受限。

3）企业战略实施效果可控度较低

企业规模、区位选址与市场状况等内外部的条件也是制约企业发展的重要因素。由于企业规模、区位选址及市场状况等因素不受跨国公司的控制，因此其难以根据自身战略需求选择合适的并购地点，这也制约着其全球经营网络的战略布局和实施效果。

（五）跨国并购与绿地投资方式的对比

1. 对东道国资本存量的影响

跨国并购与绿地投资能够拓展东道国的资金来源渠道，但是跨国并购并不会改变生产资本存量，而绿地投资能够为东道国新增金融资源和生产资本，壮大东道国经济发展的实力。因此，对于缺乏金融资源的发展中国家来说，出台有利政策进行招商引资，吸引跨国公司进行绿地投资能够激活本国经济发展的潜力。

2. 对东道国就业的影响

跨国并购一般不会产生技术外溢效益，当地企业不能从并购活动中获取新技术或技能，甚至还会造成就业破坏效应，如通过自动化和外国劳动力的引进削减目标企业的就业人员。相反，绿地投资能通过技术溢出效应和投资外溢效应推动东道国产出创新及就业增加。从长期来看，目标企业完成并购活动后，主并购方还会对其进行后续投资，目标企业可以通过扩大生产规模和开拓新市场增加就业。跨国并购和绿地投资对就业的影响取决于企业进入东道国的动机，而与进入东道国的方式无关。

3. 对东道国市场环境的影响

跨国并购能够壮大主并购方的企业规模，但也会造成行业垄断，进而扭曲市场。而绿地投资则能够增加当地企业的数量，进入东道国市场并不会直接造成行业的垄断。总体而言，跨国并购与绿地投资在东道国的管理经验借鉴、再生产循环、营销网络拓展等环节都能发挥积极的作用。

第二节　国际间接投资

国际间接投资是指投资者在国际证券市场上发行和交易有价证券来获利的投资行为，其中有价证券包括政府债券、普通股股票、优先股股票等。国际间接投资一般不会涉及企业经营的归属问题，是一种以获利为主要目的投资行为。国际间接投资的主要方式包括国际股权投资、国际债券投资及国际投资基金。

一、国际股权投资

1. 国际股权投资的概念

国际股权投资是指在股票市场上购买上市的外国企业股票。国际股权投资的交易场所既可以是外国股票市场，也可以是本国股票市场。外国投资者在本国股票市场上交易时，可以直接使用外币购买本国市场的股票。

2. 国际股权投资的形式

（1）投资者利用本国证券商的服务购买在外国证券市场上市的股票。借助第三方服务购买外国股票，投资者无须对上市公司所在国的金融市场状况、证券监管制度等做出过多的了解，会面临较大的风险。

（2）投资者直接在本国股票市场交易外国企业在本国发行的股票。由于国际股票交易涉及两套或两套以上的监管法规限制，外国公司进入本国发行股票需要付出一定的合规成本，从而也间接提高了股票交易的费用，故其一般难以进入本国的股票市场。

（3）存托凭证是指在一国证券市场流通并代表外国企业有价证券的可转让凭证。这种存托凭证由存托人签发，以境外证券为基础在境内发行，代表境外基础证券权益。存托凭证一般是公司股票的衍生工具，有时也能够代表债券。但是由于存托凭证的法律关系涉及不同国境的投资行为，一旦发生投资纠纷触发法律诉讼，会产生管辖权的冲突问题。

二、国际债券投资

（一）国际债券投资概述

1. 国际债券投资的概念

国际债券投资是指投资者在国际债券市场上购买外国企业或政府发行的债券的投资活动，其主要目的是到期收回本金及按期获取债息收入。

2. 国际债券投资的类型

1）外国债券

外国债券（foreign bond）是指本国投资者在境外发行，并以发行市场所在国的货币计值、由发行市场所在国的国内证券商承销、以发行市场所在国居民为主要购买对象的债券。这种债券具有明显的涉外因素，因此有关的发行和申请程序都要得到发行市场所在国政府的允许。

2）欧洲债券

欧洲债券（Euro-bond）是指一国政府、金融机构和工商企业在国际市场上发行的债券，这种债券以可自由兑换的第三国货币标值并偿还本金和利息。欧洲债券并不属于特定国家资本市场的金融产品，可以免扣缴税。欧洲债券的面额还可以以发行者所在地的流通货币或其他流通货币为计算单位，这种特性也使得欧洲债券成为国际资本流动和跨国公司融资的重要渠道。

3. 欧洲美元债券产生的历史背景

欧洲美元债券是金融限制背景下产生的金融创新工具。一方面，美国境内的金融限制措施制约着外国机构的股票发行和资金筹集。另一方面，欧洲国家充足的美元外汇需要在债券市场上寻求投资商机。在此背景下，突破地域限制的欧洲美元债券应运而生，并逐步在北美及拉丁美洲等区域得到广泛的应用。欧洲美元债券市场是一个完全自由的市场，欧洲美元债券发行并不会受到来自美国政府的监管和控制，发行额和标准也不受限制，只需符合各国交易市场中的法律法规即可。汇率、利率等经济因素是影响欧洲美元债券的主要因素。因此，相比于美国境内发行的债券，欧洲美元债券的发行灵活、金额较大，能够在短时期内为跨国企业提供大量的资金。

（二）国际债券投资的风险类型

1. 汇率风险

汇率风险指由于汇率的变动，国际债券发行者集资成本增加的风险，其中浮动汇率制度的确立和应用是汇率风险产生的主要原因。

2. 利率风险

利率风险是指国债发行者由于利率水平的变动而可能受到损失的风险。利率代表着资金的价格，对调节货币市场资金供求关系发挥着重要的作用。由于货币市场资金供求关系受到多种因素影响，利率也会随之发生变动，这给国债发行者带来了诸多的不确定性。

3. 流动性风险

流动性风险可以划分为两种类型。一种指金融产品的属性，它能够反映金融产品在市场中交易、流通及变现能力的大小。另一种指金融产品衔接的完善程度，以及资产偿还、市场交易价格和利率的合理程度。

（三）国际债券评级

1. 国际债券评级概念

债券评级是由专业的债券评估机构，对不同公司发行债券的质量和违约情况进行评级，通常是信用评级。债券信用等级是债券质量重要的衡量指标，信用等级越高代表债券质量越好，债券的违约风险也越低。

2. 等级标准

1）A 级债券

A 级债券属于最高级别的债券，其拥有以下三个显著的特点：①A 级债券为所有类型债券中本金与收益的安全性最高的债券；②A 级债券受经济形势变动影响的程度较小；③A 级债券的筹资成本较低，同时其收益水平也相对较低。

相比于经济状况的变动，A 级债券对利率变化的敏感度高，能够反映出市场交易的真实水平。因此，A 级债券也被称为信誉良好"金边债券"，适合注重利息收入的投资者或风险厌恶型投资者。

2）B 级债券

与 A 级债券的低效益高安全性相比，B 级债券的特性是高收益和高风险并存，其拥有以下三个显著的特征：①B 级债券的稳定性、安全性和利息收益对市场状况变动敏感性高，容易受到经济波动的影响；②B级债券的价值也容易受到经济形势的变化的影响；③B级债券具有较高的市场风险和筹资成本与费用，但与之相对收益水平也较高。

总体而言，B级债券适合风险偏好型投资者。但是高额回报的背后隐藏着高风险，因此投资者需要具备良好的证券管理能力和风险承担能力。

3）C级和D级债券

C级和D级债券属于投机性较强的债券，此类债券高风险和高收益并存。购买此类债券的投资者需要具备高超的债券管理能力和敏感察觉市场动态的能力，这样才能从债券差价变动中获取巨大的收益。一旦失败，投资者也需要承担高昂的失败成本。

3. 世界著名的评级机构

信用评级机构是金融市场上重要的服务性中介机构。1975年，美国证券交易委员会（United States Securities and Exchange Commission，SEC）认可穆迪、标准普尔、惠誉国际为"全国认定的评级组织"，标志着上述三家国际信用评级机构成为全球最具权威性的国际信用评级机构。

4. 国际债券评级产生的原因

为债券投资提供决策依据是进行债券信用评级的主要原因。发行者出售债券需要按期偿还本息，一旦逾期会导致投资者蒙受资产损失，这种风险被称为信用风险。债券发行后偿还能力的差异是影响债券的信用风险的重要因素，为避免逾期偿还带来的风险损失，投资者一般会提前了解债券的信用等级。但是由于信息不对称和时间相对有限，投资者无法对债券进行全面的评估，因此需要专业的信用评级机构对债券发行方的本息偿还能力进行客观公正的评价，为债券投资提供决策依据。

减少信誉高的发行人的筹资成本是债券信用评级的重要原因。一般来说，信用评级越高的债券越容易受到投资者的青睐，能够以较低利率进行出售；相反，信用评级低的债券意味着风险较大，只能以较高的利率出售。

三、国际投资基金

（一）国际投资基金概述

基金是指通过发行基金份额，将投资者分散的资金集中起来，由专业的基金管理机构投资于股票、债券或其他金融资产，并将投资收益按投资者的持有份额分配给投资者的一种利益共享、风险共担的金融产品。而国际投资基金是一种由多个投资者共同出资，由专业投资经理负责管理的基金。该基金会将投资分散到全球各种不同类型的资产中，以最大程度地降低风险并实现最大收益。国际投资基金的资金来源主要在国内，但投资方向则是面向世界各地。

从基金的基本框架来看，基金通过募集不同渠道的资金将其分散投资到不同的金融工具，以此来获取证券市场的收益。在这个过程中，所得利益扣除基金管理费后会按一定的方式返还给基金投资者。与共同基金相比，国际投资基金基本架构与之类似，主要区别在于国际投资基金的资金来源和投资范围不仅面向国内的投资者，还面向国外的投资者。

国际投资基金比国内基金的资产优化组合的范围更大。国际大基金公司的投资范围面向全球市场，其业务囊括商品、股票、外汇及债券的投资，并运用金融衍生产品及杠杆融资进行资产优化组合。基金管理人的运作水平和市场敏感度是影响国际投资基金范围的重要因素。

（二）国际投资基金的分类

1. 按法律形式划分

依据法律形式的不同，可以将国际投资基金划分为公司型基金及契约型基金。公司型基金是以盈利为目的，受基金投资者的委托，通过发行股票融资或进行有价证券投资的股份有限公司。公司型基金面向的对象包括基金公司、承销商管理公司、个人投资者及托管公司。而契约型基金是指通过在金融市场上发行受益凭证来筹资，由基金管理公司、个人投资者及托管公司以签订信托契约的形式设立的投资基金。

2. 按运作方式划分

依据运作方式不同，可以将国际投资基金划分为开放型基金与封闭型基金。开放型基金是指投资者可以在合约期内进行申购赎回并且份额不固定的投资基金。封闭型基金是指基金份额持有人在合约期内不能申购赎回，而基金资产可以在证券交易所交易的投资基金。

3. 按投资目标划分

依据投资目标不同，可以将国际投资基金划分为增长型基金、平衡型基金及收入型基金。增长型基金追求长期获益的目标，主要投资潜力股，是高风险和高收益并存的基金。平衡型基金既关注资本增值又关注当期收入，因此其风险及收益处于适中水平。收入型基金追求稳定的资金收益，主要投资大盘蓝筹股及政府债券等证券，风险和收益水平属于所有证券中最低的。

4. 按募集方式划分

根据募集方式不同，可以将国际投资基金划分为公募基金与私募基金。公募基金是公开发行且面向对象为社会公众的投资基金。私募基金一般面向特定投资者，并且会对投资金额和投资人数做出严格的要求。

5. 按资金来源与用途划分

根据资金来源与用途不同，可以将国际投资基金划分为在岸基金及离岸基金。在岸基金是指资金募集来源为国内并主要投资于国内市场的基金。离岸基金是指资金募集来源为国外并投资于国外金融市场的基金。

6. 按基金投资工具划分

依据基金投资工具不同，国际投资基金可以分为股票基金、债券基金及货币市场基金。由于国际投资基金的投资对象为国外证券市场流通的金融工具，这些工具在流动性、安全性、收益性方面都不同，导致国际投资基金的交易活动存在一定的外汇风险。一般而言，外汇头寸管理有利于国际投资基金交易活动的平稳进行。

（三）国际投资基金的特点

1. 计价货币差异化

从目前国内情况看，多数国际投资基金是以人民币计价、多币种投资的产品，资产组合涉及澳元、美元、港元等多种不同计价货币。由于国际投资基金涉及多种不同计价货币，其投资组合有效边界也存在一定的差异，这也是不同国家投资者进行境外投资的重要考量因素。为了降低汇率风险，实现多币种投资组合的有效管理，基金经理会对国际市场汇率情况做出全面的剖析和战略决策，并运用外汇期货、远期合约及外汇互换等方式降低汇率风险。

2. 决策部门多元化

从决策部门多元化角度来看，国际投资基金决策可以划分为国内投资决策与境外投资决策。在国内投资决策部分，大部分国际投资基金采用和国内投资基金相同的分级决策体系，基金决策委员会对投资原则、资产配置等做出集体决策，而基金经理负责投资组合构建、汇率管理及品种选择等具体决策。

专栏 3-1

G20 支持全球最低公司税率，"避税天堂"遭殃了

2021 年 7 月 11 日，G20（二十国集团）财政部部长和央行行长第三次会议在意大利威尼斯闭幕，并发布公报称将构建更为公平公正的国际税收框架，包括支持跨国公司重新分配全球利润、设置全球最低公司税率等举措，并呼吁更多的主体加入国际税收框架的磋商。

本次的国际性税收框架对跨国企业活动形成新的约束。一是确保大型跨国公司在新兴战略产业所实施的商业活动获得的利润和市场纳税更为公平公正。二是设立全球最低公司税率来管制国家间财税竞争。据该公报估算，如果 G20 将全球最低公司税率设置为 15%，那么在全球层面每年会增加约 1500 亿美元的税收。

全球企业平均税率呈现平稳下行的趋势。据新华社报道，此前 G7（七国集团）成员国曾支持把全球最低公司税率设置为 15%。中国银行研究院发布的一份研报显示，全球主要经济体将降低企业税率作为吸引国际资本、提升本土就业的重要手段，有些国家甚至为寻求资本的高额报酬率展开"逐底竞争"。2001 年至 2021 年，包括经济合作与发展组织（Organization for Economic Cooperation and Development，OECD）经济体的全球国家的企业平均税率由 27% 逐渐下降至 20.2%。从国别情况看，工业化程度较高的发达经济体企业平均税率下行幅度高于发展中经济体，其中爱尔兰和新加坡处于全球平均税率的较低水平。

全球企业平均税率长期下降引发国家间的"逐底竞争"，利益分配天秤向发达国家和跨国公司倾斜。据联合国估算，每年全球各国因跨国企业利润转移而损失的税收达 5000 亿到 6000 亿美元。据英国《卫报》报道，2020 年微软在爱尔兰的附属公司 Round Island One 获得近 3150 亿美元的利润，与爱尔兰 GDP 接近。但是该子公司的注册地不在爱尔兰，而是在百慕大，因此爱尔兰并不能对 Round Island One 创造的利润进行征税，国家

税收收入面临着巨大的损失。OECD 的相关研究显示，美国跨国公司海外利润簿记在百慕大的比例由 2000 年的 30%大幅提高至 2019 年的 60%。

专栏 3-2

吉利控股的系列跨国并购融资创新案例研究

吉利控股的"I-A-I"（内部资本市场-战略联盟-金融创新）融资模式是跨国并购成功案例中的典范之一。"I-A-I"融资模式是指企业遵循内部资本市场融资到战略联盟融资再到金融创新的路径，是吉利控股实现"蛇吞象"的成功法宝，其中有诸多的经验值得中国企业学习和借鉴。

2007 年，吉利控股董事长李书福着手准备并购沃尔沃的融资工作。首先，他对吉利控股的资金使用方向做出调整，将企业营收所得利润储存起来用以日后的并购融资，而企业发展所需资金的问题则通过引入高盛集团的投资来解决。2009 年 9 月，吉利控股集体通过出售可转换债券和认股权证，获取高盛集团 25.86 亿港元的融资，为企业在成都、济南等地的项目建设带来了资金储备。其次，着手对沃尔沃的并购，耗费 2 亿美元票据加上 13 亿美元现金成功获取沃尔沃的所有权，并且成功将并购价格比原并购协议减少了 3 亿美元。总体而言，吉利控股的跨国并购融资的"I-A-I"模式是成功并购的典范。

一、内部资本市场跨国并购融资

一是实行吉利汽车集团有限公司（以下简称吉利汽车）和吉利控股之间的关联交易。2003 年 2 月 12 日到 2004 年 1 月 28 日，吉利控股董事长李书福通过固定资产直接交换股权方式从香港股市中获取 5.2055 亿元现金融资。据统计，从 2003 年初至 2010 年底，吉利控股内部类似关联交易总额累计约为 43 亿元。二是吉利控股从吉利汽车获取现金股利。2004 年到 2010 年，随着吉利汽车不断经营壮大，其获利能力和释放现金股利的能力得到了跨越式的提升，为吉利控股输送累计约 3.3 亿元现金资金。三是吉利控股从吉利汽车贷款担保中获取资金。吉利汽车不仅为吉利控股提供了便利的国际融资窗口，而且为吉利控股带来了优越的银行贷款担保。2008 年到 2010 年，吉利控股从吉利汽车中获取贷款担保额度 7.7 亿元与 4.2 亿元，最高上限分别达 8.5 亿元与 10 亿元，为吉利控股跨国并购融资提供了有力的支撑。

二、战略联盟跨国并购融资

建立国际战略联盟是吉利控股拓展融资渠道的重要手段。随着吉利控股的经营网络延伸到全球各处，其金融合作伙伴网络也日益庞大，包括中国建设银行、高盛集团、中国光大银行等金融机构均为吉利控股的融资计划提供了有力的帮助。在吉利控股并购沃尔沃的案例中，爱德蒙得洛希尔银行为吉利控股设计了国际性战略联盟融资伙伴框架，既包括顶级的私募股权基金又包括相关政府的融资。例如，2009 年 9 月 23 日，高盛资本合伙人（Goldman Sachs Capital Partner，GSCP）认购吉利控股的可转换债券和认股权证，向其提供了约合 3.3 亿美元融资资金，为吉利控股的企业经营和潜在并购提供了有力的支撑。在政府融资方面，2010 年 2 月 3 日上海嘉尔沃投资有限公司向吉利控股提供了 10 亿元现金。随后，2010 年 2 月 7 日，大庆市国有资产经营有限公司也向吉利控股提供了 30 亿元现金。在国际银行方面，2010 年 12 月 14 日，荷兰国际银行宣布向沃尔沃位于比利时的根特（Ghent）汽车工厂提供 5 年期 1.98 亿欧元贷款，并且由比利时弗拉芒（Flemish）地区政府提供担保。

三、金融创新跨国并购融资

设计创新型国际融资工具是吉利控股并购的重要方式，其中包括国内外银行的低息贷款、海内外投资者的权益融资及福特提供的卖方融资三种方式。此外，吉利控股的融资渠道还包括企业债券及金融衍生品工具，如发行可转换债券和认股权证吸引高盛 GSCP 认购。在跨国并购融资上，吉利控股整合了国内外的力量打造了企业融资的风险隔离带。一方面，以目标并购企业的收益作为担保，建立了以北京吉利万源国际投资有限公司为核心的并购运作公司，专门处理并购过程中可能出现的债务风险和亏损风险。另一方面，着力争取五年期低息银行贷款，在此期间加快企业的品牌整合进程，并避免整合期间出现的债务风险。

吉利控股收购沃尔沃的成功案例不仅是商业的行为，更是代表着一个行业发展的榜样。这也启示了中国企业在海外并购时要注意发挥价值创造效应、注意风险整合和转移、注意协调后续高投资难题和构建有利于金融创新的并购融资环境。

资料来源：江乾坤，雷如桥.2013.吉利控股集团系列跨国并购融资创新案例研究[J].会计之友，12：33-38.

本 章 提 要

（1）绿地投资是指跨国公司等投资主体在东道国境内新建企业或者厂房，获取该企业部分或者全部资产所有权的合规投资。绿地投资的企业在东道国具有较高的独立权利，能够保持在技术和管理方面的垄断优势。

（2）作为跨国资本输出的主要方式之一，跨国并购是指兼并国外企业的资产股权以获取资源要素的投资活动。外商以跨国并购的方式进入东道国市场能够最大限度地降低来自当地政府的阻力，容易获得现有的经营资源与企业融资资源。

（3）跨国公司是当前国际投资最为活跃的主体。在推动全球投资格局变革的同时，跨国公司的发展也呈现出一些新特征，新兴市场国家跨国投资占全球投资的比重逐步提升，中国等发展中国家逐渐成为投资输出国，服务业成为跨国资本最为青睐的产业之一。

（4）国际股权投资是指在股票市场上购买上市的外国企业股票。吸收国际股权投资，就是指在本国股票市场上或外国股票市场上出售本国企业的股票，以吸引外国投资者来购买。在本国股票市场上，外国投资者可将外汇兑换成本国货币或直接用外汇来购买。

（5）国际债券包括外国债券和欧洲债券两种基本类型，能够为投资者分散投资风险，为发行者带来融资资金，激活本国的产业发展活力，但是也存在一定的汇率风险、利率风险和流动性风险。投资者在进行债券投资决策时，需要关注权威机构发布的债券信用评级，以分散投资的风险。

（6）国际投资基金的资金来源主要是国内，但投资方向则面向全球。其投资工具极其多元化，可根据法律形式、运作方式、投资目标、募集方式、资金来源与用途等划分为不同类型。

思考与探索

　　中国企业在进行海外投资时应如何防范投资风险？中国企业应如何选择适合自身的方式进行国际直接投资？

第四章　国际投资环境及风险

国际投资环境主要指影响国际投资的各种外部因素综合作用下的整体商业环境。广义上看，国际投资环境包括自然环境因素、政治因素、经济因素、社会文化因素和法律因素等。狭义的国际投资环境，主要指国际投资的经济环境，即投资国和东道国的经济制度、经济发展水平、经济发展政策、产业结构、市场规模等经济因素。投资和风险密切相关，投资主体在跨境投资时应该对其所处的国际投资环境做出全面深入的了解，并结合投资环境的风险程度和成本收益做出合理的决策。本章主要阐述国际投资环境的定义、构成要素及特性，概括国际投资的评估方法，并在此基础上进一步总结国际投资风险识别和风险管理的办法。

第一节　国际投资环境概述

国际投资环境既包括宏观的国际投资环境，也包括中观和微观的环境，既包括硬环境，也包括软环境。通过了解国际投资环境的构成要素，分析国际投资环境的特性，从而更准确地把握国际投资环境的变化对国际投资活动所带来的价值和潜在的风险，有助于更好地理解国际投资环境的内涵。

一、国际投资环境的定义与分类

（一）国际投资环境的定义

国际投资环境是投资主体对一国或者地区进行投资活动所面临的资本运行基本条件的总和，有狭义与广义之分。前者一般是指东道国或者地区的经济环境，包括一国基础设施、经济发展战略、市场的完善程度、外汇管制和通货膨胀程度等。后者则还包括政治、外交、法律、国家安全、社会文化等对资本运行产生影响的外部因素。

（二）国际投资环境的分类

1. 按照投资环境的稳定程度划分

根据投资环境的稳定程度，可以将投资环境划分为自然环境、人为自然环境及人为环境三类。自然环境是客观存在的外部条件，不受企业意志和行为的影响而改变，主要包括地理条件、人力资源等自然禀赋相对稳定的因素；人为自然环境属于中短期内可变因素，主要包括经济实际增长率、社会物价波动情况、经济结构和劳动市场变化等因素；人为环境属于短期可变因素，其受到企业行为和国家行为的影响较大，主要包括经济开放程度、投资政策、金融管理措施、进出口贸易政策等因素。

2. 按照投资环境表现的形态划分

根据投资环境表现的形态，可以将投资环境划分为硬环境及软环境。硬环境是指企业进行投资活动所需要的外部物质条件，其中包括能源供应、城市基础设施、交通运输、自然资源等。软环境是指能够影响企业进行投资活动的各种非物质形态因素，其中包括一国或者地区的宗教信仰、政府效率、社会价值观等因素。

3. 按照投资环境的地域范围划分

根据投资环境的地域范围，可以将投资环境划分为宏观投资环境、中观投资环境及微观投资环境。宏观投资环境是指整个国家范围内影响外商投资活动的综合因素，其中包括社会文化、经济运行情况、国家政策等；中观投资环境是指一个地区范围内或特定产业中的总体投资环境；而微观投资环境则是指具体的国际投资活动中涉及的自然和经济条件。中观投资环境和微观投资环境均属于宏观投资环境的组成部分，微观投资环境的改善能够促进中观投资环境的改善，从而改善一国宏观投资环境。

二、国际投资环境的构成要素

构成国际投资环境的影响因素众多，其中包括自然及劳动力资源、经济状况、政治法律体系、社会文化等四个方面的因素。

（一）自然及劳动力资源

自然因素包括地理位置、自然资源禀赋、地形条件等外部因素。自然条件直接关系着一国投资者的投资活动的成效。例如，资源寻求型的外商投资者倾向于选择自然资源禀赋较优的东道国进行投资，能够为资源密集型产品的生产提供便利。此外，劳动力资源是决定劳动力市场结构的重要因素，能够直接影响企业跨境经营的劳动力成本。同时，人口结构能够决定市场对某种产品的消费需求结构及消费的产品种类，直接影响企业的经营效益。因此，劳动力资源是企业对外投资的重要考量因素。

（二）经济状况

经济状况是影响国际投资最为基本的因素，也是投资者做出决策的重要考量因素，其中包括东道国的经济发展水平、市场的开放和体系完善程度、基础设施状况、经济和物价的波动程度及经济政策。

1. 经济发展水平

一国的经济发展程度与市场机会密切相关。经济发展程度越高的国家经济活力越好，越能够激发市场的消费需求，为外商企业带来更多的商机。根据一国的经济发达程度的不同，可以将各国划分为发达国家和发展中国家。发展中国家倾向于走资源密集型和劳动密集型的发展路径，具体又可以划分为制成品出口国、原料出口国及石油出口国。发达国家倾向于走资本密集型和技术密集型的发展路径，着重于产品设计、技术研发、知识创造等高含金量的环节。经济发展水平的差异会导致市场结构和投资需求的不同，因此投资者在对外投资时需要根据各国的经济发展水平决定投资方向、规模和结构。

2. 市场的开放和体系完善程度

一国的市场的开放和体系完善程度是影响跨国公司经营绩效的重要因素。一国的市场开放程度是指外商企业进入东道国市场不受限制的程度。一国的市场开放程度越高，意味着外商企业进入东道国市场的成本就越低，越有利于其融入当地市场和经营本土化，因此该国对投资主体的吸引程度就越高。一国的市场体系越完善，意味着东道国的金融市场、资本市场、货币市场、商品市场越能为外商企业的权益保护提供有效的保障，从而最大限度地将跨国资本保留在本国。

3. 基础设施状况

基础设施状况包括城市生活服务及工业基础设施的结构和状况。一般而言，一国的基础设施体系越完备，越有利于外商企业进入。基础设施状况主要包括能源、通信、交通运输、原材料供应、城市生活、文化教育、医疗卫生等设施的状况。基础设施状况是跨国企业进行国际投资的重要考量因素，一国的基础设施建设越差，企业面临原料短缺、供应中断、运输阻断的风险越大，越不愿意到该国进行投资。因此，为促进本国的经济发展，东道国一般愿意投入资金完善基础设施建设。

4. 经济和物价的波动程度

经济和物价的波动程度关乎企业生产出来的商品能否正常销售，一般包含经济增速情况、通货膨胀波动情况及国家债务规模的大小。一般而言，经济和物价的稳定水平与企业预期利润水平紧密相关，是影响企业长期发展战略实施效果的重要因素。

5. 经济政策

东道国的经济政策与外商企业经营活动的成效密切相关，也是投资主体进入东道国市场前的重要考量因素。

1）贸易和关税政策

国际投资必然伴随着生产网络的扩大及商品的跨境流动，如果一国采取贸易保护政策或者实行较多的非关税壁垒，将会阻碍国际资本的流入。相反，实行自由主义政策、较少非关税壁垒的东道国会被认为拥有较好的投资环境，更容易吸引国际资本的流入。

2）经济开发政策

经济开发政策包括工业化、产业开发和地区开发等一系列政策，是一国形成国际竞争优势的重要举措。工业化政策的主要目标是促进本国工业发展、提升经济发展潜力。对于发展中国家来说，工业化发展需要投入大量的资本和资源，而引进外资能够有效弥补发展中国家资本投入不足的短板。此外，产业开发政策和地区开发政策主要解决某些产业或者落后地区发展面临资源不足的问题。一般来说，与一国地区开发政策和产业开发政策目标相符的国际投资更能得到国家力量的支持，也能得到一定的优惠。

3）外汇与外资政策

外汇与外资政策能够直接影响资本流动方向及企业利润和外汇能否收回的问题，关乎外商企业的直接权益，因此在进行国际投资时外资主体会特别关注东道国相关的资本管制政策。

（三）政治法律体系

政治法律体系是影响国际投资中制度性保障的重要因素。由于国际投资活动十分容易受到国家力量的影响，东道国完善的政治法律体系有利于为外商企业塑造一个良好的经营环境，关乎企业能否在东道国长期稳定经营。政治法律体系一般包含双边政治关系、政治体制、法律体系、政府效率、外交等各个方面，对外商企业的跨国并购、绿地投资等对外活动具有较大的影响。一般而言，政治法律环境越稳定，越能够吸引国际资本的流入。

（四）社会文化

社会文化体现一国对某种社会意识形态的认同。文化距离作为非正式制度的一部分，能够直接影响国际投资活动的进行。一般而言，社会文化相差较大的两个国家，在社会风俗习惯、语言交流等方面都存在一定的障碍，不利于两国的双边贸易和投资活动的进行。

三、国际投资环境的特性

随着经济全球化的推进，国际投资活动日益频繁和多元化，国际投资环境也更为复杂。总体来说，当前的国际投资环境呈现出以下六个方面的特性。

（一）综合性

现代经济的复杂性决定了投资环境的综合性。由于国际投资活动是在多元复杂的经济环境下进行，这就意味着投资者在做出决策或者改善投资环境时需要对投资环境的各个方面做出剖析，不能仅依靠部分因素而得出评估结果。投资者应该针对当前经济体系中各个环境因素对国际投资活动影响程度进行分析，综合地评价整体的投资环境。

（二）系统性

构成国际投资环境的各个因素既相互独立又相互联系。国际投资环境系统的功能既取决于各个因素的情况，也取决于系统内部各个组成部分的协调程度。国际投资环境各个因素之间的相互作用包括负面和正面作用两个方面，而各个因素之间相互协调和配合能够在一定程度上影响系统的作用方向。在当前多边投资体系碎片化和逆全球化涌现的背景下，更需要从国际投资环境系统性角度考量，增强全球投资主体的协调配合，建立一个更为公正透明、开放可持续的全球投资机制。

（三）空间层次性

影响国际投资活动的各种因素呈现出空间层次分布。国际投资环境包括厂址环境、国内地区环境、国家区位环境和国际地缘环境等空间层次因素，并且各种因素在系统中的重要性也不同。例如，厂址环境不包括政治、法律因素，而国家区位环境则包括这两种因素。对于投资主体来说，需要对四个层次的投资环境做出综合的分析，考察不同层次环境对企业生产经营的影响程度，再根据环境变化及自身的发展布局战略有层次、有重点、有步骤、有条理地调整投资策略，从而更好地适应地区的特性和东道国的经济发展状况。

（四）相对性

国际投资环境会因投资类型、投资行业、投资产品的差异而表现出不同的特征，这就是投资环境的相对性。投资环境的相对性促使投资者在做出投资决策时，既要从总体角度评价，还要针对具体投资活动和项目的特殊性进行评估，针对东道国的实际环境及企业战略发展需求做出调整。特别是经济发展相对落后的国家，其投资环境更为复杂。投资主体应该全面分析东道国的优势条件及政策动向，特别是有利于外资引进的优势行业或者扶持政策，以充分利用投资环境的优势。

（五）不等性

构成国际投资环境的各种因素对投资环境的影响方向和作用大小都存在差异。国际投资环境的不等性启示投资主体在评估东道国投资状况时，应该使用定性分析和定量分析等多种方法评估各个因素的影响程度。例如，东道国在改善投资环境时应该要预判不同维度的影响因素对投资环境所产生的作用与效应，有步骤、有重点、有层次地制订投资环境改善方案，避免出现盲目性和低效益。

（六）动态性

构成国际投资环境的各种因素处于动态变化的过程中，因而国际投资环境也随之呈现出动态性。影响国际投资环境的因素包括政治因素、社会因素、技术因素、资源因素、经济因素等外部的因素，也包括项目周期、企业资金周转、经营模式、投资周期等各项企业内部因素，这些因素在企业投资的各个阶段呈现出的特性及影响力大小都不同。因此，投资者应该全面分析投资项目的各个阶段任务和运行规律，找出每个阶段所需要的主要内外部因素，评估其对投资项目的前期环境、建设期环境和经营期环境的影响，为企业调整投资策略提供科学的依据。对东道国或地区来说，应该以动态的眼光看待本国与外国投资环境的比较优势，结合本国已有的发展基础，逐步形成和扩大区位优势，释放投资环境的巨大发展潜力。

第二节　国际投资环境评估方法

国际投资环境的影响因素众多，既有客观因素，也有主观因素。如何准确和客观地评价来自母国和东道国的投资环境一直是一个难点。学界和业界主要从冷热比较分析法、等级尺度法、加权等级分析法、要素评价分类法、成本分析法等不同的评价方法对投资环境的评价进行探析。

一、冷热比较分析法

冷热比较分析法是由美国学者伊西阿·利特法克（Isaiah A. Litvak）和彼得·班

廷（Peter Banting）所创立的包含七个指标的投资环境分析方法。其基本思路是基于投资主体立场，针对东道国投资环境要素逐一分析，并根据评估准则判别分项指标的冷热程度，最后将各个指标汇总，根据投资环境判别为投资"热国"或"冷国"。投资环境冷热比较分析法将影响东道国的投资环境的因素归结为以下七大方面。

（一）政治稳定性

东道国的政治稳定性关乎企业经营的稳定性。因为一国政府出台的政策、管理措施、政治态度决定了外商企业长期经营的环境。当东道国的政治稳定性越高时，该分项指标可以被称为"热因素"，相反则被称为"冷因素"。

（二）市场机会

开拓海外市场是跨国企业进入东道国经营的重要动力，而市场机会则是影响企业产品销售和经营获利的重要因素。当一国的产品需求越大，消费者的购买能力越强，则意味着市场机会越大，该分项指标被识别为"热因素"，相反则被识别为"冷因素"。

（三）经济发展和成就

东道国的经济发展程度与企业外部经营环境密切相关，东道国的经济发展程度越高意味着其与投资相关的法律体系相对完善，越有利于海外投资者前来投资。因此，一国的经济发展程度高，该分项指标被识别为"热因素"，相反则被识别为"冷因素"。

（四）文化一元化

一国的文化紧密度与社会群体的凝聚力密切相关。一国社会组织有不同的群体，而不同的群体有不同的价值观念和意识形态，文化紧密度越高意味着不同群体的融洽度越高，社会越和谐，越有利于为企业发展提供良好的外部环境。文化一元化程度高，该分项指标被识别为"热因素"，相反则被识别为"冷因素"。

（五）法令阻碍

一国的法律规则对外商企业造成的障碍越大，说明该国的营商环境存在的改进空间越大，政府激发市场活力的能力就越低。因此法令阻碍小，该分项指标被识别为"热因素"，相反则被识别为"冷因素"。

（六）实质阻碍

资源寻求是跨国企业进行海外投资的重要动机。当一国的资源越匮乏，地理环境越恶劣时，企业的正常生产经营越容易受到制约。因此实质阻碍小时，该分项指标被称为"热因素"，相反则被称为"冷因素"。

（七）地理距离和文化差距

地理距离和文化差距是影响跨国投资活动成功率的重要因素。两国的地理距离和文化差距较大时，不利于两国的交通运输和友好交流，也会对投资活动造成一定的障碍。因此地理距离和文化差距小，该分项指标被称为"热因素"，相反则被称为"冷因素"。

二、等级尺度法

等级尺度法由美国学者罗伯特·斯托伯（Robert B. Stobaugh）于 1969 年在《如何分析国外投资气候》著作中提出。该方法的核心关注点在于东道国对外来投资者的待遇或是限制政策，其中包括外商股权比例、货币稳定性、政治稳定性、关税保护举措、资本收回限制、东道国资本可供程度、近五年东道国的物价波动程度、对外资管制程度等八个方面的因素。然后根据分项指标的完备程度划分为若干个评分区间，确定各个区间的评分标准及分值。最后根据这套设定的标准对特定的东道国进行评分汇总，分析出投资环境的整体情况。

三、加权等级分析法

加权等级分析法由美国教授威廉·戴姆赞于 1972 年提出。这个方法与等级尺度法类似，但又有所不同。具体在于加权等级分析法对各分项指标的重要性做出了排列并分别赋予权重，然后根据分项指标对投资产生的不利影响或有利影响的程度进行等级评分，每个指标的评分范围都是从 0（完全不利的影响）到 100（完全有利的影响）。最后将各分项指标的实际得分乘以相应的权重系数，并进行汇总判别投资国的类型。其中包括投资环境最优的东道国、投资环境较优的东道国、投资环境一般的东道国、投资环境较差的东道国、投资环境恶劣的东道国。

四、要素评价分类法

要素评价分类法是指将投资环境的影响要素归纳为投资环境激励系数、城市规划完善度因子、地区基础因子、市场因子、利税因子、劳动生产率因子、效率因子、管理权因子八个因素，再将这细分的八个方面形成"投资环境准数"的方法。投资主体能够利用这种方法直观地判别投资环境的好坏，"投资环境准数"值越高，说明东道国的投资环境越好。要素评价分类法能较好地关注国际资本动向及本地市场发展状况，能够为投资者从全局观察东道国投资环境提供较为准确的依据。

五、成本分析法

成本分析法是将投资环境的因素量化为投资成本，分析总体成本然后做出投资决策的方法。英国经济学家拉格曼在成本分析法的基础上提出了"拉格曼公式"，用于计算和量化投资环境的各项因素。成本分析法不仅全面考虑到各种内外部因素可能带来的成本，同时也结合了参与国际市场的三种投资形式，使得该方法具有广泛性和灵活性。

第三节　国际投资风险及管理

国际投资环境的不确定性往往带来系列的投资风险。投资主体需要在仔细甄别国际投资整体环境的基础上，对潜在的国际投资风险进行识别，了解投资风险的特征，并从国家的角度和跨国公司经营的角度对投资风险进行合理的识别与度量，从而做好预防和降低国际投资风险的计划及预案，对国际投资风险进行有效管理。

一、国际投资风险概述

（一）国际投资风险的含义

国际投资风险是指在一定时期内，投资者对于各种不确定的因素无法预测或做出有效调整，从而导致实际收益和预期收益产生偏差而造成经济损失的可能性。

（二）国际投资风险的分类

1. 政治风险

政治风险指东道国政治环境变化或东道国与他国政治关系变动给外国投资者利益带来损失的可能性，其中包括东道国政党换届、革命政变、战争、国外资产强制征收等多重因素。政治风险会造成外国投资者经营受限、供应阻断、合同违约、财产损失等一系列不良影响，其主要包括以下六个方面的因素。

（1）民族情绪的抵触。

（2）经济政治制度的对立。

（3）社会政局动荡及混乱。

（4）当地资本势力的抵制及骚扰。

（5）政变或军队叛变。

（6）他国对东道国政治的干预或操纵。

2. 商业风险

商业风险与东道国的经济状况密切关联，经济萧条、恶性通货膨胀、生产资源短缺、物价波动等因素都会增加商业主体的生产成本，降低外来投资者经营的稳定性，甚至给企业带来损失。

3. 财务风险

财务风险与外资公司的财务管理能力密切相关。财务风险也被称为筹资风险，企业借入资金若不能及时地偿还，可能会引发财务环境的恶化，增加企业的资本成本及经营支出，削弱企业在东道国持续获利的能力。

4. 金融风险

金融风险是指投资主体自身经营不善或者无法对投资环境变化迅速做出反应而导致财产损失的可能性。国际投资的金融风险分为借款风险和外汇风险两种类型。借款风险指借款条件和贷款货币汇率变化而引致企业需要支付额外成本的风险。外汇风险是指汇率波动而引致企业生产成本、经营利润、市场价值发生变动的风险。外汇风险通常也容易引起货币汇兑风险，特别是跨国企业的贷款资金容易受到东道国管制措施的限制，导致企业的正常资金周转面临更多的不确定性。

（三）国际投资风险的特征

1. 风险具有客观性

风险是独立于企业意志之外的客观存在，不因企业的行为而改变。企业一般不能消除外部风险，但能通过提高管理能力和增强企业经营韧性等内部方式降低风险发生的概率，避免不必要的损失。

2. 风险具有普遍性

企业生产经营各个环节都会面临风险，而随着新兴技术的应用，风险的类型也呈现多元化，其所带来的事故损失也越来越大。例如，无人汽车造成的社会伦理问题日益严重，东道国对其的抵触情绪也日益高涨，这将会给无人汽车的制造商带来诸多不便。

3. 风险具有损失性

风险与损失是密切相关的，一旦企业无法应对内外部风险，则必然会面临包括人员伤亡、财产损失、生产力破坏等各种可能出现的损失。鉴于风险无法精确衡量，不一定能够以货币作为计量单位，企业一般会设立风险管理机制和应急机制，尽可能减少风险带来的损失。

4. 风险具有不确定性

虽然企业在一定程度上能够对内外部风险做出预测并制定相关的风险应对举措，但由于风险通常随着外部环境的变化而变化，特别是空间、时间及损失程度都存在诸多的不确定性，因此企业无法对内外部风险做出全盘的评估。

5. 风险具有可变性

风险的可变性是指在特定的条件下不同风险之间可以互相转化，甚至会引起连锁的不良影响。由于企业所处的经营环境中的各种事物是相互关联的，一种事物的变化能够引起另一种事物的变化，因而企业所处的风险环境也在动态变化。

6. 风险具有可认识性

风险具有可预测性和可认识性。虽然企业经营主体无法全面消除风险，但是可以通过技术手段和调查研究等方式评估和认识风险，判断风险可能出现的类型、形成条件、发生概率及影响程度，并提前做出相关的风险应对方案。这一做法也常常应用于国际投资活动中，投资者一般会对东道国的风险环境尽可能做出有效的评估，为投资决策提供准确的依据。

（四）投资风险识别具有的特点

1. 投资风险识别复杂

风险的普遍性决定了投资风险识别能够在一定范围内进行，同时风险的不确定性和可变性也决定了风险的识别是复杂且艰难的，需要不同部门、不同系统、不同组织的相互配合和协调，这就意味着投资风险识别工程量巨大。

2. 投资风险识别是动态连续的过程

由于投资活动会依据环境的变化做出调整，而投资环境也处于一个动态变化的过程中。因此，投资者需要根据自身的发展战略、经营状况及内外部环境变化动态识别投资风险，从而对投资战略做出及时的调整。

3. 投资风险识别周期相对较长

投资风险具有普遍性和可变性，投资环境的变化也是一个持续渐变的过程。这就意味着风险管理人员需要对各种不同类型的风险进行持续的监测，并根据风险的权重撰写风险评估报告，这需要花费大量的人力和财力，因此投资风险识别周期相对较长。

（五）跨国投资风险的主要影响因素

防范投资风险是企业跨国经营中重要的一环，对投资风险的防范能力会影响到企业对外扩张战略的实施效果。企业在对外投资之前，一般会对跨国投资面临的各种风险提前做出分析预判和制定整体的防范举措。影响跨国投资风险的因素主要包括以下几个方面。

1. 不确定性事件

信息不对称是不确定事件产生的重要成因。在信息不透明的情况下，投资者无法对东道国的文化习俗、消费习惯、市场状况、行业环境等方面做出全面的剖析和有效的判断。信息不对称也使得投资主体无法对有价值的信息进行整合分析，容易导致投资决策偏离真实的市场状况，导致海外经营过程中不确定性因素增多，降低企业发展的韧性。

2. 双边政治关系

双边政治关系是影响企业对外投资的重要因素。一般而言，企业倾向于选择与本国双边政治关系良好的东道国进行投资。因为良好的双边政治关系有利于企业获取东道国的制度性保障，有利于企业海外并购和绿地投资活动的进行。相反，与本国双边政治关系较差的东道国常常会给企业带来更多的政治风险，特别是在并购过程中企业可能会面临来自东道国的严格审查，这可能会导致投资活动的失败。

3. 制度法规健全程度

制度环境会影响企业跨国投资的成效。一般而言，一国制度规则体系越完善，对外商投资保护的法律法规体系就越健全，越能够有效保障跨国公司的合法权益。相反，如果一国的制度规则体系存在较多的漏洞，容易损害跨国公司的合法权益。特别是发生投资争端事件时，跨国企业的维权之路将变得更为艰难，面临的风险更大。

4. 风险管理制度

企业风险管理制度是应对跨国投资风险的重要举措。由于风险具有不确定性和可变性，企业应该建立风险管理制度提前应对来自东道国的政治、文化、经济等各种风险，其对风险的管理能力直接影响跨国投资活动的成效（孙维峰，2013）。如果企业具有较强的风险防范意识，一般会建立起较为完善的风险管理制度，并通过"干中学"提升风险应对能力，增强企业对外经营发展的韧性。

二、国际投资风险评估

（一）国家风险

1. 国家风险概述

国家风险与国家主权行为密切相关，是影响国际经贸活动的重要因素。国家风险包括主权风险、转移风险和其他风险，这些风险是影响双边经贸活动成效的因素。虽然进行经贸活动的主体是公司、大型组织等非国家行为体，但是其背后都需要依赖国家力量。因此，国家互动过程中的摩擦容易给双边经贸活动带来障碍，对企业经营构成间接的风险。总体而言，国家风险可以划分为以下几个方面。

1）主权风险

主权风险与东道国国家主权行为密切相关。当国家作为交易活动的主体时，主权国家的行为会影响外商进入本国市场的意愿和本土经营的成效。当主权国家出于其自身利益考虑，拒绝偿还债务和履行担保责任时，就会给贷款银行造成损失。

2）转移风险

转移风险是指东道国实施金融限制措施而对投资方构成的风险。在开展跨国投资业务时，东道国出于自身利益的考量，对外汇和资本进行管制，容易导致外商在东道国的资金无法正常流转，影响自身经营的稳定性，这就是跨国企业进行海外投资时会面临的转移风险。

3）其他风险

国家风险还包括政党更迭、革命战争、资产国有化、货币兑换限制、强制征收、国家内乱、民粹主义、恐怖袭击等多方面引起跨国公司潜在利润和资产损失的风险。

2. 国家风险评估

由于国家风险处于动态变化中，风险评估方法也要随环境的变化而变化。随着现代技术的应用和全球投资网络的延伸，国家风险的类型和复杂程度也在动态变化。评估方法由最初对单一国家风险的评估拓展为多个维度和层面的风险评估，以充分利用国家风险信息得出更为真实的评估结果，辅助投资者做出准确有效的预判。国家风险的评估指标主要包括恐怖主义风险及主权信用风险，专业咨询机构会对国家风险多项分指标进行量化，并构建多维度的风险评价模型对各项指标进行评分汇总，最后得出风险预测结果并与现实情况进行对比修正。国家风险评估的方法主要包括以下几种。

（1）国别评估报告法。这种方法一般应用于大型跨国建设项目投资和国外贷款的决策中，专业咨询机构针对东道国的经济、政治、文化、社会等各项分指标做出综合评估，然后总结出该国的主要风险特征，为投资主体预测国家风险提供指南。国别评估报告没有固定范式和标准，针对机构和国家的差异而做出调整。国别评估报告的考量指标主要为政治因素评估和政治的安定性评估。前者一般评估国家的政府治理能力和经济发展的韧性，主要包括营商环境、物价掌控能力、政府政策制定能力、外部环境变化抗风险能力等指标。后者一般评估一国的国内政治稳定性和国际政治的安全性，主要包括经济要素、地区政治安全、国际局势安稳程度、资源禀赋条件、对外经济状况等指标。

（2）评分定级法。评分定级法是指专业咨询机构用固定的评分体系对东道国的各项指标进行量化及评分，最后根据评估的结果将东道国的风险情况汇总成报告。其具体的操作流程分为以下四个阶段。①第一阶段，专家组确定考察东道国的主要风险因素，如负债率、经济自由度、战争次数、人均产出、人均收入等指标。②第二阶段，确定东道国的风险评分标准。针对评估对象的特性给出相应的评分标准，可以根据分值的大小来类比风险的程度。例如，负债率为10%以下的风险得分为1—2分，负债率属于[10%, 15%)

的风险得分为 3 分，负债率属于[15%, 25%)的风险得分为 4 分，负债率属于[25%, 50%)的风险得分为 5 分，负债率属于[50%, 80%)的风险得分为 6 分，负债率越高证明该分项指标的风险越大。③第三阶段，专业咨询机构将各个分项指标的分数汇总，依据分值的大小确定东道国的风险等级。④第四阶段，多维度对比各国风险情况，为投资主体确定投资方向提供依据。

（3）核对清单方法。核对清单方法是国家风险识别常用的手段。一般是将与投资有关的各项指标系统性地列为清单，并根据各项指标的权重进行分析比较，最后得出各项指标的评估分数。核对清单方法的可操作性较强，能够系统性地积累评估的资料和分析的方法，但是也需要与其他形式的风险识别方法结合使用。

（4）德尔菲法。德尔菲法也称为"专家法"，其本质是一种匿名式的反馈函询方法。其大致的流程是召集各方面专家对一国的风险做出独立的评估，然后将结果反馈给投资主体进行分析对比、评估修正再发回给专家进行评估，多次重复流程，直至专家的评估结果逐步缩小并达成一致的评价。

（5）结构化的定性分析系统。结构化的定性分析系统涵盖了政治、社会、经济等各个方面的量化指标分析，能够较为客观真实地评估一国的风险的状况，从而为投资者提供更为有效的决策依据。但是实现系统分析的过程相对复杂，这种方法需要耗费大量的人力物力，要求投资主体需要具备雄厚的实力。

（6）政治经济风险指数。政治经济风险指数一般由投资主体以外的第三方专业机构评估，其大致流程是咨询机构聘请专家对各个国别的分项风险指标进行分析和加权汇总，然后定期做出修正和调整，以使指数更能反映一国的真实状况。当前，使用最为广泛的指数为美国政治风险服务集团制定的"国际风险国家指南"（International Country Risk Guide，ICRG）风险分析指标体系。

（7）情景分析。情景分析是指模拟东道国各个可能出现的状况并进行风险评估的方法。情景分析主要服务于国家风险识别，为投资者决策分析提供依据，针对不同国家的实际情况实施差异化的风险防范措施，包括量化风险的影响程度、设置贷款限额和期限、使用补偿方法应对利率波动等，以确保风险能够得到及时控制。

（二）经营风险

1. 经营风险概述

经营风险是指市场状况及生产技术条件变化对跨国企业海外经营造成损失的可能性，其中包括价格风险、销售风险、财务风险、人事风险、技术风险等。

（1）价格风险。价格风险指市场价格波动对企业生产经营销售等各个环节造成冲击的风险。

（2）销售风险。销售风险是指企业产品滞销导致企业再生产和经营状况恶化的风险。

（3）财务风险。财务风险是指企业资金周转困难、背负高昂债务及资金链断裂等导致企业经营陷入困境的风险。

（4）人事风险。人事风险是指企业在员工招聘、经理任命过程中存在的风险。

（5）技术风险。技术风险是企业研发新技术需要付出高昂的成本，同时也会面临新技术与原有生产模式匹配失败的风险。

总体而言，任何企业都处于风险环境之中，特别是跨国企业海外经营面临的风险更为复杂。为避免不确定性风险带来的损失，企业在进行海外投资时科学评估经营风险是十分必要的。

2. 经营风险识别

经营风险识别是企业进行投资决策的重要一环，其中包括以下三种方法。

1）德尔菲法

德尔菲法既可以用于国家风险识别，也可以用于经营风险的识别。具体流程是由专业咨询机构发起邀请、若干专家对特定议题发表看法，然后将多方的意见进行汇总、修正和反馈，最终使预测结果更能贴合市场的真实动态。

2）头脑风暴法

头脑风暴法由美国天联广告公司的奥斯本首创，是指多人通过讨论、座谈的形式产生创造性新思想的方法。头脑风暴不同于正式的座谈会议，是一种自由探讨、打破常规、个人观点充分发挥的一种座谈形式。相比于群体决策，头脑风暴法的特点是不屈于权威或大多数人意见，更容易发挥群体的批判精神和创造力，从而提升决策的质量。

3）幕景分析法

幕景分析法是一种能够识别关键因素及其影响的方法，能够描述未来某种状态或者未来某种情况的动态变化，并预测出事件的最好结果、最可能发生的概率及最坏的前景。幕景分析法侧重于描述事件的整体过程，适用于提醒决策者防范风险、关注企业发展机遇及企业需要监视的风险范围。幕景分析法可以扩展决策者的视野，增强对风险的分析防范能力和抓取战略机遇的能力，同时也有利于决策者关注到企业发展过程中特定的要素重要性，监测产品、人才、技术等各个环节对企业整体经营的影响，诊断和预测企业可能面临的风险，以便对经营战略及时做出调整。

三、国际投资风险管理

（一）国家风险管理

国家风险对跨国企业的海外经营的影响最大，且其外部性及复杂性也是一般企业无法完全预测的。因此，企业需要提前准备灵活的国家风险防范举措，以避免不必要的财产损失。

1. 采取多元的风险规避和转移手段

（1）在国家层面，母国可以和东道国签订双边及多边的投资保护条约，通过投资协定的方式要求东道国事先给予投资者保护或不予征税的承诺，扩大国际投资的保护范围；完善例外条款，优化仲裁选择机制。

（2）完善海外投资保险制度，减少投资者的损失。在单边和双边保险模式相结合的基础上，推动海外投资保险业务的制度化、专业化、规范化、全面化发展，结合国际投资面临的风险情况，不断调整投资保险可保范围，丰富投资保险可选品种，扩大投资保险覆盖范围，降低投资保险适用费率，从而更好地发挥其对国际投资的促进作用。

（3）良好的双边政治经济关系能够在一定程度上减弱东道国内部政治斗争风险对投资的影响。由于政治风险不受企业行为控制，需要国家建立完善的风险预警和紧急撤离制度，充分利用其信息优势帮助企业了解东道国的风险，为企业决策提供及时的信息支持。同时，一旦东道国发生不可控的政治风险，国家应该制定紧急撤离的预案，帮助企业快速撤离。

2. 灵活调整经营策略

及时关注东道国的政治状况是企业海外投资中的重要一环，以便在发生投资风险的时候能够采取灵活的应对策略。

（1）东道国的国内政治斗争同样具有"外部性"特征，企业应对东道国内部政治斗争风险的首要途径还是加强事前评估。

（2）企业在海外运营过程中，应尽可能保持政治中立，避免卷入东道国的政治斗争。再者，企业还可以通过利用院外游说集团等合法途径对各政治力量施加影响，从而削弱政治斗争对自身的不利影响。

（3）企业还可以通过国际融资来化解经营风险。在海外经营的过程中企业难免会面临东道国实施资本管制和金融限制的情况，导致企业资金周转困难或者资金链断裂。此时，企业可以通过国际融资来降低这一政治风险，提升企业经营发展的韧性。

3. 采取恰当的措施撤出投资

当政治风险严重影响跨国企业海外子公司和附属机构的经营时，可以采取撤资的方式减少企业面临的损失。外商企业撤资的一般措施有以下几种方式。

（1）母公司评估子公司在其扩张战略中的重要性，并以此为依据将子公司部分或者全部股权出售给当地的投资者。

（2）停止母公司和子公司之间的贷款关联及承担的各种担保。

（3）抵押子公司当地资产向银行借款，以减少对母公司资金的依赖，同时也能减轻母公司的对外债务压力。

（4）结合东道国市场情况对既有库存商品和半成品进行清理，同时优化劳动力结构，聘请当地劳动力以减少公司支出成本，与当地原料供应商建立友好合作关系，避免陷入外汇管制而导致资金封锁和原料短缺的困境。

（5）优化资源组合，将库存和半成品返销给母公司或者同系统内的其他附属机构，以减少撤资带来的沉淀成本。

（二）经营风险管理

经营风险是指市场状况和技术条件的变化导致跨国企业经营蒙受损失的风险。经营风险管理是指企业运用各种技术经济手段分散和转移跨国投资所带来的内外部风险。其基本策略包括以下几个方面。

1. 风险规避

风险规避是企业预测海外经营中可能出现的风险类型及其形成条件，从而有针对性地调整组织策略以降低风险带来的不利影响，其中包括改变投资的方向及地理区位等举措。常规风险规避方式包括以下三种。

（1）改变产品生产工艺、生产流程。例如，大型汽车制造公司使用某个国外生产的零部件，但是生产出来的产品事故率较高，对产品的声誉产生极大的不良影响。在此情况下，跨国公司可以停止使用这种零部件或者更换生产流程。

（2）根据区位优势选择有利的生产经营地点。例如，大型的仓储公司可以将厂房建立在高于洪水水位记录的地方，避免洪水带来财产损失。

（3）选择国家风险较少的东道国进行投资。例如，企业进入东道国前应该全面剖析该国的债务情况，避免国际债务危机爆发影响企业的海外经营。

2. 风险抑制

风险抑制是指企业在风险发生后及时采取应急管理措施以减少财产损失的行为。风险抑制并不会改变风险发生概率，只能改变风险的破坏程度。风险抑制包括以下几个方面的措施。

（1）判断风险的类型以选择合适的应对策略。例如，当一国发生债务危机时应该评估危机的类型，如属于流动性危机则可以继续向东道国提供新贷款。

（2）增强海外经营的安全意识。针对内乱频发或者宗教骚乱频发的地区，可以适当雇佣安保人员增强当地的安保防御。

（3）面对较为恶劣的东道国环境可以采取及时止损的策略。例如，通过拍卖资产减少企业的风险损失，或者通过撤回人员减少东道国战乱造成的人员损失。

3. 风险保留

风险保留是指投资主体无法规避风险时将风险内部化并自行承担经济损失的行为。风险保留一般包括无计划自留及有计划自我保险。

（1）无计划自留指风险损失发生后由企业以内部资源弥补损失。当企业主体不能提前防范风险或者低估风险带来的财产损失时，一般采取无计划的风险自留措施。但是由于弥补资金不在计划预算内，有可能造成企业资金周转困难。

（2）有计划自我保险指企业能够提前预测风险可能出现的类型及其破坏程度，系统性地安排风险应急管理资金以抑制可能出现的风险，其主要的实现方式是设立风险预留基金。

4. 风险转移

风险转移是指企业主要通过各种技术经济手段将风险转移到企业外部的行为。合同和保险是风险转移的主要形式，前者侧重于将风险分散给多个参与主体以降低单个个体需要承担的责任，后者侧重于通过签订保险合同将风险转移给保险公司。

专栏 4-1

比雷埃夫斯港的国家风险案例分析

国家内部风险会成为投资项目中断或停止的重要原因。跨国公司的投资项目可能因无法获得政府允许而中断，或者遭遇某些阻力导致项目无法按期完成。例如，2014 年希腊政府开启比雷埃夫斯港私有化进程。A 集团成为比雷埃夫斯港 67% 股份的最有竞争力的潜在买家。但是希腊政府出于国家利益的考量，于 2015 年 1 月 27 日叫停了比雷埃夫斯港的私有化计划。事实上，在比雷埃夫斯港项目的建设过程中，中方企业受到了来自希腊政府和群众的阻力，使得项目建设停滞不前。

实行多党制的议会制国家国内政治斗争风险相对突出。国内政治斗争的影响体现为东道国政党斗争和轮换执政导致政策连贯性下降，进而给跨境投资者造成损失。2015 年希腊政府政权更迭时期，比雷埃夫斯港的建设项目就受到了来自左翼联盟党的阻力。该政党自身反对私有化及市场化，不希望外商企业过多地吸收希腊的国有资产。因此，该政党希望保留希腊港口的实际控制权，外商公司只能通过签订有利于希腊的协议来长期租赁该港。虽然希腊执政党对外来资本的进入持抵触的态度，但是国家处于较为严重的主权债务危机之中，并且在谋求欧盟金融援助的谈判中不断受挫，对待外资进入的态度也没有表现出过为强硬的态度。希腊政府希望获取欧盟债务减免和援助，就需要向支持市场私有化的立场靠拢。同时，按要求削减政府开支是欧盟救助希腊的前提条件之一，但这种紧缩政策会削弱国家经济发展的活力并形成恶性循环。因此，深陷债务泥潭和资金短缺危机的希腊政府在中国远洋海运集团有限公司收购比雷埃夫斯港股权的问题上最后还是做出了关键性的妥协。

政府意识形态是影响投资项目建设的重要因素。2009 年，中方的比雷埃夫斯港项目开始投入运营，为当地直接创造超过 1200 个工作岗位，既为希腊政府增加了税收又缓解了债务危机造成的资金困难，但是政党轮替带来的负面影响依然阻碍了项目的顺利进行。特别是在金融危机和欧债危机的背景下，欧洲各国极端政党的话语权逐渐提升，而其所持的极端意识形态将会对中国对欧洲的投资项目产生严重的威胁。

资料来源：桑小川. 2019. 中国对欧港口投资的缺失与风险——以比雷埃夫斯港为例[J]. 国际论坛，3：155-156.

专栏 4-2

<h3 style="text-align:center">德国爱思强（AIXTRON）的准入审查风险案例分析</h3>

爱思强是一家生产尖端技术的德国半导体公司，主要制造发光二极管芯片生产过程中的关键设备。自 2012 年以来遭受亏损，爱思强的生产经营陷入了资金短缺、产品滞销的泥潭。2015 年，三安光电股份有限公司试图收购该企业但遭遇失败。中国公司福建宏芯投资基金合伙企业（有限合伙）（Fujian Grand Chip Investment，FGC）于 2016 年 5 月试图用高达 6.76 亿欧元收购该半导体公司，其发行的每股 6 美元的收购股价比爱思强的收盘价高出 25%以上。随后，FGC 公司又付清了爱思强约 65%的股份，以加快对爱思强的收购进程。2016 年 9 月初，德国政府批准并审查通过了该收购案。然而，此后不久美国宣称出于国家安全考虑，建议双方放弃该收购计划。随后，德国决定撤销 FGC 的收购要约，并重新开始对投资进行审查。

此案例中，准入审查风险尤为突出，其中"安全审查"及"反垄断审查"是制约中国收购活动进行的重要因素。一般而言，准入审查风险是外资进入东道国最为常见的法律类风险，占法律风险案例的比例为 80%。发达国家很多有关海外直接投资的政治斗争和壁垒最终多以准入审查的形式体现出来。故与政治类风险不同，准入审查风险在发达国家中较为突出。一方面，由于爱思强的制造技术涉及军事应用，触及德国国家安全的敏感行业，因而遭到国内政府官员和行业协会的强烈反对。另一方面，美国作为爱思强的重要客户，其担心中国可能会利用爱思强在卫星通信和雷达等领域进行军事应用，威胁到美国的国家军事安全，所以奥巴马发布禁令阻止该国际收购。

通过分析得出，加剧中国企业海外投资准入审查风险的因素有三点。第一，企业的性质与背景。由于央企背后都有国家力量的支持，出于国家战略利益的考量，发达国家对中国的国企投资持有疑虑。第二，海外投资的领域。大部分国家会将军工、新兴行业、高科技行业列为战略敏感性行业，出于国家安全的考量，东道国政府会对这些行业实行较为严格的准入管理政策。第三，母国与东道国的双边关系。双边互信程度越低，东道国对外资企业的投资越会抱有疑虑，进而实施限制的可能性越大。

风险应对方面，企业可以从以下四方面努力，尽量化解东道国准入审查风险。第一，进行海外投资前全面盘查东道国相关行业的准入政策，减少企业进入东道国市场的成本与风险。第二，建立完善信息披露机制，与东道国政府形成友好互信的合作关系。第三，跨国公司投资经营避免过度强调"国家战略"，应该将重点放在企业自身发展战略上。第四，可以借助第三方机构与东道国政府打交道，减少东道国对中国企业投资的敌意及疑虑。对于政府而言，可以通过推动与东道国的双边关系来维护中国企业的利益。

资料来源：陈曦. 2015. 中国企业海外投资的"拦路虎"——透过失败案例看风险[J]. 国际工程与劳务，12：25-30.

本 章 提 要

（1）国际投资环境是投资主体对一国或者地区进行投资活动所面临的资本运行基本条件的总和，其中包括狭义的投资环境及广义的投资环境。国际投资环境的构成要素包括自然及劳动力资源、经济状况、政治法律体系、社会文化等四个方面。

（2）国际投资环境是多种内外部因素组合而成的综合系统，其本身具有综合性、空间层次性、动态性、系统性、不等性、相对性等多种特性，会对投资主体的成本收益、投资规模、决策方向造成一定的影响。

（3）国际投资环境评估通常会涉及很多因素，想要对国际投资环境进行准确的评价，必须掌握客观有效的评估方法和标准，其中包括等级尺度法、冷热比较分析法、加权等级分析法、要素评价分类法、成本分析法，以便全面剖析国际投资环境的优劣势。

（4）国际投资风险是指跨国投资主体因东道国政治因素或者企业内外部的环境变化而导致经营损失的概率，其中包括商业风险、金融风险、财务风险、政治风险等。在国际投资过程中投资者会面临各种不确定性，因此在跨境投资时需要在全面考察国际风险之后再做出决策。

（5）在国际投资风险识别过程中，投资主体需要依据风险的可认识性、客观性、可变性、损失性、普遍性、不确定性以及风险投资环境对生产经营可能造成的损失，提前制定应对策略和风险防范措施。

（6）经营风险包括财务风险、价格风险、人事风险、销售风险及技术风险，对经营风险的识别方法包括德尔菲法、头脑风暴法及幕景分析法。企业在海外经营时除了关注企业自身的发展，还需要做好经营风险防范措施，包括风险保留、风险规避、风险抑制及风险转移等举措。

（7）国家风险是国际投资活动中最难以预测和防范的风险，包括主权风险、转移风险及其他风险，评估国家风险的方法包含国别评估报告法、评分定级法、核对清单方法、德尔菲法、结构化的定性分析系统、政治经济风险指数和情景分析。中国企业可以通过采取多元的风险规避和转移手段，灵活调整经营策略，采取恰当的措施撤出投资，有效防范和应对国际投资中的国家风险，保护自身的海外利益。

思考与探索

中小企业在实施"走出去"开放战略时，应该如何甄别有利于自身发展的国际投资环境？参考比雷埃夫斯港案例，中国企业在国际投资过程中应该如何有效规避国家风险？

第五章　国际投资规则

制定国际投资规则的初衷是为了调整母国与东道国之间的权利义务关系，同时平衡投资者与东道国之间的利益分配。不同经济体基于各自的实际需要与利益诉求，在国际投资规则制定中对投资开放程度、投资保护标准等考量基础不统一，尤其是发达国家与发展中国家对国际投资规则的主张存在较大的分歧，因而形成了当前多层次、分散化和碎片化的国际投资规则体系。

从国际投资规则的适用范围看，当前的国际投资规则体系中，尚未形成真正意义上的国际多边投资协定。具体来说，国际投资规则主要表现为嵌套于世界贸易组织（World Trade Organization，WTO）框架下《与贸易有关的投资措施协议》中的投资条款、自由贸易协定中的投资条款、各个经济体之间签订的双边投资协定三个层次。其中，不同经济体之间的协议相互交叉，双边层面的投资协定占比最高。

在全球经济一体化融合的大背景下，国际资本流动是世界经济发展的重要手段和主要表现形式。因此，了解和熟悉国际投资规则体系，把握国际投资规则发展趋势，将有助于思考如何通过改善国际投资规则环境，提高全球范围内的资金和技术等生产要素的配置效率，为增长乏力的全球经济提供新的增长动能。本章将基于国际投资规则的内涵、主体、客体及最新发展趋势四个维度，分别从母国和东道国的视角，梳理对外投资和吸引外资两个方面的国际投资规则与法律规章制度。

第一节　国际投资规则概述

国际投资规则是国际直接投资在制度层面上的现实反映，在一定程度上影响了国际直接投资的流量和动向。了解国际投资规则的含义和特征，探索国际投资规则的渊源，将有助于更好地掌握国际投资规则体系。

一、国际投资规则的定义与特征

（一）国际投资规则的定义

从国际投资范围来看，国际投资规则主要由国内投资法和国际投资法组成。国内投资法就是指投资国对本国资本在进行海外投资时所制定的相应规则，同时也是东道国对海外资本的流入所制定的相应审查、限制及引进的规则。国际投资法相较于国内投资法涉及的主体、内容及程序更为复杂，主要包括国际投资审批机构和审查标准，鼓励性、保护性及管制性投资规范，国际投资争端解决机制等内容。其中，确立有效促进和保护投资的法律机制和制度环境，加强对外资的监管审查是国际直接投资法规的核心内容。

（二）国际投资规则的特征

1. 国际私人投资关系是国际投资规则的主要协调对象

从参与投资的主体来看，国际投资规则只服务于国际投资关系的法人、非法人经济组织和自然人等国际私人投资者，而由官方代表、政府组织参与的投资关系则不包括在内，其归属官方投资，官方之间的投资关系往往由国际经济组织来协调办理。当前，国际私人直接投资仍然是国际投资关系活动的中心。

2. 国际直接投资是国际投资规则调整的主要投资形式

从投资的形式来看，国际直接投资为国际投资规则调整的主要投资形式。其具体包括跨国并购、绿地投资及股权参与和非股权安排。而国际信贷投资和国际证券投资依据各国民商法、公司法、证券法、票据法的投资关系，归属国际间接投资。

3. 国际投资规则主要调节国内投资法和国际投资法的关系

从投资调节的范围来看，国际私人直接投资主要涉及国内投资法关系和国际投资法关系，这两者之间相互关联、相互影响，共同构成统一的国际投资规则。国内投资法主要包括私人投资者与其所属国家之间的投资关系、外国私人投资者与东道国之间的跨国投资关系及不同国家的自然人与法人之间的跨国投资关系。国际投资法主要涉及两国达成的双边投资关系和多国达成的多边投资关系。

二、国际投资规则的发展渊源

从国际投资规则调节的范围来看，可以从与国际直接投资有关的国内法和国际法出发，以此来梳理国际投资规则的发展历程。然后，从《华盛顿公约》和《汉城公约》这两个国际投资法的范本出发，去阐述国际投资规则的演变进程。

（一）国内投资法

有关国际直接投资国内法的规范，是指各个国家通过采取促进、保护和限制的立法形式对企业对外投资和吸引外商投资进行明确的法律规定。因此，有关对外投资的法律法规和外商投资的法律法规构成了有关国际直接投资国内法的主要内容。

1. 有关对外投资的法律法规

1）发达国家对外投资的法律法规

发达国家作为资本输出大国，相较于发展中国家而言，对外投资历程较早、投资存量较大，在海外投资审批、鼓励投资和保险制度等方面也更为开放与成熟。

在海外投资审批方面，除基于政治因素对少数国家、少数行业具有一定限制外，发达国家一般不会对国际海外投资进行限制。在鼓励投资方面，当前投资国的对外投资优惠政策仍较为缺乏。

在保险制度方面，发达国家拥有成熟的海外投资保险制度。海外投资保险制度最初起源于二战结束后美国对欧洲实施的马歇尔计划，该计划当中包含的投资保证方案后来被英国、法国、德国、荷兰、丹麦、日本等国效仿。该制度以保护对外投资为目的，为私人海外投资者的国际投资行为提供保护，并对可能遇到的政治风险和其他特别风险提供保险支撑，其中，商业风险不在保护范畴之内。而政治风险主要涉及国内战争和社会暴乱风险，资产征用、没收和国有化风险及禁止资产汇兑风险。海外投资保险制度具有强烈的公有性质，由特定风险导致的部分经济损失往往由投资国的国家政府承担。

2）发展中国家对外投资的法律法规

相较于发达国家，发展中国家对外投资起步较晚，对外投资法律法规发展相对比较滞后，相关法规仍有待完善。

在对外投资审批方面，发展中国家的对外投资审批管理较为严格，审批程序也相对繁杂。以中国为例，中国加入 WTO 之前，对外直接投资政策一直处于收紧的状态；2001年中国加入 WTO 之后，在"走出去"发展战略的推动下，中国通过积极推动对外投资制度改革的方式，推动对外直接投资的发展。

在海外投资保险制度方面，发展中国家也紧跟发达国家步伐，并于20世纪七八十年代后逐步完善针对海外投资者的保险制度。自1979年以来，中国逐步加快海外直接投资的步伐，但由于主要投资目的地集中在周边的发展中国家，承担的投资风险和政治不确定性较大，从而倒逼中国不断完善本国的海外投资保险制度。

2. 有关外商投资的法律法规

从内容上来看，有关外商投资的法律法规包括外商投资准入的市场范围、合作形式、外商投资者的合法权益和义务等。

1）发达国家有关外商投资的法律法规

发达国家奉行自由的市场经济体制，往往对外国直接投资实行自由开放的投资政策，即外商投资者享受准入前国民待遇和最惠国待遇，在企业设立、取得、扩大等阶段的权益等同国内投资者。然而，近年来随着去全球化和保护主义趋势的加剧，以美国、欧盟、英国为代表的国家和地区的外商投资政策发生了变化，逐渐加强了外商投资审查。

以美国为例，美国是全球吸引外资存量最大的国家，拥有自由的市场准入规则和相对平等的投资环境，除对涉及国家主权及敏感行业的投资准入做出了负面清单的规定外，大部分外资可以自由进出。而近年来，美国加紧了对硬件芯片、医疗行业的交易限制，对一些关键技术的跨国并购也加大了审查力度。

2）发展中国家有关外商投资的法律法规

发展中国家相较于发达国家而言实行的是较为严格的外资管理政策，具有较强的政府干预特点。然而近年来以中国为代表的发展中国家逐步放宽对外投资限制，积极采取促进投资和吸引外资的政策。根据墨卡托中国研究所2018年发布的投资报告，中国的外国直接投资限制指数为0.33，远高于世界平均水平的0.1。为改善这种局面，中国不断推动外商投资改革，提高对外开放的能力和水平。2016年，中国在全国范围内推行"准入前国民待遇+负面清单"的外资管理模式。2019年，《中华人民共和国外商投资法》颁布，开启了外商投资的全新时代。

总体来说，发展中国家的外资立法呈现既限制又鼓励的特点：第一，发展中国家在外商投资法中往往对市场准入、出资比例、国民待遇、国有化及补偿做出特别规定，以区别于内资的权利义务；第二，发展中国家往往通过在税收、外汇使用和争端解决等领域实行相较内资更加优惠的方式吸引外资。

（二）国际投资法

国际投资法是指双边国家和多边国家之间就指导和处理国际投资关系达成共识的法律制度。其中，国际双边投资协定、国际区域投资协定和国际多边投资协定构成了国际投资法的主体。

1. 国际双边投资协定

国际双边投资协定是指为加强投资国与东道国之间的投资关系，保护双方投资行为所签署的具有国际法意义的协定。从内容上看，其主要涉及市场准入范围、投资合作形式、投资者待遇及投资争端解决机制等相关内容。自 1959 年巴基斯坦和德国签署了世界上第一个双边投资协定以来，国际双边投资协定就一直保持着迅速发展的态势，并于 20 世纪 90 年代到 21 世纪 10 年代达到了发展的高潮。根据《2020 年世界投资报告》，截至 2019 年，在 3284 个国际投资协定中，国际双边投资协定数量高达 2895 个。从历史发展阶段来看，国际双边投资协定经历了从友好通商航海条约到双边投资保证协议，再到双边促进和保护投资协定的发展历程。

2. 国际区域投资协定

国际区域投资协定是指区域经济联盟下的各成员国或区域经济合作组织共同签订、旨在促进各国之间和各区域之间投资合作的国际条约，目前主要包括三种区域投资法范式。

（1）由联合国贸易与发展会议提出的"区域投资法典"。

（2）由联合国区域经济委员会与其他地区性国际组织共同达成的投资协定。

（3）由区域性国际经济组织协调其成员国签订的多边投资协定。

3. 国际多边投资协定

由于涉及范围较广、涉及主体复杂，全球公认的世界性国际直接投资公约目前尚未形成，但国际社会上现有的全球性投资条约为国际多边投资协定提供了重要的参考依据。早期的有 1965 年的《华盛顿公约》、1985 年的《汉城公约》、1994 年的《乌拉圭回合多边贸易谈判结果最后文件》及《世界贸易组织协定》中有与贸易相关的投资措施。近年来，《跨太平洋伙伴关系协定》《跨大西洋贸易与投资伙伴协议》《区域全面经济伙伴关系协定》（Regional Comprehensive Economic Partnership，RCEP）也成为现代国际多边投资协定规则的重要组成部分。

4. 世界性国际投资条例与法规

全球范围内有诸多国际投资条例对国际直接投资进行了解释，其中《华盛顿公约》和《汉城公约》作为国际投资法的范本，确立了国际直接投资的基本框架和体系，为后续国际投资条例提供了重要的参考价值。

（三）《华盛顿公约》

1965 年 3 月 18 日，在国际复兴开发银行（世界银行前身）的主导下，《国际投资争端解决中心公约》于美国华盛顿签署，简称《华盛顿公约》。

1.《华盛顿公约》的发展背景和主要内容

二战结束后，亚洲、非洲、拉丁美洲等的发展中国家纷纷独立建国，废除先前签订的不平等条约，将境内多家外资企业收为国有，引发了诸多国际投资纠纷和投资争端。此外，随着全球国际投资的数量和形式不断增多，产生的投资纷争也越来越多。在此背景下，《华盛顿公约》就此诞生。

《华盛顿公约》作为调节国际投资争端的法律公约，主要通过国际调解和国际仲裁这两种方式解决国际投资争端，其中前者本身由于没有具体的法律约束力而使用有限，后者成为更为有效的处理国际投资争端办法。

2.《华盛顿公约》的贡献和地位

《华盛顿公约》的宗旨就是通过采取一种区别于传统方式的国际调解和国际仲裁机制，协调私人投资者和东道国政府之间或者国家与国家之间的投资争端，为世界各国投资者参与国际投资、促进发达国家与发展中国家的投资纷争的解决提供了重要指导。

《华盛顿公约》最突出的贡献在于创设了国际投资争端解决中心（International Center for Settlement of Investment Disputes，ICSID）。当投资者的合法权益在双边投资协定下受到侵犯时，可以向 ICSID 申请进行国际仲裁，而非在东道国本国提起诉讼。因此，ICSID 的建立为解决缔约国之间的投资争端提供了便利。此外，不同于以往的争端解决方式，公约还规定私人公司可以绕过烦琐程序，直接对国家发起仲裁申请，且仲裁庭的仲裁决定将在缔约国境内得到直接执行。

3.《华盛顿公约》的发展

《华盛顿公约》自 1965 年缔结以来已经历了近六十年的发展，目前，已经吸引了世界上大部分国家加入。1990 年，中国正式签署《华盛顿公约》，并于 1993 年成为该公约的缔约国。联合国官网数据显示，自 1997 年开始，ICSID 调解的投资案件数量不断增多，截至 2020 年 12 月 31 日，ICSID 已根据《华盛顿公约》和《附加便利规则》受理了803 件调解案件。

（四）《汉城公约》

1988 年，《多边投资担保机构公约》在世界银行的主导下在汉城年会上签订，因此又简称《汉城公约》，并于同年正式生效。该公约首创了多边投资担保机构，该机构以独立的国际组织身份成为世界银行集团的第 5 个成员。

1.《汉城公约》的产生背景和主要内容

20 世纪 80 年代，严重的债务危机对众多发展中国家造成了重创，许多国家无力偿还负债，导致国际债务纠纷时有发生，进而引发全球流入发展中国家的投资额大幅下滑。在此背景下，世界银行重新修订《汉城公约》，并在该公约基础上建立了多边投资担保机构，旨在调解投资者与发展中国家之间的纷争，为投资者提供相应的技术指导以规避东道国的政治投资风险，并为东道国吸引外资提供指导和建议。

《汉城公约》通过为国际投资行为主体提供政治风险担保的形式，推进国际资本流入发展中国家。该公约对机构的主体地位、机构的担保业务、投资者和东道国条件等方面都做出了相应规定，其中担保业务是投资者重点关注的内容，担保业务承担的风险具体包括征收风险、违约风险、货币汇兑风险、战争内乱风险等政治风险。

2.《汉城公约》的特点和地位

《汉城公约》是首个被世界上大部分国家所接受并严格执行的多边投资担保机制，其参与主体和担保内容的特点使其在很大程度上区别于国家投资保险机构。参与主体方面，《汉城公约》的适用范围主要包括世界南、北两大类国家之间的投资纠纷和冲突，不包括发达国家与发达国家之间的投资合作问题。担保内容方面，一国政府对外国投资保险机构具有较强的约束主导权，往往对投保公司的国籍加以限制，且国家的违约风险不在投保范围内，而《汉城公约》弥补了上述不足。

3.《汉城公约》的状况

《汉城公约》自 1988 年签订以来，截至 2015 年，已有 181 个国家缔结该条约。中国在多边投资担保机构中发挥着重要作用，作为该机构的创始会员国之一，拥有 3138 股的股份，次于美国、日本、德国、法国和英国，排名第六。

第二节　投资国的对外投资规则管理

随着经济全球化的深层次演进，跨国公司成为世界各国经济体提升国际影响力的重要抓手，越来越多的国家开始出台一系列鼓励和促进企业走出国门的政策文件。投资国的对外投资规则可以分为鼓励性政策法规、保护性政策法规和管制性政策法规。

一、投资国的鼓励性政策法规

投资国往往采取各种形式鼓励企业对外直接投资，依据鼓励程度的不同，可分为优惠的税收政策、优惠的金融政策及信息、技术和人才援助政策。

（一）优惠的税收政策

1. 税收抵免

税收抵免（tax credit）旨在规避双重征税，鼓励本国企业和投资者进行海外投资。国际投资者在进行对外投资时往往涉及投资国和东道国两个国家的税制，而承担双重税收的义务则大大打击了海外投资的积极性。因此，投资国往往规定一国投资者在进行对外投资活动时，被东道国征收的所得税税款在回国缴税时允许加以抵免和扣除，且仅限于所得税，非所得税不能抵免。通过这种税收抵免方式，极大地减轻了投资者海外投资的成本压力，提升了投资者对外投资的热情。当前，美国、英国、中国、瑞典等国都采取这种方式来促进投资。

2. 税收饶让

税收饶让（tax sparing）是指投资国与东道国双方以签订双边税收协定的方式，约定当本国投资者进行对外投资时，本国政府停止向投资者征税。税收饶让通常发生在发达国家与发展中国家之间的投资合作当中，发达国家往往通过税收饶让的方式，鼓励投资者前往发展中国家进行跨国投资。法国、荷兰等国除对投资者的海外投资所得给予税收饶让外，还对来自境外的营业利润采取相应的免税政策。

3. 延期纳税

延期纳税（tax deferral）是一种相较于上述两种纳税形式优惠力度较低的鼓励政策，具体是指本国投资者将在国外进行跨国投资时赚取的利润转移至国内时，可以在回国后进行缴纳税款。但是延期纳税只是延后缴纳税款的时间，并没有从实质上减免国际双重税收。

（二）优惠的金融政策

1. 资金支持

资金支持是指国家通过设立特别金融机构、拨付专项资金的方式，为投资者开拓国际投资市场提供海外贷款和资金支持。典型的有美国海外私人投资公司、法国开发署及英联投资有限公司。中国早期实行的对外投资政策是鼓励企业"走出去"，2006 年以后才慢慢转变为采取系统性资金的支持。

2. 股本融资

股本融资是企业对外投资的一种融资方式，一般指公司以发行股票（普通股或优先股）的方式筹措资金。

3. 贷款担保

进行国际融资担保是企业获取投资资金的前提，对外投资企业可以向本国特别金融机构申请贷款担保，借助后者为其提供担保服务。贷款担保的形式包括信用担保和物权担保两种。世界银行的多边投资担保机构作为国际性的投资担保机构，对由政治风险引起的损失提供有效担保，极大地促进了国外投资者对发展中国家的投资。

（三）信息、技术和人才援助政策

1. 信息服务

投资国与东道国的国情和国内投资政策一般存在很大差异，且投资者对东道国掌握的信息比较有限，往往在进行跨国投资时会遇到很多信息鸿沟。对此，投资国设有专门的政府行政部门、海外投资公司和学术研究机构来负责调查研究东道国的基本国情与投资政策，为企业和投资者进行海外投资提供有效的对外投资咨询报告与投资数据库，以及不定期为企业提供相应的海外投资咨询与培训服务。例如，商务部设有外国投资管理司专门负责对外投资相关业务，其发布的《对外投资合作国别（地区）指南》《中国对外投资合作发展报告》《中国外资统计公报》及《鼓励外商投资产业目录》都对中国对外投资发挥了重要的指导作用。此外，中国研究数据服务平台（Chinese Research Data Services Platform，CNRDS）和万德（Wind）经济数据库均为企业对外直接投资提供了较为全面的数据信息等。

投资者除了可以通过线上资源获取海外投资信息，还可以借助诸多线下活动加强对投资信息的了解。例如，参加有东道国投资代表团参与的交流会议、线下学术研讨会及国际投资博览会，如中国国际投资贸易洽谈会。

2. 技术和人才服务

为促进区域间和全球性的国际投资与交流，各国还设有提供相应技术和人才培训的政府服务部门，其提供服务的方式包括：为投资者的对外投资项目提供可行性研究支撑，以及技术人才培养的指导服务和技术咨询服务。例如，成立于 2006 年的中国国际投资促进会作为全国性的经贸投资促进平台，通过帮助中国企业了解更多投资信息和投资风险事项的方式，促进跨国投资者实现精准海外投资。

二、投资国的保护性政策法规

（一）海外投资保险制度的由来

海外投资保险制度是指出于投资保护目的，资本输出国对私人海外投资者的国际投资予以经济保护，并对可能遇到政治风险和其他特别风险的企业提供保险支撑。

该制度是在美国对欧洲实施马歇尔计划的背景下产生的，其始于援助计划中的投资保证方案，但是该方案在承包国家和承包范围上都有限，仅仅为欧洲国家提供外汇风险保障。20 世纪 50 年代，美国以投资代替出口的经济政策极大地提升了其在国际市场上的投资份额，将投资区域扩展到拉美、亚太等发展中国家和地区。投资增量的提升也使得美国对发展中国家的投资面临越来越多的政治风险。因此，1995 年起，以国内战争、政治内乱和非法征用为代表的政治风险也被纳入海外投资保险的范围当中。

在海外投资保险制度下，1971 年，美国海外私人投资公司得以创立。该公司是隶属于美国联邦政府的海外投资机构，它以美国政府的名誉和信用为担保，通过直接贷款和提供担保的方式，向从事海外投资经营业务的投资者提供投资保险服务。截至 2019 年，该公司已经向全球 160 多个市场经济国家和新兴经济体提供融资与担保服务。

（二）海外投资保险制度的主要内容

1. 保险机构

海外投资保险机构因涉及政府背书等信用担保问题，所以在对外承担投资风险时需要具备较强的政府主导性质。根据经营主体的不同，海外投资保险机构包括政府公司、政府机构及政府机构和政府公司混合经营三种模式。其中，政府公司模式是指保险机构在国家政府背书的情况下，独立开展金融保险业务并承担相应的经济风险。美国海外私人投资公司和加拿大出口发展公司均是采用这种模式。2001 年，随着中国加入 WTO，具有国有性质的中国出口信用保险公司（以下简称中国信保）应运而生，其作为中国四大政策性金融机构之一，通过向投资者提供投资保险、出口信用保险、资信评估等业务的方式，为中国企业对外贸易投资合作提供金融保险服务。

2. 被保险人

目前大多数国家的海外投资保险制度对被保险人的要求是采用"国籍加资本控制"的原则，即只有本国公民才能成为投资者，或者不属于本国公民，但该外国企业的实际控制权由本国掌握。例如，美国对合格投资者的要求为由美国公民实质拥有的公司，或者由美国人间接或直接控股 51%以上的外国公司和合伙企业。当前，中国采用的是"国籍原则"。

3. 投保范围

当前海外投资保险制度主要是为投资者在进行海外投资中遇到的政治风险进行承保，主要包括外汇风险、战争风险、财产征收风险及政府违约风险等。各国对政治风险的范围定义不一，中国信保基本上涵盖了以上政治风险。美国除了包括以上保险范围外，还包括营业中断险。而德国的投保范围仅限于外汇风险、财产征收风险及延迟支付风险。

4. 保险期限

鉴于海外投资项目的长周期属性，大多数国家的海外投资保险的保险期限也较长，一般是 15 年或更长的时间。中国信保对海外投资保险承保的期限规定，投资者可根据投资项目的建设和经营期限确定保险期限，且一般承保期限为 1 年到 15 年。德国的承保期限同样为 15 年，且对于项目周期较长的投资允许期满后再延长 5 年。相对于中德两国，美国对投资保险的承保期限较长，最长可达 20 年。

5. 保险金额与保险费

海外投资保险作为一种财产保险，区别于普通财产保险的足额保险，其采用不足额保险，即承保金额低于实际投资的资产金额，通常为投资者海外投资总额的 90%或 95%。例如，美国对保险担保的最高额度为投资总额的 90%，对于某些特定的股权投资，仅承保投资额的 50%到 70%。中国信保的海外投资保险的承保比例同样不超过投资总额的 95%。德国的承保比例通常为 80%到 90%。

6. 赔偿与救济

投资者寻求赔偿的方式往往有两种：向承保机构要求赔偿和寻求东道国政府的代位求偿。前者是投资者在面临投资赔偿时主要寻求索赔的方式，即当投资者面临保险合同约定的投资风险，保险机构按照合同约定向投资者做出赔偿。后者是指当保险事故是由东道国造成的情况下，承保机构对投保人进行先行赔付，而后承保机构获得投保人向东道国索赔的权利，并向其要求索赔。

三、投资国的管制性政策法规

（一）对外直接投资的流量与流向限制

当前，大部分国家都积极鼓励外商对本国进行投资，只有当基于特定经济和政治因素时才会对外商直接投资进行限制。经济因素主要是国家防止资本短期内大规模外逃冲击本国汇率稳定，进而加紧对国内资本的管控。例如，1965 年到 1974 年，美国经济萧条，国内生产下降，出口锐减，国际收支出现逆差，为了进一步防止国际收支恶化，加紧了对跨国公司对外投资的限制。政治因素往往是不同国家之间的意识形态对立导致投资国针对某一东道国发布投资禁令。例如，美国长期对古巴、伊朗、伊拉克等国进行海外投资限制。

（二）对高新技术的输出限制

二战后，国际竞争格局不断演化，作为美苏冷战格局的组成部分，美国、英国、法国等发达国家联合成立了巴黎统筹委员会（又称输出管制统筹委员会），通过建立联盟委员会的形式加紧了对社会主义国家战略物资和高新技术出口限制，包括军事武器装备、航空航天技术等尖端技术产品的禁售。冷战结束后，两极格局破裂，巴黎统筹委员会也面临解散的风险，但它所制定的禁运规则却保留了下来，并延续至今。20 世纪 70 年代，中美建立外交关系，中国对外关系的缓和使得欧洲共同体（欧盟的前身）国家放宽了对中国的技术出口管制，使得中国得以从西方国家进口一些先进的军民两用技术装备。

（三）对海外直接投资的外汇管制

外汇管制是指一国政府通过规定银行对外贷款限额、征收境外投资利息平衡税，以及加强对外投资部门或区域的限制，对投资领域的外汇交易进行限制的措施，以期达到平衡国际收支和维持本国货币汇率稳定的目的。

第三节　东道国的吸引外资规则管理

近年来，随着国际投资格局的深刻演变，除发达国家外，越来越多的发展中国家也加入吸引外商直接投资的队伍当中，以发挥促进本国经济增长、拉动市场消费和提升本国就业的积极作用。当前，鼓励性的政策法规、管制性的政策法规和保护性的政策法规构成了东道国吸引外资规则管理的主要内容。

一、东道国鼓励性的政策法规

为了吸引国外直接投资，大多数国家采用鼓励性的外商投资政策，具体可分为财政优惠政策、金融优惠政策和其他优惠政策三大类。

（一）财政优惠政策

大多数国家通常采用财政优惠政策来吸引对外直接投资。根据联合国贸易与发展会议的调查报告，全球 103 个国家只有 4 个国家没有采用财政优惠政策。财政优惠政策通过减轻外国投资者的税收负担得以实现，具体分为降低所得税税率、关税减让、退税、加速折旧等，其中各国普遍使用的财政优惠形式为降低所得税税率。此外，经济发展程度不同的国家对财政优惠政策的使用方式不同，欧美发达国家往往采用降低所得税税率和加速折旧的方式，而发展中国家通常使用免税期、关税减让和退税等手段吸引外商直接投资。

1. 降低所得税税率

长期以来，降低企业所得税税率成为全球主要经济体吸引外商直接投资所使用的最通用的手段之一。自 1980 年以来，世界各国的企业所得税税率呈现不断下降的趋势，2022 年全球企业平均所得税税率已降至 23.37%，其中 OECD 经济体相较于非 OECD 经济体的税率下降幅度更大。从国别的情况来看，以美国、德国为首的发达经济体企业税率的下降程度比中国、印度等发展中经济体高。

2. 免税期、关税减让和退税

发展中国家将免税期、关税减让和退税作为吸引外商直接投资的重要方法。免税期是指一国政府基于某一特定时期，通过免征投资者的部分（或者全部）所得税或其他税种的方式吸引外商直接投资。关税减让是指通过直接降低关税税率的形式实现跨国企业进出口商品的关税减让。退税是指对符合条件的进出口商品,给予税额一定比例的退让。例如,中国在加入 WTO 之前平均关税达到 43.2%的高位,而发达国家的关税平均为 6.3%。中国加入 WTO 之后,开始进行大幅度的关税税率改革,将农产品的平均关税税率降至 15%。

3. 加速折旧

折旧是跨国企业所需要负担的一项费用,且折旧额同企业所得税成反比关系,即折旧额越大,企业所扣除的税收就越少,企业税收负担就越轻。而加速折旧是一种通过使企业延期缴纳税款的方式促进对特定领域或行业投资,具体是指允许投资者在固定资产投资的前期提取更多的折旧,使得在固定资产规定的使用期限内尽早地获取折旧费和减免税款。二战期间,美国为鼓励和刺激军工企业的跨国生产,推行了这种固定资产加速折旧的办法,并在马歇尔计划、肯尼迪政府的经济复兴政策及里根政府的《经济复兴税法》中将这一办法进一步发展和沿用。

(二)金融优惠政策

从投融资角度给予外商投资者一定优惠政策是发达国家鼓励外商投资者对特定行业或领域进行投资的重要手段。通过向投资者提供贷款担保、补贴性融资、低息贷款、政府提供股权参与援助等金融措施吸引外商直接投资。例如,荷兰的国有投资银行规定,政府将为具有战略性作用的外资项目提供政府担保及一定比例的利息优惠。此外,还会通过提供研发基金、员工培训补贴等方式吸引重要产业的投资落地。

中国吸引外商直接投资的金融政策规定,中国通过提供各类市场融资工具的方式减少跨国企业在资金流上面临的阻碍,如提供主板、中小企业板、创业板及银行间市场的债务融资工具。对符合条件的外国投资企业通过股权融资、债权融资、资产证券化等方式给予贴息、奖补。

(三)其他优惠政策

1. 建立经济特区

经济特区是指一国政府为吸引跨国公司对本国进行直接投资,在具有经济与地理优势的区域采取试点性的经济政策措施和手段,如减免关税,以此来提供自由化、便利化的投资环境及建设国际化的外资服务管理体制。按照经济特区的职能划分,可分为出口加工区、自由贸易区、自由关税区、自由工业区、自由港等。截至 2019 年,在 147 个经济体中共有 4300 个经济特区,且近年来的经济特区呈现激增的发展态势。

不同经济发展程度的国家,对经济特区的职能要求具有差异。发达经济体往往对高新技术产业和服务经济的要求较高,因而基于高附加值产业和现代服务产业的经济特区较多。对于中等发达国家或欠发达经济体来说,推动基础设施建设、产业转型升级及全球价值链攀升是吸引外商投资的主要目的,因而,发展中国家的经济特区往往是吸引工业资本、促进全球价值链集聚的经济特区。

2. 放宽外汇管制

长期以来，发展中国家为防止外来资本对本国经济市场的冲击，对资本的进出有较为严格的管控。近年来，随着发展中国家对外来直接投资的态度有所转变，也逐渐放宽了对外汇进出的管制。例如，20 世纪 90 年代，印度对外汇兑换进行了严格控制。2006年后，随着经济的持续增长和外汇储备的持续增加，印度开始考虑放宽外汇管制，以促进外汇的自由流通。

3. 鼓励利润再投资

近年来，随着东道国吸引外资的形式不断丰富，鼓励外商投资者扩大在东道国的投资经营范围已经成为促进投资流量增加的一种重要方式。利润再投资是指投资企业从自身在东道国投资过程中赚取的利润中提取部分资金进行二次投资。符合条件的外商投资者，可以获得再投资退税的补贴优惠。例如，中国于 2018 年发布的《关于扩大境外投资者以分配利润直接投资暂不征收预提所得税政策适用范围的通知》指出，对境外投资者从中国境内居民企业分配的利润，用于境内直接投资暂不征收预提所得税政策的适用范围，由外商投资鼓励类项目扩大至所有非禁止外商投资的项目和领域。该优惠措施的发布有利于减轻投资者的税收负担，提高投资者的再投资热情。

二、东道国管制性的政策法规

有别于发达国家积极鼓励外商直接投资的态度，发展中国家往往对外商投资有较为严格的管制，主要体现在以下几个方面。

（一）对外国直接投资的审批

总体而言，发达国家往往实行开放平等的外商投资政策，除针对特定国家或涉及国家安全利益的敏感领域外，少有对跨国企业投资进行限制的法律文件和政策措施。例如，英国并没有以法律的形式对外资禁止进入的领域做出明文规定，但在国防、核能、金融领域对外商投资者均有限制。投资者在收购对英国具有重要经济影响力的公司时必须获得英国政府的批准，特别是对商业银行和保险公司进行投资并购时，必须获得金融行为监管局（Financial Conduct Authority，FCA）与审慎监管局（Prudential Regulation Authority，PRA）两机构的批准。

对于发展中国家而言，其具有在吸引外商投资过程中突出强调国家经济主权、保护本国经济市场的特征。近年来，中国政府不断减弱中央对外商投资的控制权，规定外商投资项目金额低于 10 亿美元的外商投资的审批下放至省级政府和主管部门，从过去的投资逐案审批到现在采取负面清单的形式，提升了中国对外国投资者的吸引力。

（二）对外国投资领域的管制

针对外国投资的市场准入方面，发达国家和发展中国家都采取了不同程度的管理限制措施。对发达国家来说，往往会对军事工业、国家基础设施、能源资源等触及国家主权领域的投资进行严格的管理把控。例如，美国针对农林牧渔业，采矿业，电力、热力生产和供应业，交通运输业等 9 个行业做出负面清单等规定；德国禁止外国投资者对铁路基础设施、邮电产业和广播通信等领域进行投资。

对于发展中国家而言，出于对本国民族工业的保护和基于对国家安全的担忧，其往往对市场准入方面的限制较发达国家要多。例如，根据印度的法律规定，外国投资者无法进入印度的军事工业、公用铁路、城市港口、航空运输、水电基础设施、彩票业等行业。近年来，中国对外商投资的市场限制不断放开，于 2016 年全国对外商企业实行"准入前国民待遇+负面清单"的管理模式，将制造业、服务业和农业等领域开发摆在重点位置。然而，相较于发达国家的市场准入规则，中国在制造业、教育、科学研究和技术服务业、批发零售业、卫生和社会工作等行业仍存在较为严格的准入限制。

（三）对外资股权比例的管制

发达国家和发展中国家对外资股权比例的限制有所不同。从近几年的趋势来看，发达国家对于外资股权比重的限制不断加强。例如，美国法律规定，外商投资者对于航空、铁路和航运公司的投资比重不得超过 25%。对于发展中国家，其出于保护本国资本市场的考虑，往往对外资的投资比重有较高的要求。例如，印度规定，外商投资者对电力行业、石化冶炼、养老金及保险、国防、基础设施、媒体广播、新闻电视台等行业的投资比重不得超过 45%。

（四）对外资投资期限的管制

许多发展中国家引入外国资本的考量之一是希望外资在本国经营一段时间后，完成对外国资本的国有化控制。因此，许多国家对外商直接投资的期限做出了一定限制。例如，智利对采矿业具有严格的限制，投资者对该领域的最高投资年限为 8 年。如若采矿投资项目涉及相关地质勘探工作，则需要外商投资委员会的审批和通过。此外，中国对外商投资者的合作经营模式也有一定规定，投资者对特定领域的投资需采用与中国企业进行合资经营的方式，合资经营的时间范围一般是 20 年到 30 年，特殊情况可延长至 50 年。

（五）对外资企业的用工管制

部分东道国为了提高本国就业率和培育本国技术人才，往往对于外资企业的用工标准方面做出了一定限制。例如，智利的劳工法明确规定，外籍雇员数量在股份制公司的占比不能超过 15%；在由外商投资者创办的工厂当中，外籍雇员在工程师、技术人员和普通工人中的占比不能超过 15%。

三、东道国保护性的政策法规

对外商投资者合法权益进行保护是使投资者在东道国长期持续经营的重要方式，吸引外商投资存量较大的国家往往对投资者合法权益保护有体系化的规定。从对投资者的保护内容上来看，主要包括投资者平等参与市场投资、维护投资者在东道国投资的既得利益、防止外资被非法征用或国有化收购及投资争端的解决机制等方面。

为深入扩大对外开放水平，提高外资吸引力，加强外商投资者的合法权益保护，2019年，《中华人民共和国外商投资法》颁布。该法案从投资促进、投资保护、投资管理及法律责任四个方面对外国直接投资的相关内容进行了界定，其中投资保护作为该法律内容的重要组成部分，从三个方面为跨国企业海外投资权益保护提供了有益指导。一是，对基本财产权益的保护。《中华人民共和国外商投资法》第五条规定：国家依法保护外国投资者在中国境内的投资、收益和其他合法权益。二是，政府部门应履行保护外商投资者的职责。《中华人民共和国外商投资法》第七条规定：国务院商务主管部门、投资主管部门按照职责分工，开展外商投资促进、保护和管理工作；国务院其他有关部门在各自职责范围内，负责外商投资促进、保护和管理的相关工作。三是，完善外国投资者争端解决机制。《中华人民共和国外商投资法》第二十六条规定：国家建立外商投资企业投诉工作机制，及时处理外商投资企业或者其投资者反映的问题，协调完善相关政策措施。

第四节　国际投资法律管理的发展趋势

随着经济全球化的不断推进和世界范围内的各方主体的深度参与，国际直接投资的发展重心和演变趋势呈现出新的特征，国际投资规则也衍生出新的发展趋势。

一、纵横交错的双边投资协定

国际投资协定自20世纪80年代开启以来，共经历了三个重要的发展阶段。

第一个阶段是20世纪80年代到90年代的起步期。这一时期的国际投资协定较少，主要以促进国与国之间的投资合作为主，国际投资的基本规则和框架也在这个时期搭建起来。

第二个阶段是20世纪90年代到2008年的蓬勃发展期。随着经济全球化的迅速演变，国际投资规模呈现爆发式的增长态势，当今主要的国际投资协定也是在这个时期签订的。投资国和东道国基于投资自由化的原则，制定了一系列促进、鼓励国际投资的规则和协定以提升吸引外资的能力。1996年，全球签订了200多个国际投资协定，其数量是1986年的20倍。

第三个阶段是从2008年至今的深度调整期。随着全球进入后国际金融危机时期，国际经济关系出现了新的变化，国际投资规则也呈现出新的发展特点。在经过了一段高速发展的阶段后，在数量上国际投资协定呈现边际递减的态势。在投资领域方面，国际投资协定也越来越多地涉及人工智能、数字经济及能源气候等新兴领域。

截至2022年1月，全球累计签署的国际投资协定达到3245个，生效协定有2582个；其中双边投资协定2825个，带有投资条款的条约有420个，生效数分别为2257个和325个。20世纪90年代后签署的国际双边投资协定大多是发展中国家与发达国家签署的，发达国家与发达国家签署的双边协定则较少。

从国际投资协定格局来看，双边投资协定极大地促进了跨国投资行为的产生。以中国为例，双边投资协定显著提升了中国企业的并购意愿，并提升了并购成功数量。这种投资促进效应在亚洲和非洲地区更为显著。

二、国际投资新规则的主要特征与趋势

（一）投资保护与东道国监管之间的博弈再平衡

国际投资的前期阶段，以开拓国际市场为目标的投资者面对东道国的保护和限制往往在国际投资中处于弱势地位。因此，早期的国际投资规则主要是以保护投资者为重点。随着经济全球化深入发展，国际投资规则的重点发生了转变，东道国开始强调要加强外商投资的监管和审查以保护自身国家的经济利益。因此，寻求对投资者的保护与东道国的监管审查之间的动态博弈成为当今国际投资规则的主要特征之一。

一方面，越来越多的国家以吸引外商直接投资为出发点，不断扩大市场准入，促进资本、人员、技术、信息等生产要素的自由流通，提升投资自由化便利化水平，营造公平、透明的国际化营商环境。另一方面，东道国为维护本国的经济利益，加大对外商直接投资的领域和方式的审查。

（二）劳工标准、环境保护、社会责任等成为重要规则

随着世界范围内的投资活动迅速增长，跨国投资行为也引发了国际社会的反思，如劳动者劳工权益保护不当引发的对人权问题的反思，工业投资过度开发引发的对于自然生态环境问题的反思，以及对跨国企业承担的社会责任等问题的反思。因此，从最新缔结的双边和区域投资协定来看，劳工标准、环境保护、社会责任越来越成为东道国政府重点关注的方向之一。例如，美国《双边投资协定 2012 年范本》将劳工和环境保护的问题上升到政府优先处理的事项当中。

（三）新增关于规范新科技和新兴行业投资行为的内容

伴随着第三次科技革命和数字经济的蓬勃发展，技术产业层面的变革也对全球范围内的投资规则提出了新的要求。一方面，强调要打破各国之间的信息数字壁垒，加强数据信息、人工智能、电子商务等高新技术的跨境自由流通；另一方面，数字经济和人工智能技术的过度应用导致了个人隐私数据泄露、知识产权受到侵犯及金融数字风险等问题，进而引发了东道国政府对人工智能应用、跨国科技并购等方面的政治投资审查。

在促进跨国科技投资方面，2018 年的《全面与进步跨太平洋伙伴关系协定》（Comprehensive and Progressive Agreement for Trans-Pacific Partnership，CPTPP）和《美墨加协定》（United States-Mexico-Canada Agreement，USMCA）中，都加入了促进信息数据跨境自由流动的条款，包括减少对电商市场准入、数据存储和处理的限制，允许数据跨境传输，限制政府要求披露源代码权限，放宽异地数据储存和数据跨境转移标准等。然而，跨国的科技应用还是受到了一定阻碍。例如，加拿大与欧盟签署的《全面经济贸易协定》（Comprehensive Economic and Trade Agreement，CETA）和美国《双边投资协定 2012 年范本》都禁止东道国要求投资者进行各类强制性或非强制性的技术转让。

（四）国际投资争端解决机制向多元分化

目前世界大部分国家公认的投资争端解决机制为基于《华盛顿公约》的 ICSID，然

而 ICSID 的本质特征决定了其重在保护发达国家海外投资者的既得利益，这使得其在协调发达国家与发展中国家的多边投资关系中具有一定局限性。例如，玻利维亚、厄瓜多尔、委内瑞拉等国家因不满 ICSID 做出的仲裁结果而退出该机制。

面对上述局面，双边投资国家和区域多边国家通过对现有国际仲裁机制进行改善或者在现有制度层面上进行投资争端机制创新等方式，寻求多元化的投资争端解决机制来处理投资者与东道国的投资争端问题。例如，对现有国际仲裁制度改善方面，CPTPP 在保留了原有的"一审终裁"制度的基础上，规定了成员国争端解决的时间表，详细列出了争端解决过程中的专家组程序和裁决时限，以提高争端解决效率。在解决机制创新方面，巴西的《合作与投资便利化协定》则创新性地绕开了争端仲裁程序，创设联合委员会作为争端事前预防机构，通过联合委员会在前期加强投资者与东道国的沟通交流，预防投资争端发生，并启动国对国的仲裁程序，友好、有序地解决投资分歧。

本 章 提 要

（1）从国际投资范围来看，国际投资规则主要由国内投资法和国际投资法组成。国际投资法相较于国内投资法涉及的主体、内容及程序更为复杂，主要包括国际投资审批机构和审查标准，鼓励性、保护性及管制性投资规范，国际投资争端解决机制等内容。

（2）国际投资法的历史渊源可以从与国际直接投资有关的国内法和国际法这两方面来梳理。国内法规范是指各个国家通过采取促进、保护和限制的立法形式对企业对外投资和吸引外商投资进行明确的法律规定。国际法规范是指双边国家和多边国家之间就指导和处理国际投资关系达成一致的法律规制。

（3）国际性投资条例对国际直接投资进行了解释和规范，其中《华盛顿公约》和《汉城公约》作为国际投资法的范本，为后续国际投资条例提供了重要的参考价值。

（4）投资国对外投资的政策法规主要由鼓励性政策法规、保护性政策法规和管制性政策法规这三个方面组成。

（5）随着经济全球化的不断推进和世界范围内的各方主体的深度参与，国际投资规则也衍生出新的发展趋势，包括投资保护与东道国监管之间的博弈再平衡，劳工标准、环境保护、社会责任等成为重要规则，新增关于规范新科技和新兴行业投资行为的内容，国际投资争端解决机制向多元分化。

思考与探索

投资者应该如何利用好海外投资保险制度？中国如何通过进一步缩减负面清单，实现高水平对外开放？

第六章　中国对外投资与利用外资

中国坚定不移扩大对外开放，对外投资和利用外资都取得了重要成果。虽然中国的对外直接投资起步较晚，但在进入 21 世纪后高速发展。中国对外投资发展主要经历五个阶段：初步探索阶段、加速发展阶段、调整发展阶段、高速发展阶段和稳步发展阶段。现阶段，越来越多的中国企业通过跨国投资拓展市场规模，中国已经成为全球主要的对外投资大国。

中国引进和利用外资，是新中国经济快速发展的重要途径。从政策导向和投资流量看，中国利用外资的发展历程主要经历探索起步阶段、高速增长阶段、高质发展阶段、全面开放阶段。近年来，中国引资规模稳定增长，一直位列发展中国家首位。2021 年，实际使用外资额进一步增长，达到 1.15 万亿元人民币，居世界第二，相较于 2012 年，增长了 62.9%[①]。

在中国加快构建开放型经济新体制的背景下，不断推进中国企业对外投资和利用外资意义重大。了解和分析中国对外投资和利用外资的状况，有助于政府及企业针对中国对外投资和利用外资中存在的问题，设计好政策引导和制度创新路径，切实提升中国全方位对外投资和利用外资的水平与质量，实现中国资本、中国市场与外国资本、外国市场的互融共生。本章将系统介绍中国对外投资不同发展阶段的特征，在此基础上总结中国对外投资和利用外资的状况。

第一节　中国对外投资发展阶段

通过实施"走出去"战略，中国推动了对外投资的迅速发展。改革开放的时代背景给中国对外投资发展提供了珍贵的历史机遇和坚实的制度基础，中国对外投资的稳健发展也进一步推动了国内国际经济的接轨，中国对外投资成为贯通国内国外经济要素流通的重要纽带。随着改革开放不断深化，中国对外直接投资经历了从无到有再到大的过程。特别是进入 21 世纪后，在中国的综合国力大幅度提升的背景下，中国对外直接投资既注重发展速度的稳步提升，也注重投资领域的多元化和全面化。除此之外，对外投资的地理范围也逐步覆盖全球多个国家和地区。经过 40 多年的稳步发展和不断探索，中国已成为全球最主要的对外直接投资输出国之一，对外投资规模不断扩大，投资水平稳步提升。图 6-1 中展示了中国自改革开放以来的对外直接投资流量的发展变化概况。根据中国对外直接投资流量发展速度和发展趋势的变化特征，中国对外直接投资大致分为五个发展阶段，分别是初步探索阶段、加速发展阶段、调整发展阶段、高速发展阶段和稳步发展阶段。

---

① 数据来源：《中国统计年鉴》。

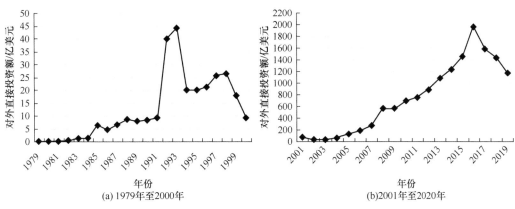

图 6-1　改革开放以来中国对外直接投资流量

资料来源：联合国贸易与发展会议数据库

一、初步探索阶段（1979—1985 年）

1979 年，即改革开放政策实施的第二年，国务院正式提出"出国办企业"，由此开启了中国对外投资的初步探索之路。此时的中国对外投资规模较小，对外投资管理制度初见雏形。1979—1983 年，中国的对外直接投资流量体量较小，估算年均少于 1 亿美元。从 1984 年起，中国对外直接投资发展速度有较为显著的提高，对外直接投资流量同比提升 44%，1985 年更是达到了 6.29 亿美元，对外投资额是 1984 年的 4 倍多，对外投资存量累计达到 9 亿美元。这一时期，中国对外投资领域主要集中在建筑工程承包、加工生产、咨询和服务业及资源开发四个传统产业，而在少部分要求高技术水平的投资领域，中国的投资仍然不足。不过，中国对外投资审批管理制度在这一时期的对外投资探索中初具雏形。

二、加速发展阶段（1986—1992 年）

在经历了对外投资的初步探索阶段后，中国对外投资在 1986—1991 年基本实现了对外投资规范化管理，推动对外投资加快发展，并迎来一次增长的飞跃，对外投资领域也在逐步扩大。在对外投资加速发展阶段，不仅有国家外汇管理局的相关政策支持，而且中国对外投资的审批也从个案审批向规范化审批发展，因此中国对外投资管理日趋成熟和规范，促进了对外投资的发展。1986—1991 年，中国对外投资呈现稳步增长，1992年随着改革开放的不断深化，对外投资流量大幅增加，流量额增至 40 亿美元的历史高位，对外投资存量更是超过了 93 亿美元。此外，中国对外投资的领域也在不断扩大，中国对外投资的身影越来越多地出现在制造加工、资源开发和交通运输等领域。

三、调整发展阶段（1993—2000 年）

自 1993 年至中国加入 WTO 前这一阶段，中国对外投资进入发展的调整阶段。在这一时期，中国对外投资拥有了专门的统计测算体系，汇率改革也如火如荼地进行，贸易内部结算价与官方牌价并存的双重汇率体制开始实施。当时，人民币汇率一直处于贬值状态，而这导致了企业海外购买力的降低。由此，中国经济结构开始进行调整，具体表现在财政政策的进一步紧缩，对外投资审批也更为严格，这导致了中国对外直接投资额在这一阶段出现了明显的下滑，在此之后，对外投资的战略思路得到进一步的梳理和调整。2000 年，随着中国政府将"走出去"战略正式提升到"关系中国发展全局和前途的重大战略之举"的高度，中国对外投资发展也随之被提升到了国家发展战略的高度。为引导和支持有比较优势的企业积极开拓国际市场，政府在金融、外汇、财税、保险等方面出台了鼓励性的政策，为中国企业对外投资营造了较好的制度环境。

四、高速发展阶段（2001—2016 年）

2001—2016 年，中国的对外开放规模不断扩大，对外直接投资发展迅猛。2001 年是中国发展开放型经济的重要一年，这一年中国不仅加入了 WTO，还将"走出去"战略写入了"十五"计划中。加入 WTO 后，中国外部市场覆盖效果明显，"走出去"战略使得中国对外开放的水平大幅提高，其对外投资流量从 2000 年的 10 亿美元骤增至 2001 年的 69 亿美元就是最直接明确的证据；"走出去"的战略思想和方针开始被不断深化，对外投资也成了中国开放型经济的三大支柱之一。2005 年，人民币汇率机制进行全面改革，以市场供需机制为基础逻辑的转变升级路径开始付诸实践。由中国人民银行主导和管理的浮动的、参考一篮子货币的汇率制度开始进入市场，成为中国对外投资发展迈上更高台阶的催化剂。同时，随着双边投资协定签署数量的稳步增多，国际投资规则秩序更加成熟，中国对外投资发展速度再次提升。

中国对外直接投资规模持续增长，涉足区域和产业不断增多，管理逐步得到优化。在这对外投资的高速发展阶段，中国的对外直接投资在流量和存量上的体量迅速扩大。2001—2016 年，中国对外直接投资流量从 69 亿美元迅猛增长至 1961 亿美元的历史新高，其间中国对外直接投资流量增长了 27.4 倍。中国对外投资存量在这高速发展的 16 年增长了 49 倍，从 272 亿美元累积到 1.36 万亿美元，2016 年中国对外投资存量全球排名跃升到第 6 位。2015 年，中国已跃升为世界第二大对外投资国，对外投资遍布全球多个国家和地区，涵盖国民经济所有行业类别，其中，高科技产业和制造业成为吸纳中国对外投资主要资金的代表性行业。截至 2016 年底，占全球八成以上的 190 个国家和地区都出现了中国对外投资企业的身影。特别是 2013 年提出的"一带一路"倡议推动了对外投资浪潮，为更好接轨世界经济发展奠定了政策性基础。截至 2019 年末，中国对"一带一路"共建国家的直接投资存量为 1794.7 亿美元，占中国对外直接投资存量的 8.2%。

五、稳步发展阶段（2017 年以后）

在前期的中国对外投资高速发展阶段仍有需要改进的地方，房地产业和娱乐业等产业的对外直接投资出现了一些不理性行为。鉴于此，2016 年底有关部门通过出台相关政策解决对外投资高速发展中产生的问题。得益于政策的引导作用，非金融类对外直接投资流量从 2017 年开始稳步下降，2017 年为 1200.8 亿美元，同比下降 29.4%；2019 年为 1169.6 亿美元，与 2017 年相比之下降了 2.6%。中国对外直接投资的领域日趋多元化。2019 年，74.2% 的中国对外直接投资主要流向四大行业，分别是租赁和商务服务业、制造业、批发和零售业、金融业。值得注意的是，近八成投资存量主要分布在租赁和商务服务业、批发和零售业、金融业、信息传输/软件和信息技术服务业等细分领域。2017
年以来，中国对外直接投资渐趋理性，对外投资产业结构逐步优化。

第二节　中国利用外资发展阶段

中国利用外资发展先后经历了探索起步阶段、高速增长阶段、高质发展阶段和全面
开放阶段，利用外资的规模和质量稳步上升，在为新中国的建设提供资金支持的同时，
也获取了外资的技术和管理经验溢出，极大地促进了中国经济的增长。

从利用外资的规模看，改革开放后中国正式进入利用外资的稳步发展通道。1983 年
中国实际利用外资 22.61 亿美元，1992 年邓小平同志南方谈话后，对外开放力度不断加
大，自 1993 年以来中国利用外资规模持续稳居发展中国家之首。图 6-2 为改革开放以来
中国实际利用外资情况，整体保持稳步增长态势。2021 年，中国实际利用外资达到 1734.8
亿美元，连续五年成为全球继美国后的第二大吸引外商投资国。

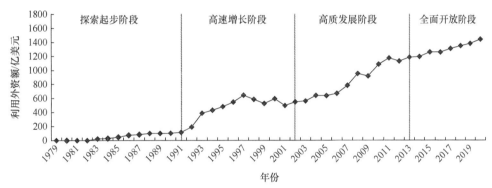

图 6-2　1979—2020 年中国实际利用外资额
资料来源：国家统计局、商务部

从发展阶段看，中国为更好地融入全球经贸体系，持续推进对外开放水平，不断调整
利用外资的政策和法规。国内的营商环境便利化和自由化程度逐步提升，中国利用外资进
入黄金发展期。改革开放至今，中国利用外资的发展历程大致可以分为以下四个阶段。

一、探索起步阶段（1979—1991 年）

1978 年党的十一届三中全会以后，中国突破思想和体制障碍，抓住了全球化的发展
机遇，由原来的排斥外资向加快利用外资转变。中国在这一阶段利用外资的主要特征表
现为以"试办经济特区和开放沿海城市"的方式"摸着石头过河"。

为解决国内建设资金不足问题，1979 年中国决定在深圳、珠海、汕头和厦门试办经
济特区，从财政税收、外汇管理和行政管理等方面给予外资企业充足的优惠政策与灵活
措施，建立了中国利用外资的第一批窗口。为加快吸收外资，1984 年开始，中国进一步
开放包括上海、大连、烟台、天津、青岛、温州、福州、广州、湛江、北海等在内的 14
个沿海港口城市。1985 年、1988 年和 1990 年相继开放了长三角及珠三角等沿海经济开

放区、海南经济特区和上海浦东经济技术开发区。为不断改善营商环境，1986 年国务院颁布了《关于鼓励外商投资的规定》。

该阶段，中国利用外资的格局逐步形成了由经济特区的点状结构过渡到沿海城市经济开放带的线状结构，利用外资规模逐步增加、利用外资来源地范围逐步扩大。从利用外资规模看，1979—1991 年，中国累计利用外资 811.56 亿美元，主要集中于交通、通信、原材料和能源领域。

总体而言，这一阶段中国利用外资仍处于探索期，外商投资额增长相对缓慢。

二、高速增长阶段（1992—2001 年）

1992 年，继邓小平南方谈话后，中国共产党第十四次全国代表大会提出建设社会主义市场经济，中国对外开放进入了一个新的历史阶段，中国利用外资的发展也从探索起步转到高速增长阶段。1998 年，国务院发布《关于进一步扩大对外开放、提高利用外资水平的若干意见》，在分析面临的国内外新形势的基础上，提出加速推进利用外资。这一阶段中国利用外资的主要特征表现为利用外资的规模快速提升、利用外资的领域逐步放宽、接收外商投资的区域全方位延伸。

一是利用外资的规模快速提升。1992 年，中国接收外商直接投资额 110.1 亿美元，首次突破百亿美元。2001 年，实际利用外资总额达 496.72 亿美元。1992 年到 2001 年累计利用外资 5386.38 亿美元，年平均增长率约为 15%。[①]二是利用外资的领域逐步放宽。1995 年，国家发布《外商投资产业指导目录》，对外商投资项目进行分类指导，将其按投资类目和行业开放程度划分为"鼓励""允许""限制""禁止"四类，进一步明确投资准入门槛，外商投资领域从出口加工业拓宽到高新技术产业、现代服务业等产业。三是接收外商投资的区域全方位延伸。2000 年，国务院针对中西部地区发布了《关于实施西部大开发若干政策措施的通知》，享受利用外资优惠政策的地区逐渐向内地延伸，包括边境内陆城市和中西部地区。

整体上，这一时期中国利用外资实现了规模和数量上的高速发展。

三、高质发展阶段（2002—2012 年）

2001 年，随着中国加入 WTO，中国吸收外资规模达到了一个新的高度，并逐步由追求规模的高速发展转变为追求高质量和高效率发展。到 2010 年，中国利用外资已突破千亿美元大关。该阶段中国利用外资的主要特点表现为量质齐升，引资领域加速放宽、外资政策体系不断完善。

一是引资领域加速放宽。中国向外商投资开放的领域由原来的制造业逐步扩大到服务业，并有序开放垄断行业和高科技领域。2002—2007 年，中国多次修订《外商投资产业指导目录》，鼓励外资积极投资高新技术产业，逐步向外资开放民用卫星火箭、铁路等敏感行业，并逐步扩大开放电信、金融、交通和旅游等众多服务业的投资领域。二是外资政策体系不断完善。2008 年，中国重新调整外资企业税率，实行内外资统一税制。

---

① 数据来源：国家统计局。

企业所得税税率由原来的内资企业 33%、外资企业 17%，统一调整为新税率 25%。2012
年，国家发展改革委发布《"十二五"利用外资和境外投资规划》，关注利用外资的质
量，积极引导外资投向节能环保产业和新能源领域。

这一阶段，中国注重促进"引进来"与"走出去"政策相协调，吸收外资的质量进
一步提高，利用外资增长达到新一轮高峰。

四、全面开放阶段（2013 年以后）

2013 年以来，中国国际投资政策逐步与国际接轨，对标国际先进经验和制度，在外
资准入上开始探索负面清单管理模式，中国利用外资进入全面开放阶段。2014 年，中国
利用外资的规模超过千亿美元，达到 1197.05 亿美元①，首次超过美国，成为全球外商直
接投资流入最多的国家。为更大力度推动高水平对外开放和更加有效吸引与利用外资，
外商投资准入负面清单不断压减，重点领域准入门槛不断放宽。

一是负面清单管理模式不断深化。党的十八届三中全会中做出的《关于全面深化改
革若干重大问题的决定》，明确了外资市场准入制度实行负面清单，并以上海自贸区为
试点，公布了外商投资负面清单，规定各类境外市场主体可以平等进入负面清单以外的
投资领域。随后，党的十九大报告明确提出"大幅放宽市场准入"，并于 2018 年开始在
全国推行外商投资负面清单制度，加大对外资开放制造业、服务业等多个领域，中国利
用外资全面发展取得重要突破。2021 年国家发展改革委发布《外商投资准入特别管理措
施（负面清单）（2021 年版）》（以下简称《特别措施》），规定除了《特别措施》外，
境内外投资者统一使用动态调整的《市场准入负面清单》，标志着中国市场准入制度已
与国际高度接轨。二是外资立法和制度安排逐步完善。2019 年，第十三届全国人大二次
会议通过并颁布了《中华人民共和国外商投资法》，这是中国关于外商投资的第一部全
面系统的法律，成为中国利用外资的基本制度保障。2021 年，商务部印发《"十四五"
利用外资发展规划》，从利用外资的指导思想、发展目标和重点领域等方面做出了明确
的规划与安排。

随着中国推动更高水平对外开放策略的实施，中国利用外资将向全方位、多层次、
宽领域的新格局迈进，进一步支撑中国经济高质量发展。

第三节　中国对外投资和利用外资状况

在国内政府和国外主要投资目的地国家加强投资监管的背景下，自 2017 年起中国对
外投资表现出明显下滑趋势，区域分布较为集中，但对外直接投资所覆盖的行业分布日
益广泛，中国对外投资的战略思路更加科学合理，整体对外投资发展渐趋理性化。同时，
在全球投资市场低迷势头不减、贸易保护主义抬头、逆全球化趋势加强的不利形势下，
中国在防范化解外部风险的同时，继续坚持对外开放的持续扩大，有条不紊地实施高水
平的投资自由化、便利化政策，外商投资环境得到进一步优化，准入前国民待遇加负面

---

① 数据来源：国家统计局。

清单管理制度得以全面实施，外商投资准入门槛科学合理地大幅放宽，外商投资企业合法权益的保护力度也有所加大。由此，中国利用外资份额稳健增长，结构持续优化，投资来源地也不断增多。

一、中国对外投资状况

中国对外投资呈现出整体对外投资发展理性化，对外投资区域分布集中化和对外投资领域多元化的特点。

（一）整体对外投资发展理性化

近年来，中国政府和部分投资东道国加强对外投资监管，中国对外投资过热的情绪得到降温，2017 年至 2019 年对外投资流量有所收缩，对外投资逐渐向理性转型（表 6-1）。从国内层面来看，中国政府不断总结经验教训，实事求是、因地制宜地提出并不断深化"备案为主、核准为辅"的境外投资管理制度改革。在加强顶层设计的同时，不忘职能部门之间的联合协作，组织和创新了多部门协同合作的行政模式，引导多部门针对非理性投资甚至是异常投资频发的问题，以多主体共治的协作优势联合出台了多项监管措施。诸如《企业境外投资管理办法》《关于进一步引导和规范境外投资方向的指导意见》等一系列措施的出台，加大了针对对外投资的真实性和合规性的审查力度，加大限制资本外流力度，在促进企业对外投资便利化的同时，又遏制了一些非理性因素和投机行为，减少了对外投资的风险，投资区域分布逐渐均衡，投资产业结构持续优化，促进了中国对外投资长远健康发展。

表 6-1　2017—2019 年中国对外投资流量情况

年份	流量/亿美元	增长率	流量的全球排名	存量/亿美元	存量的全球排名
2017	1 582.9	−19.3%	3	18 090.4	2
2018	1 430.4	−9.6%	2	19 822.7	3
2019	1 369.1	−4.3%	2	21 988.8	3

资料来源：根据 2017 年至 2019 年度《中国对外直接投资统计公报》整理

从国际层面来看，欧美等发达国家对于外资进驻的审查机制愈发严苛。美国是承接中国资本流入的主要投资国之一，其对于中国资本投资的警惕性也与日俱增，尤其是特朗普上台后，该特征越发凸显。2017 年 5 月，美国政府发布《美国情报界全球威胁评估报告》，该报告中关于"威胁评估"规则的调整值得关注。随后，许多主要发达经济体均在立法层面强化了对国际直接投资的审查力度，其共同点是出台的外资审查条例针对性更强，也更加严格。2018 年，美国出台的《外国投资风险评估现代化法案》正式生效，该项法案赋予了美国外国投资委员会（The Committee on Foreign Investment in the United States，CFIUS）更为广泛的外资审查权限，这意味着对在美投资的外商的经济活动实行更为严格的监督管控。日本和欧盟部分成员国等也紧随美国之后，陆续制定或更新外商投资审查标准，部分国家以"国家安全"为由提高了外资准入门槛，对于高新技术行业等信息时代关键行业的外商投资采取了更加谨慎的态度和立场。随着全球投资审查规则的日益严格，全球直接投资流量也随之大幅下降。同时，全球投资环境的不确定性抑制了中国对外投资的活跃和积极性，推动中国开始重新冷静思考更加理性科学的对外投资发展路径和战略。

（二）对外投资区域分布集中化

亚洲地区成为中国对外投资的主要集中地。在 2017 年投资流量连续三年下降的情况下，中国对亚洲地区的投资比例仍呈上升趋势，2019 年占比高达到 80.9%。高度集中的投资区域分布说明中国对亚洲的投资具有较高的韧性，也反映了中国对外投资呈现区域不平衡现象。因为欧洲、北美、拉美地区之间有替代关系，所以中国在欧美地区的投资波动较为显著。这种关系主要由于 2016 年美国大选期间出现经济治理真空期的影响，以及这些地区的特定领域对中国投资者而言具有可替代性。例如，对高科技制造业领域的投资者而言，美国和西欧在一定程度上具有可替代性，而在租赁和商务服务业方面，拉丁美洲和欧洲又存在一定的替代性。此外，近年来，"一带一路"成为中国不断加大对外投资的主要平台和载体，"一带一路"共建国家成为中国资本"出海"的青睐之地。2017—2019 年，中国对共建"一带一路"国家投资比例超过 10%，分别为 12.7%、12.5%和 13.7%。截至 2019 年末，中国企业在共建"一带一路"国家设立企业近 1.1 万家，占同期总量的 13.7%，创历史新高，主要分布于东盟各国、阿拉伯联合酋长国（以下简称阿联酋）和哈萨克斯坦等国家。

（三）对外投资领域多元化

中国对外直接投资的行业分布范围和覆盖领域多元化水平日益提升。2017 年后，国民经济的所有行业大类几乎都被囊括在中国对外投资范围之内，租赁和商务服务业、制造业、批发和零售业、金融业、房地产业这五大行业成为中国对外直接投资资本主要流通行业。2018 年至 2019 年，租赁和商务服务业、制造业、批发和零售业、金融业这四大行业深受中国资本的青睐，四大行业的平均投资流量在 2018 年和 2019 年连续两年保持超百亿美元规模，且一度呈现超 200 亿美元的趋势。在中国对外投资行业门类中，这四大行业占据绝对主导地位，但其走势不一，各有特点。其中，租赁和商务服务业在 2017—2019 年连续三年下降；制造业在 2018 年急剧下降后于 2019 年有所回升；批发和零售业同样在 2018 年急剧下降，但在 2019 年快速回升，增长幅度大；金融业则在 2019 年开始收缩。这种波动现象，更多地体现出各行业的市场调节机制根据国际形势自动调整的结果，也体现出中国对外投资开始更多地遵循市场规律，逐渐回归理性。而中国对"一带一路"共建国家投资项目以实体经济和基础设施类为主，主要投资于制造业、批发和零售业、建筑业等传统领域，对这三大领域的投资占比在 2019 年都超过了 10%。

二、中国利用外资状况

中国利用外资呈现出利用外资规模稳定增长，吸收外资产业结构持续优化及投资来源地数量和金额持续提高三大特点。

（一）利用外资规模稳定增长

中国利用外资规模稳步逆势增长，外资外贸项目合作开展顺利。2019年全球跨国投资同比下降 1%，已连续四年呈下降趋势。在全球经济增长持续放缓，跨国投资整体低迷的世界趋势下，中国利用外资规模稳步逆势增长，在 2017 年至 2019 年，中国利用外资规模逐年提高，在 2019 年实际利用外资规模达到 9415 亿元，在世界外资流入国排名中位居全球第二。2019 年外商在华新设投资企业 4.1 万家，累计设立外资企业已突破 100 万家，说明中国对外资拥有强大的吸引力。近年来，外资大项目也加快在中国落地，2019 年有 834 个 1 亿美元以上外资项目在中国启动运行，其中包括"落户"上海的特斯拉超级工厂、"定居"合肥的康明斯发动机项目、"扎根"湛江的德国巴斯夫项目及"安家"于宁波的瑞士英力士化工项目等，外资项目数量也同比增长了 15.8%。利用外资规模的稳定增长离不开国内相关职能部门的大力支持，持续优化的外资营商环境即诸多措施生效的有力证明。此外，连续发布并实施的新外商投资法、国务院稳外资 20 条、新版外资准入负面清单等一系列法规政策"组合拳"有力稳定了外商投资的预期，增强了投资者信心。

（二）吸收外资产业结构持续优化

外商对中国高技术产业投资热情不减，高技术产业利用外资规模量质齐升。2019 年，中国第一产业实际使用外资金额占比为 0.3%，第二产业占比为 29.9%，第三产业占比为 69.8%，其中，第三产业实际利用外资金额同比增长 10.3%，占比较上年提高 5.2%。第三产业中值得关注的是高技术产业，高技术产业成为促进外资增长、优化外资结构的重要锚点。在 2019 年，高技术产业利用外资总额为 2660 亿元，同比增长 25.6%，占比升至 28.3%，利用外资含金量持续提高。其中，高技术制造业整体实际利用外资增长迅猛，同比增速达 5.7%。从高技术制造业细分行业层面来看，医药制造业和电子及通信设备制造业的实际利用外资同比增速分别达 43.9% 和 10.6%。在高技术服务业方面，高技术服务业整体实际利用外资同比增长 43.4%，从高技术服务业细分行业来看，信息服务、研发与设计、科技成果转化服务业实际利用外资增幅明显。随着中国进一步缩减负面清单，服务业等市场准入门槛逐步降低，高技术产业等领域日益成为重大外资项目所青睐的主要行业。总体来看，在华外商投资的产业结构持续优化，高技术服务业领域成为外资投资的热门之选。

（三）投资来源地数量和金额持续提高

中国与投资来源国和地区的投资合作不断深入，营商环境优化和市场准入扩大，增强了对外商的投资吸引力，中国外资朋友圈不断增大。2019 年，在华投资的来源地国家和地区数量保持了稳中增长的态势，比 2018 年增加 5 个，存量总数达到 179 个。2019 年，外来实际投资额总计 1336.3 亿美元，较上年增长 2.9%，排名前 15 位的国家（地区）投资额占总投资额的 96.8%。值得注意的是，"一带一路"共建国家对华直接投资金额达 576 亿元，同比增长 36.0%，占外来实际投资额的四成以上。2019 年，对华直接投资新设立企业 5591 家，同比增速达 24.8%。在区域性组织方面，东盟和欧盟都是对华投资的重要地区。东盟成员国对华投资增长了 40.1%，其中，泰国对华投资翻番，同比增速达 140.6%，次之的是新加坡，投资增速达 51.1%；欧盟成员国中的爱尔兰、瑞典和荷兰对华投资同比分别增长 311.4%、141.3%和 43.1%。近年来，中国通过建设自由贸易区，签订了双边投资保护协定，同时，建立了双边和多边的联委会机制，对深化双边、多边和区域经贸合作，完善战略经济对话机制做出了重要贡献，也由此形成了中国对外投资和吸引外资的良性循环机制。

本 章 提 要

（1）根据投资增长情况，中国对外投资发展主要分为五个阶段：初步探索阶段（1979—1985 年）、加速发展阶段（1986—1992 年）、调整发展阶段（1993—2000 年）、高速发展阶段（2001—2016 年）和稳步发展阶段（2017 年以后）。

（2）根据外资发展特征，中国利用外资发展主要分为探索起步阶段（1979—1991 年）、高速增长阶段（1992—2001 年）、高质发展阶段（2002—2012 年）、全面开放阶段（2013年以后）。

（3）目前，中国对外投资呈现出整体对外投资发展理性化，对外投资区域分布集中化和对外投资领域多元化的特点；中国利用外资呈现出利用外资规模稳定增长，吸收外资产业结构持续优化，投资来源地数量和金额持续提高的特点。

思考与探索

对比中国对外投资和利用外资发展历程，能否发现中国双向投资关系？

第二篇
"一带一路"倡议篇

第七章 "一带一路"倡议概述

"一带一路"倡议是中国实行全方位对外开放、构建新战略格局的重大举措，也是构建人类命运共同体的重要平台。"一带一路"倡议 2013 年被提出，2015 年完成顶层规划，2016 年进入全面落实阶段，各方面工作取得了显著成效，在国际社会形成了共建"一带一路"的良好氛围。中国与"一带一路"共建国家的贸易和投资合作不断扩大，基础设施互联互通建设加快推进，形成了互利共赢的良好局面。通过共建"一带一路"，中国国内各区域开放水平不断提高，对外开放领域不断拓展，中国企业在"一带一路"共建国家的投资和产业合作有序推进。了解"一带一路"的发展历程和国内国际环境，有助于更好地把握"一带一路"的基本内涵。本章将从历史背景、发展历程、基本内涵、合作机制等方面对"一带一路"进行解读。

第一节 "一带一路"倡议提出的历史背景

"一带一路"是中国于 2013 年提出并主导的合作倡议。它以中国为起点，包括由亚洲中部、亚洲西部、印度洋沿岸、地中海沿岸、南美洲、大西洋地区等重要节点地区组成的丝绸之路经济带和 21 世纪海上丝绸之路，简称"一带一路"。其依托历史"丝绸之路"延续的经济、政治、文化脉络，在现有的多边合作框架的基础上，不断推动与"一带一路"共建国家在基础设施、交通枢纽、贸易投资等方面的互联互通合作，为全球国际合作提供新的发展理念和发展路径。

一、"一带一路"倡议的由来

2100 多年前，张骞奉命于汉武帝，从长安（今陕西西安）出发，两次出使西域，将古代中国盛产的瓷器、丝绸、香料等商品销往亚洲中部和地中海地区，并从西域等国引入石榴、汗血马、葡萄、胡麻等当地产品。通过这种商业贸易往来的方式，东西方之间的政治、文化日益密切，并开辟了一条连接亚欧、贯穿东西的陆上通道，19 世纪 70 年代，德国地理学家李希霍芬首次将这条商路命名为"丝绸之路"。与此同时，最早在汉朝开始，古代商人为打破山路地形对内外往来的障碍，开辟了一条以中国福建省泉州市为起点，途经中国东南地区、印度、亚洲西部地区的海上商贸通道，并于明朝郑和下西洋时期将这种航海贸易方式发展到顶峰。通过开辟亚欧大陆的海上、陆上双向贸易通道的方式，极大地打破了东西方政治经济文化等方面的闭塞通道，有力地推动了东西方国家之间的文明交流。

2013 年 9 月，中国国家主席习近平出访哈萨克斯坦，并提出了共建丝绸之路经济带的伟大愿景。同年 10 月，习近平出访东南亚国家，并在印度尼西亚（以下简称印尼）的国会演讲时提出了构建 21 世纪海上丝绸之路的战略蓝图。两者共同构成了"一带一路"的基本框架。"一带一路"是促进合作发展的重大倡议，其立足于区域合作平台，基于中国与其他国家合作的双多边机制，旨在重新激发古丝绸之路的新活力，加强亚欧非国家的政治、经济与文化联系，努力推动"一带一路"共建国家在平等互利的基础上，合作构建更加完善高效的基础设施网络，织就高质量高标准的区域贸易和投资网络，深化东西方政治人文交流层级。

二、"一带一路"倡议提出的国际环境

当今国际环境正在迈入深刻演变的发展阶段，经济全球化不断发生逆转，国际贸易和国际投资持续低迷，全球产业链供应链连接有待加强，各国经济发展势头减弱，"一带一路"倡议构想正是在这样的背景下被提出的。

（一）全球经济格局发生新改变

自 2008 年全球金融危机爆发以来，国际秩序正发生重大变革：新兴经济体的国际地位不断提高，参与全球经济治理的影响力逐步增加。此时，中国作为新兴市场国家的代表，逐渐走向世界舞台中央。在国际贸易领域，中国与亚洲、非洲、欧洲、美洲、大洋洲都建立了经济合作，并且连年成为 100 多个国家和地区最大贸易伙伴。[①]在此时代背景下，中国更需要通过全方位的对外开放战略来进一步融入全球分工体系。而"一带一路"就是中国全方位对外开放战略的重要依托，是中国与多个发展中国家建立经济交流与合作关系、形成密切经济联系的利益纽带，这将为全球经济发展持续注入动能和活力，并帮助中国提高在世界经济新格局中的地位。

（二）全球区域经济一体化呈现新动向

自从 2008 年全球金融危机爆发后，全球区域经济一体化发展态势不断演变，以美国为代表的发达国家掀起了《跨太平洋伙伴关系协定》和《跨大西洋贸易与投资伙伴协议》等高水平的区域贸易协定新浪潮。但是以亚洲和欧洲中东部地区国家为代表的新兴经济体或发展中国家，它们虽然也渴望加入区域经济合作中从而激活自身的经济发展动力，提高自身的经济水平，但由于自身存在着发展水平不高的问题，基本难以加入这些高水平的区域经济合作当中。在此发展背景下，习近平提出了"一带一路"倡议，以中国扩大对外开放为时代契机，在助力本国经济发展的同时，共享中国改革开放的胜利果实，与"一带一路"共建国家建立互利共赢、共同发展的经济关系，搭建新型的区域经济合作平台。

---

① 数据来源：《中国是 120 多个国家和地区的最大贸易伙伴，进口占全球比重约为 11%；扩大进口，中国热情依旧》，人民日报海外版，2020 年 4 月 7 日。

第二节 "一带一路"倡议的发展历程

自 2013 年首次提出以来,"一带一路"建设从无到有,2015 年中国政府发布的《推动共建丝绸之路经济带和 21 世纪海上丝绸之路的愿景与行动》更是由点及面,推动亚欧非各国联系更加紧密。随着"一带一路"倡议受到越来越多国家和地区的认同与欢迎,"一带一路"共建国家的互利合作迈向新的历史高度,"一带一路"朋友圈日渐扩大。

一、丝路基金的正式运行

在"一带一路"倡议提出的次年,即 2014 年 11 月,习近平在北京举办的"加强互联互通伙伴关系"对话会上宣布,中国将出资 400 亿美元成立丝路基金,为"一带一路"沿线国家基础设施、资源开发、产业合作和金融合作等与互联互通有关的项目提供投融资支持。[①]丝路基金将面向全球各国投资主体吸纳资金,其中中国将出资 400 亿美元,通过股权投资,在促进亚洲经济中长期可持续发展的同时,实现投资方合理的财务收益,维护股东的权益。这种基金模式实质上类似于私募基金,但回收期限较长,以保证项目落地。2014 年 12 月,丝路基金有限责任公司总部在北京设立。

二、亚投行的正式成立

亚投行是一个以政府为主体的区域多边合作投资银行,主要以支持亚洲区域基础设施建设,推动区域经济可持续发展,推进亚洲区域基础设施互联互通和经济一体化进程为主旨。2014 年 10 月,中国同印度、新加坡等 21 个国家签署筹建亚投行备忘录。2015 年,英国、瑞士、法国、意大利、德国等国家纷纷提出申请报名加入亚投行。2016 年 1 月 16 日,亚投行秉持"精干、廉洁、绿色"的价值观,在北京正式举行开业仪式,自此,由中国倡议的首个多边金融机构正式成立。亚投行法定资本为 1000 亿美元,股权比例以各国政府出资比例为准。截至 2021 年底,亚投行成员国有 104 个,中国作为发起国,出资占比近 30%,为最大股东,其次为印度和俄罗斯,分别占比 8.6% 和 6.7%[②]。

三、政府间共建"一带一路"谅解备忘录首次签署

2016 年 6 月 23 日,中国、俄罗斯、蒙古国三国政府在乌兹别克斯坦首都签署了《建设中蒙俄经济走廊规划纲要》,其作为"一带一路"建设的最早期成果,象征着"一带一路"首个多边经济合作走廊正式实施。同年 9 月 19 日,中国同联合国开发计划署在美国签署了《中华人民共和国政府与联合国开发计划署关于共同推进丝绸之路经济带和 21 世纪海上丝绸之路建设的谅解备忘录》。其作为中国首次同国际组织签署的政府间共建"一带一路"的谅解备忘录,为国际组织踊跃参与"一带一路"共建发挥了积极作用,为

---

① 习近平在"加强互联互通伙伴关系"东道主伙伴对话会上的讲话,https://www.chinacourt.org/article/detail/2014/11/id/1480351.shtml[2022-10-11]。

② 数据来源:亚投行。

"一带一路"共建国家的经济发展和繁荣注入了巨大动力。同年 10 月，中国印发《中欧班列建设发展规划（2016—2020 年）》，全面部署中欧班列的重要建设规划。同年 11 月 17 日，第 71 届联合国大会决议表示国际社会支持共同建设"一带一路"倡议，并为"一带一路"倡议及项目实施提供安全的保障环境。

四、跳跃式发展

"一带一路"倡议自从 2017 年以来呈现跳跃式的发展，与国际社会的合作迎来了一大批丰硕的成果。2017 年 1 月 18 日，习近平访问世界卫生组织，并签署了《中华人民共和国政府和世界卫生组织关于"一带一路"卫生领域合作的谅解备忘录》等协议，这对中国与世界卫生组织的合作有着重要的里程碑意义。同年 3 月 27 日，中国和新西兰两国政府共同签署了《中华人民共和国政府和新西兰政府关于加强"一带一路"倡议合作的安排备忘录》，该备忘录指出双方将加强重大发展规划、战略和政策对接，以促进两国共同繁荣发展。2017 年 5 月 14 日，中国在北京主办了首届"一带一路"国际合作高峰论坛，论坛以"加强国际合作，共建'一带一路'，实现共赢发展"为主题，吸引了包括 29 个国家的元首和政府首脑在内的 140 多个国家、80 多个国际组织的 1600 多名代表参加。本次高峰论坛达成了广泛的国际共识，指出了"一带一路"的未来合作方向、具体建设路线图及确定了一大批重点合作项目。同年 5 月，中国发布了《关于推进绿色"一带一路"建设的指导意见》，指出"一带一路"要在坚持和平合作、开放包容、互学互鉴、互利共赢的基础上，全面推进与沿线国家的"政策沟通""设施联通""贸易畅通""资金融通""民心相通"。随后的 6 月 20 日，中国又发布了《"一带一路"建设海上合作设想》，提出要重点建设中国—印度洋—非洲—地中海、中国—大洋洲—南太平洋和经北冰洋连接欧洲这三条蓝色经济通道的设想。12 月 3 日，中国、埃及、沙特阿拉伯（以下简称沙特）、泰国、土耳其和阿联酋等国家代表在第四届世界互联网大会上共同发起《"一带一路"数字经济国际合作倡议》，倡导坚持发展互联互通的"数字丝绸之路"，实现扩大宽带接入、促进数字化转型、促进电子商务合作、支持互联网创业创新等 15 个方面的国际合作。

五、《罗马宣言》正式诞生

随着"一带一路"倡议迈出了第一个五年征程，"一带一路"国际合作在 2018 年开启了新的篇章。2018 年 6 月 4 日，中国同安提瓜和巴布达正式签署"一带一路"合作文件，该国也成为东加勒比地区首个与中国建立"一带一路"合作的国家。同年，在 9 月召开的中非合作论坛北京峰会上，中国与 28 个非洲国家共同签署了"一带一路"政府间谅解备忘录，自此，共有 37 个非洲国家参与"一带一路"合作。10 月 10 日，"一带一路"国际商事调解论坛在罗马召开，来自亚洲、欧洲、美洲和非洲的 12 个国家的 20 余个机构代表共同签署并发布了《罗马宣言》。该宣言指出"一带一路"服务机制基于服务全球的国际视野，以项目需求为指引，以国别产业政策为保障、以多边合作方式组织为实施平台，对"一带一路"国际商事调解具有重要指导意义。

六、"一带一路"倡议朋友圈扩大

伴随着中国逐步扩大国际合作空间和范围，"一带一路"倡议的发展机遇也被不断挖掘。2019 年 4 月 25 日，中国在北京正式举办主题为"共建'一带一路'、开创美好未来"的第二届"一带一路"国际合作高峰论坛，吸引了来自 150 多个国家和 90 多个国际组织的近 5000 位外宾出席论坛。本届峰会取得了一系列突出成果，包括签署的多双边合作文件、多边合作平台、投资类项目及项目清单等 6 大类 283 项成果。同年 11 月 5 日至 10 日，中国成功在上海举办第二届中国国际进口博览会，本届博览会共吸引了 181 个国家、地区、国际组织参会，3000 多家企业、50 多万采购商和观众参展，累计意向成交金额高达 711.3 亿美元，较首届增长 23%。除此之外，2019 年 3 月，意大利与中国签署"一带一路"合作协议，成为第一个支持此倡议的七国集团（G7）成员国，该倡议也将帮助意大利重振本国经济。12 月 2 日，中俄东线天然气管道投产通气仪式在线举行，中俄"天然气能源通气"战略正式实现。

七、"一带一路"倡议国际合作迈入新进程

2020 年是全球经济复杂多变的一年，"一带一路"合作倡议也在挑战中迸发出新的生机。2020 年 6 月 18 日，中国举办了主题为"加强'一带一路'国际合作、携手抗击新冠肺炎疫情"的国际合作高级别视频会议，会议指出中国愿同合作伙伴一同共建健康丝绸之路，通过加强和提升国家间的公共卫生系统对接能力、及时分享疫情诊疗经验和卫生专家意见、呼吁构建完善的卫生基础设施等方式，推动高质量共建"一带一路"。同年 11 月 10 日，在上海合作组织成员国元首理事会第二十次会议上，习近平发表题为《弘扬"上海精神" 深化团结协作 构建更加紧密的命运共同体》的重要讲话，强调"当前形势下，上海合作组织要弘扬'上海精神'，深化团结协作，为地区国家稳定和发展作出更大贡献，为推动构建人类命运共同体作出更多实践探索"。[①]11 月 12 日举办的第 23 次中国—东盟（10+1）领导人会议上，李克强在会议上发表讲话，指出"中国和东盟是永世近邻和亲密伙伴，人民友谊深厚。无论是面对两次金融危机，以及非典、海啸等重大自然灾害，还是今年突如其来的疫情冲击，我们都能秉持命运共同体意识、守望相助、共克时艰"，中国"明确支持东盟在东亚区域合作中的中心地位"。[②]12 月 30 日，习近平通过视频连线的方式同德国总理默克尔、法国总统马克龙及欧盟领导人举行会晤，共同宣布如期完成中欧投资协定谈判，并在市场准入、知识产权、劳工标准及投资环境等方面达成了一份高水平的投资协定。

2021 年，"一带一路"倡议以高质量发展为目标持续向前迈进。2021 年 4 月 20 日，习近平出席了博鳌亚洲论坛 2021 年年会，并发表了题为《同舟共济克时艰，命运与共创未来》的主旨演讲。演讲指出，"面向未来，我们将同各方继续高质量共建'一带一路'，

---

① 弘扬"上海精神" 深化团结协作 构建更加紧密的命运共同体——在上海合作组织成员国元首理事会第二十次会议上的讲话，https://www.gov.cn/gongbao/content/2020/content_5562935.htm [2022-03-03]。

② 李克强在第 23 次中国—东盟领导人会议上的讲话，https://www.gov.cn/premier/2020-11/12/content_5560934.htm [2022-03-03]。

践行共商共建共享原则,弘扬开放、绿色、廉洁理念,努力实现高标准、惠民生、可持续目标"。①4月30日召开的中共中央政治局会议,强调要加快建设各类高水平开放平台,推动共建"一带一路"高质量发展。同日,中共中央政治局就新形势下加强中国生态文明建设进行第二十九次集体学习,习近平强调,"要加强南南合作以及同周边国家的合作,为发展中国家提供力所能及的资金、技术支持,帮助提高环境治理能力,共同打造绿色'一带一路'"。②6月23日,中国召开主题为"加强抗疫合作、促进经济复苏"的"一带一路"亚太区域国际合作高级别会议,参会各方共同发起"一带一路"疫苗合作伙伴关系和"一带一路"绿色发展伙伴关系倡议,为加强各国在互联互通和新领域合作注入了新动力。

"一带一路"倡议自2013年提出至2021年,走过了8年的实践与征程,并取得了丰硕成果。截至2021年4月,中国与"一带一路"沿线国家贸易额高达9.2万亿美元,中国企业对合作伙伴国家的直接投资累计超过了1300亿美元。③尽管全球经济在新冠疫情的影响下遭受重创,但"一带一路"在该背景下依然展现出强大的韧性和活力,为全球抗疫合作和经济重振发挥了重要作用。"一带一路"作为国际的合作之路、增长之路、健康之路,秉持高标准、惠民、可持续的发展目标,必将引领国际社会团结合作、互联互通、共同发展,持续为世界经济复苏注入强劲动力。

第三节 "一带一路"倡议的基本内涵

"一带一路"倡议倡导和平发展、开放包容、互利共赢的理念,其内涵丰厚,意义深远,将谱写各国合作共赢的新篇章。

一、"一带一路"倡议共建原则

2015年3月28日,国家发展改革委、外交部、商务部联合发布了《推动共建丝绸之路经济带和21世纪海上丝绸之路的愿景与行动》,其中明确提出"一带一路"的五项共建原则,具体包括:恪守联合国宪章的宗旨和原则,坚持开放合作,坚持和谐包容,坚持市场运作及坚持互利共赢。从五项共建原则可以看出,"一带一路"实质上是一条促进国家间经济共同繁荣、文化相互包容的和平友谊之路,是要在倡导以和平合作、开放包容、互学互鉴、互利共赢的理念的基础上,以寻求各方利益关切为出发点,通过激发各方合作优势和潜力,扩大和拓展国际合作发展空间,全方位推进与共建国家的国际务实合作,打造互联互通的人类命运共同体。

---

① 同舟共济克时艰,命运与共创未来——在博鳌亚洲论坛2021年年会开幕式上的视频主旨演讲,http://politics. people.com.cn/n1/2021/0421/c1024-32083161.html [2022-03-03]。

② 习近平主持中央政治局第二十九次集体学习并讲话,https://www.gov.cn/xinwen/2021-05/01/content_5604364.htm [2022-03-03]。

③ 商务部副部长:中国与"一带一路"沿线国家货物贸易累计达9.2万亿美元,https://www.gov.cn/xinwen/2021-04/20/ content_5600882.htm[2022-04-10]。

二、"一带一路"倡议合作重点

亚洲经济圈及欧洲经济圈呈现差异化的资源禀赋，彼此在政策沟通、设施联通、贸易畅通、资金融通、民心相通等方面存在较强的合作互补优势和合作发展空间。

（一）政策沟通

建设"一带一路"的首要前提就是要加强各国间的政策沟通与协调。"一带一路"共建国家应该摒弃政治制度差异带来的政策鸿沟，充分协调各国的经济发展战略，推进区域合作制度的有效制定，推动各个领域的重大合作项目高效落地。

（二）设施联通

"一带一路"建设的首要目标是推动基础设施互联互通。为此，应按照以下原则推动国际合作。

（1）在遵守国家主权平等的原则上，实现与合作国家的基础设施建设和技术标准体系规划的有效对接，协同共建国际交通要道。

（2）在强化基础设施共建的同时，兼顾气候变化问题，推动基建绿色化低碳化管理；重点打通连接东西走向的关键要道和关键工程，优先畅通失修路段，加强交通管理设备和道路安全防护设备的配套。

（3）努力打造集国际通关、货运转换、多式联运为一体的交通运输协调机制，推进形成相互兼容的轨道运输规则，提高国际货运便利化水平。

（4）加强与"一带一路"共建国家海运与空运港口合作，完善海港和空港基础设施建设互联互通，完善国际物流与客运合作体制机制，新增海运航线和班次，推动港口物流与客运信息化合作。

（5）积极开展国际能源基础设施合作，促进跨境电力运输、输油管道系统性共建，打造国际化区域能源网络系统。

（6）扩展跨境、洲际光缆通信干线网络特别是海底光缆项目建设合作空间，推动空中卫星信息通道逐步优化，加快打造信息通信丝绸之路，提升国际网络通信水平。

（三）贸易畅通

国际贸易和投资合作是"一带一路"倡议的合作重点，在后续项目合作中应把握以下方面。

（1）持续破除贸易及投资的市场壁垒和规制壁垒，提高技术性贸易措施透明度，释放各地市场消费潜力，探索与"一带一路"共建国家共建区域自由贸易区，营造国际化便利化的营商环境。

（2）积极推进海关在信息互换、监管互认、执法互助等方面的务实合作，推动与"一带一路"共建国家在计量标准、信息统计、检验检疫、资质认证等方面有机衔接，加强跨境监管程序的对接与协调，共同推动《贸易便利化协定》的签订与有效执行。

（3）加快推进边境口岸"单一窗口"建设，提升货物通关效能。

（4）探索新型贸易合作领域，深化农林牧渔业、农机及农产品生产加工等领域的合作，拓宽在海水养殖、水产品加工、海洋生物制药、海上旅游等领域的海洋经济合作空间，挖掘蓝色经贸合作新动力；高效推动国家间可再生能源的技术投资，加强石油、煤炭、金属矿产等资源能源的勘探合作，强化能源资源深加工技术、装备与工程服务合作，构建能源资源一体化合作链条。

（5）加强共建各类境外经贸合作区和产业园区，探索发展国际跨境电子商务新业态，不断创新贸易合作新模式。

（6）全面深化服务贸易创新发展方式，建立健全服务贸易发展体系。

（7）加强贸易和投资融合发展，加快推动以投资带动贸易发展。

（8）积极落实双边投资保护协定，加强双重征税协定协商，保护好投资者在土地、金融、入境等方面的合法权益。

（9）开展新兴产业领域合作，提升国家产业竞争力。

（10）构建国际化的产业分工格局，引导构建集研发、生产和营销于一体的国际产业链条，促进关联产业协同发展和国际产业结构深度调整。

（11）将生态环境保护摆在突出位置，充分考虑贸易投资对气候变化、生物多样性和生态环境的影响，将绿色发展转变为丝绸之路发展的深层动力。

与此同时，中国应基于"一带一路"这一国际合作载体，在积极扩展国际对外投资的同时，加大外商投资者对中国投资的吸引力，提升国家之间的经济互动效能。

（四）资金融通

资金融通是指通过加大"一带一路"共建国家金融开放和金融合作，促进区域资金的高效流动，推进区域货币体系、投融资体系和信用体系稳定发展，保障"一带一路"建设的有序推进。具体建设路径包括扩大"一带一路"共建国家间的货币互换、结算的范畴和规模，推动亚洲债券市场的双向开放，稳定推进丝路基金安全、高效运营，并拓展其与亚投行、金砖国家新开发银行、中国—东盟银行联合体、上海合作组织银行联合体等金融平台共同组成的"一带一路"金融组织体系的业务领域和影响力。同时，不断加快建设区域金融监管合作协调机制，强化跨国征信监管对接与合作，构建"一带一路"国际金融监管合作新格局，并在此基础上加强区域金融风险防范，建立区域性金融风险预警系统，打造系统性风险监测预警体系和防控机制。

（五）民心相通

民间往来互通有无是"一带一路"倡议的社会舆论基础。要依托广泛的学术文化沟通、技术人才交流及社会媒体合作等方式，努力弘扬丝绸之路合作精神。

（1）鼓励中国与"一带一路"共建国家进行联合办学，不断扩大中外留学生规模，提升合作办学质量。

（2）加强与"一带一路"共建国家的文化、艺术、体育交流，利用共同举办艺术文化节和重大国际体育赛事，共同推进广播影视创作等文化传播。

（3）深化创新旅游合作，依托旅游宣传周等活动相互传播丝绸之路的特色旅游产品；加快国际旅游线路开发，提升旅游国家的签证便利水平。

（4）继续扩大公共卫生国际合作，提升在国际关注的突发公共卫生事件的防控和监管方面的合作，提升处理突发公共卫生事件的能力和水平。

（5）加强政府间国际科技创新合作，推动共同建立海上合作中心、联合研究中心、国际技术转移中心，鼓励国家间联合攻克重大科技难题。

（6）大力发展民间外交，鼓励与"一带一路"共建国家重点城市结交友好城市，拓展中国国际朋友圈。

（7）积极与国际智库和民间学术组织共同举办学术交流活动和论坛，促进优质教育资源互融。

（8）加强国际媒体网络平台合作，塑造民心相通的文化生态。

三、"一带一路"倡议合作机制

"一带一路"倡议合作机制作为中国主导并面向世界范围开放的新型国际经济合作机制，通过有效发挥联委会、混委会、协委会、管理委员会等协调机构的作用，推动合作备忘录和合作规划的签署及"一带一路"倡议实施方案的完善，确保"一带一路"建设的顺利实施。

当前，"一带一路"建设合作机制框架主要包含三个组成部分：一是多边合作机制的对接，即中国与"一带一路"共建国家及多边合作机制的对接；二是重点合作领域机制的对接，即中国同"一带一路"共建国家在贸易投资、产能合作、基础设施建设、金融货币等重点合作领域的合作机制对接，如中国国际投资贸易洽谈会、"一带一路"国际合作高峰论坛、欧亚经济论坛、中国—亚欧博览会、博鳌亚洲论坛等；三是区域一体化机制的对接，即依托双边或多边投资协定及多边合作机制等方式有序推进区域一体化机制建设，如亚太经济合作组织、上海合作组织、亚欧会议、中国—东盟"10+1"机制、亚洲合作对话等。

除此之外，民间也积极探索利用文化交流展览会的方式挖掘"一带一路"的历史文化共同性，如丝绸之路国际电影节、图书展和丝绸之路（敦煌）国际文化博览会等形式。

本 章 提 要

（1）"一带一路"倡议的共建原则包括：恪守联合国宪章的宗旨和原则、坚持和谐包容、坚持开放合作、坚持市场运作和坚持互利共赢。

（2）"一带一路"倡议作为促进国家间经济共同繁荣、政治互通有无、文化相互包容的和平友谊之路，在倡导以和平合作、开放包容、互学互鉴、互利共赢的理念的基础上，全方位推进与共建国家的国际务实合作，打造互联互通的人类命运共同体。

（3）"一带一路"倡议的合作重点包括五个方面的内容：政策沟通、设施联通、贸易畅通、资金融通和民心相通。

思考与探索

如何解释"一带一路"倡议中的"五通"建设框架逻辑思路？

第八章 "一带一路"倡议发展重点

"一带一路"倡议最基本的内涵是"互联互通"。2013 年 9 月 7 日，习近平首次提出共同建设丝绸之路经济带时强调要加强政策沟通、道路联通、贸易畅通、货币流通、民心相通[①]。2015 年，在博鳌亚洲论坛年会期间，中国政府正式发布《推动共建丝绸之路经济带和 21 世纪海上丝绸之路的愿景与行动》，提出"五通"的主要内容，包括"政策沟通、设施联通、贸易畅通、资金融通、民心相通"。从区域经济学角度来说，"一带一路"倡议是一种路域经济，是依托重要经济通道形成的产业合作带。因此，建设"一带一路"必须先建设路域经济走廊，实行以点带面，依托四通八达的交通网，开发若干经济走廊。

建设六条经济走廊是"一带一路"倡议的关键工程。"五通"是"一带一路"建设的强大助推器。推动六条经济走廊建设，需要紧紧围绕"五通"为重点，通过不断寻找同"一带一路"共建国家的利益契合点，促进全球经济的开放与发展，推动"一带一路"共建国家实现优势互补和联动发展。在"一带一路"建设全面推进过程中，"五通"既是一个相互促进的统一整体，又是相互独立的，在不同时间和发展阶段各有侧重。因此，深入了解"五通"的基本含义，了解六大经济走廊的建设状况，是把握"一带一路"建设发展重点的关键抓手。本章从"五通"的角度总结"一带一路"倡议的发展重点、目标及其成果，并在分析六大经济走廊概况的同时，展望中国与"一带一路"区域投资合作的前景。

第一节 "五通"发展重点

"一带一路"倡议是通过推动共建国家的政策沟通、设施联通、贸易畅通、资金融通和民心相通，即"五通"，实现各方利益的最大公约数。而实现"一带一路"共建国家"五通"的目标，则需要通过不同领域的发展重点，实现由点及面，不断扩大发展的区域大合作格局。

一、政策沟通

建设"一带一路"倡议的首要前提就是要加强各国间的政策沟通与协调。"一带一路"共建国家应该摒弃政治制度差异带来的政策鸿沟，通过对各国的经济发展战略合作的充分对接协调，推进区域合作制度和规划的有效制定，推动各个领域的重大合作项目高效落地。中国成功搭建了以高峰论坛为引领、以多双边合作机制为支撑的"一带一路"

---

① 习近平：创新合作模式 共同建设"丝绸之路经济带"，http://cpc.people.com.cn/n/2013/0907/c164113-22840646.html [2022-04-12]。

复合型国际合作框架，并在此框架下不断加强与"一带一路"共建国家实现在战略、规划、机制平台和重大项目的对接。该框架在凝聚发展共识、形成建设合力方面发挥了重大作用。具体发展重点如下。

（一）举办"一带一路"国际合作高峰论坛

2017 年 5 月，在北京成功举办的第一届"一带一路"国际合作高峰论坛，吸引了包括 29 个国家的元首和政府首脑在内，140 多个国家、80 多个国际组织的 1600 多名代表参与本会，实现了与 150 多个国家和国际组织签署"一带一路"合作协议。本次高峰论坛达成了广泛的国际共识，指出了"一带一路"倡议的未来合作方向、具体建设路线图及确定了一大批重点合作项目。最重要的是，此次高峰论坛的成功举办也象征着建立了"一带一路"建设框架下最高规格的官方国际对话机制。2019 年 4 月，第二届"一带一路"国际合作高峰论坛同样在北京正式举办。论坛吸引了来自 150 多个国家和 90 多个国际组织的近 5000 位外宾确认出席论坛，取得了一系列瞩目成果，包括签署的多双边合作文件、多边合作平台、投资类项目及项目清单等 6 大类 283 项成果。圆桌峰会联合公报中强调期待高峰论坛定期举办，未来高峰论坛将在"一带一路"建设高质量发展中发挥更加突出的引领带动作用。

（二）推进区域发展战略对接工作

截至 2021 年 10 月 24 日，全球与中国签订共建"一带一路"合作协议的国家和国际组织累计数量分别多达 140 个和 31 个，累计协议数高达 205 份，其覆盖范围从亚欧大陆逐步拓展到非洲、拉美、南太平洋、欧洲西部等地区。部分西方发达国家对"一带一路"建设态度发生了转变，"一带一路"建设在欧洲取得突破性进展。2019 年 3 月，意大利成为第一个与中国签署"一带一路"合作协议的七国集团（G7）成员国。在此后不到两个月的时间内，卢森堡和瑞士也表达出想要加入共建"一带一路"合作的意愿。此外，法、德等部分欧洲国家也表达出参与共建"一带一路"的意愿。"一带一路"建设始终立足于为世界范围内的国家和地区谋求共同利益，共建"一带一路"逐步发展成为真正意义上的国际合作平台。

（三）推动规划对接与项目对接

为深化务实合作，先期签署共建"一带一路"谅解备忘录的"一带一路"共建国家，纷纷按照协商一致的原则，携手推动双边合作规划纲要的编制。此前，中国已先后与蒙古国、俄罗斯、哈萨克斯坦、柬埔寨、捷克、塔吉克斯坦、匈牙利、巴基斯坦、文莱等国家及联合国人类住区规划署、联合国非洲经济委员会及非盟等组织机构共同编制并签署了"一带一路"合作规划（或行动计划）。与此同时，中国企业"走出去"的步伐也在加快，国内如江苏、上海、广东、福建、四川等地已先后明确"一带一路"倡议对外合作重点方向和项目对接方案。2013—2021 年，通过推动共建"一带一路"合作国家在发展规划、国家政策及实施机制等方面的高度对接，实现了重大合作项目务实推进，为高质量共建"一带一路"合作指明了方向。

（四）拓展专业领域沟通合作

与基础设施"硬联通"相比，以政策及规则标准为主的"软联通"发展相对滞后，成为制约"一带一路"建设深入推进的关键瓶颈。为破除上述阻碍，"一带一路"建设政策沟通工作正逐步向纵深拓展，中国也在积极推动与"一带一路"共建国家在交通、税收、贸易、审计等专业领域的政策及规则标准对接。在第二届"一带一路"国际合作高峰论坛上，中国与"一带一路"共建国家和不同的国际组织就不同专业领域签订了100多项多双边合作文件，并加强在农药产品质量标准、小水电国际标准、民机标准等专业领域的标准对接工作。同年4月，中国还上线了"一带一路"共建国家标准信息平台，其利用可视化手段，对"一带一路"共建国家有关标准信息的特征和数据进行跟踪、分类和翻译，为促进"一带一路"标准互联互通提供了语言信息支撑。上述举措都大大促进了中国与有关国家间的政策及规则标准的交换、沟通、共享和对接。

（五）建立并完善双多边常态化工作机制

为持续推动"一带一路"高质量发展，中国不断完善与有关伙伴国家和国际组织建立的双多边及地区联合工作机制，利用在不同领域、不同形式及不同层面的常态化工作机制破解各方政策沟通的难题，为有序推进工作规划及重大项目落地提供了有力支撑。

为及时处理经贸投资难题、推进务实合作，中国与数十个国家和地区建立了双边投资合作工作组或贸易畅通工作组，为实现"五通"目标保驾护航。此外，在2019年的第二届"一带一路"国际合作高峰论坛期间，各方积极开展双多边合作的同时，还在中欧班列、港口、能源、金融、税收、环保、智库等专业领域建立了20多个"一带一路"多边对话合作平台，签署了14项中外地方合作协议。这些都大大丰富了中国与有关国际组织及共建国家开展政策沟通的渠道，提高了"一带一路"建设政策沟通的效率及保障能力。

（六）推广第三方市场合作新模式

为适应各国开放合作及联动发展的现实需要，促进中国装备制造优势与发达国家先进技术优势和广大发展中国家的庞大市场需求进行有效对接，第三方市场合作作为一种推动企业开展跨国合作的新模式广受推崇。因此，中国为挖掘多方市场优势，在共商共建共享原则的指导下，创造性提出了第三方市场合作新模式，为发达国家参与共建"一带一路"提供了有效途径，成为"一带一路"已有多双边国际合作架构的有益补充。越来越多西方发达国家政府对"一带一路"建设态度发生转变，第三方市场合作取得显著进展。包括英国、法国、意大利、日本等14个国家已与中国签署了第三方市场合作文件，并纷纷成立了相关的第三方市场合作委员会，逐步形成了政府间的合作机制，在重点行业领域达成了项目合作清单。例如，在金融投融资方面，欧洲投资开发银行联合中国的丝路基金共同设立第三方合作市场基金，用于重点项目规划的资金扶持。

二、设施联通

"一带一路"建设的首要目标是推动欧亚大陆的基础设施互联互通，涉及交通设施网络、通信设施网络及能源设施网络三个方面。交通设施方面，首要畅通重点通道的缺失路段，提升公路、铁路的通达水平；通信设施方面，协同搭建光缆通信网络和洲际海底光缆网络，畅通信息丝绸之路；能源设施方面，推动跨境电网改造升级，促进区域电力能源设备互通。

（一）建设交通基础设施

在"一带一路"合作框架下，中国与合作伙伴国家在交通基础设施互联互通方面取得了瞩目的成绩，中俄同江铁路大桥、亚吉铁路、拉伊铁路稳步建成通车，中泰铁路、匈塞铁路、雅万高铁等项目相继推进，昆明—河内—海防高速公路、中巴经济走廊、昆曼公路等跨国公路全线通车，中国运往东南亚、太平洋、泛大西洋、欧洲的国际物流航线网络初步形成。当前，基本形成了"六廊六路多国多港"的交通设施架构。其中作用突出的，当属中欧班列发挥的战略通道作用。截至 2021 年 9 月，中欧班列已实现在欧洲 23 个国家的 160 多个城市开通运行，运行线路高达 73 条，累计运行数量超 4 万列，货物运输品种高达 5 万多种，推动了亚欧大陆"一带一路"共建国家产业链供应链的互联互通。①

（二）推进能源设施联通

"一带一路"共建国家拥有丰富资源，但因开发技术尚未成熟，所以未能充分开发。因此，中国积极协助有关国家兴建油管、输电、输气等能源基础设施，为当地发展能源产业，并形成国际能源互联网提供支持。巴基斯坦私营电力和基础设施委员会批准由中国交通建设集团有限公司在瓜达尔港投资兴建 300 兆瓦燃煤电站，项目落成后将为瓜达尔港附近一带地区提供充足电力。另外，国家电网有限公司（以下简称国家电网）承包埃塞俄比亚、波兰、缅甸等地的大中型输变电工程，让当地有稳定的能源供应，解决电力不足问题，协助"一带一路"共建国家走上繁荣之路。

（三）提高通信设施联通水平

信息网络设施作为连接国与国之间紧密合作的重要新型基础设施，在推动区域经济一体化，推进"一带一路"建设过程中正发挥着越来越重要的作用。为提高通信设施联通水平，2017 年 12 月，国家标准化管理委员会发布了《标准联通共建"一带一路"行动计划（2018—2020 年）》，明确指出要推动与"一带一路"共建国家在 5G、联通网络设备等方面的标准化合作。截至 2022 年，已建成运营亚欧 5 号（Southeast Asia-Middle East-Western Europe 5，SMW5）海底光缆、坦桑尼亚国家信息通信技术宽带骨干网络，中吉、中巴、中俄、中缅跨境光缆信息通道等一批标志性合作项目取得明显进展。其中，全长 2950 公里的中巴光缆于 2018 年正式开通，该项目作为通信网络对接的战略性重点

---

① 数据来源：《"一带一路"八周年，互联互通取得哪些进展》，经济日报，2021 年 9 月 16 日。

项目，极大地提升了中巴之间的通信效率。

三、贸易畅通

国际贸易投资合作是"一带一路"倡议的合作重点，提升伙伴国家之间的经济开放水平，加深彼此之间的经济融合度，提高国家经济综合实力是共建"一带一路"命运共同体的根本出发点和落脚点。实现"一带一路"建设的贸易畅通需要把握以下重点。

（一）深化贸易往来

"一带一路"共建国家之间呈现多元化的市场导向，在挖掘对外贸易合作潜力方面具有巨大的空间。自"一带一路"倡议提出以来，中国与"一带一路"共建国家的贸易往来取得了长足的进步，贸易增速相较于中国整体外贸增速水平要高。截至 2020 年，中国与"一带一路"共建国家货物贸易额累计高达 9.2 万亿美元，受新冠疫情冲击影响，2020 年贸易额有所下滑，进出口额为 1.36 万亿美元，较 2019 年仍保持 1.0% 的增长。[①]

在"一带一路"倡议伙伴国家关系中，东盟发挥着举足轻重的作用。2020 年，东盟代替欧盟成为中国第一大贸易合作伙伴，双边贸易额达到 6846 亿美元，其中密切贸易往来的背后反映的是双边友好关系的不断深入。2010 年，中国—东盟自由贸易区全面建成。此外，中国—东盟博览会推动了双方在国际产能、跨境金融及电子商务方面的广泛合作，促进了双方在产业链和价值链方面的深度融合。随着中国—东盟博览会的合作效应不断外溢，合作版图从原来的中国—东盟"10+1"扩大到了哈萨克斯坦、斯里兰卡、韩国等"一带一路"共建国家，推动"一带一路"倡议向新的台阶迈进。

（二）推进投资合作

营造良好国际投资环境，加强国际直接投资，推动中国产业转型升级，是当今推进"一带一路"倡议需要解决的重要课题。2013 年至 2020 年，中国对"一带一路"共建国家累计直接投资 1360 亿美元。[①]与此同时，随着中国不断降低市场准入门槛，营造便利化国际化的营商环境，对"一带一路"共建国家的投资也有利于中国吸引外商直接投资。截至 2020 年，"一带一路"共建国家在华设立企业约 2.7 万家，累计实际投资 599 亿美元[①]，双向投资质量显著提升。从投资结构来看，中国对"一带一路"共建国家的投资主要集中在交通、电力、通信、石化等基础设施领域，中国对"一带一路"共建国家的承包工程新签合同额的占有率高达 40% 以上。未来，随着与伙伴国家的投资关系不断深入，清洁能源、房地产、物流运输等领域有望成为对外投资的新增长点。

（三）完善境外经贸合作区建设

中国企业通过加强国际产能和装备制造合作的方式深度参与境外经贸合作区建设已成为推动"一带一路"倡议发展的重要新引擎。"一带一路"经贸合作区是促进国际合作的重要平台和载体，通过充分减免关税、提供配套服务及利用当地要素优势等方式，

---

① 数据来源：商务部。

为中国企业"走出去",推动双边和多边经贸合作发展提供了重要机遇。在"一带一路"框架的支持下,截至 2021 年 12 月,中国在 24 个"一带一路"共建国家建设了 79 家境外经贸合作区,分别建设在柬埔寨、印尼、尼日利亚、俄罗斯、吉尔吉斯斯坦、乌兹别克斯坦等国家。

四、资金融通

资金的高效流动是有序推动"一带一路"倡议的重要保障,解决国际合作的融资困难问题是当下需要着重解决的问题之一。因此,各国应深化金融开放和资金融通,努力提升金融服务水平和构建开放性投融资体系。

(一)提升金融服务水平

为更加高效有力地推进"一带一路"建设,中国在境内外设立了多种形式的对外投融资机构和基金项目,为国际产能合作和重大项目建设提供足够的资金保障。2015 年,中国主导筹建的亚投行应运而生,其作为"一带一路"倡议的重要融资平台,截至 2020 年,吸引了 103 位成员加入,并为成员提供了近 200 亿美元的基础设施投资,投资项目高达 108 个。其秉持"精简、廉洁、绿色"的理念,未来将会为"一带一路"建设和全球经济治理提供更优的金融服务标准。此外,中国还于 2014 年成立了丝路基金,并将其作为专门推进"一带一路"建设的中长期开发投资机构。丝路基金围绕"国际化、市场化、专业化"的原则为全球 30 多个国家和地区的投资者提供金融服务,其融资范围覆盖能源开发、产能合作、基础设施建设、金融合作等方面。截至 2020 年 10 月,丝路基金已累计签约项目 47 个,承诺投资金额 178 亿美元。

(二)建立开放性投融资体系

随着"一带一路"倡议进入了新的发展阶段,推动共建"一带一路"高质量发展成为重要命题,而建设开放性、市场导向的投融资体系是内在要求。开放性的投融资体系是指在基于市场规律的基础上,鼓励"一带一路"共建国家、国际金融机构及企业等多方力量,共同参与到"一带一路"投融资合作当中,合力提升融资、债券和风险管理能力。在此目标推动下,中国联合俄罗斯、阿根廷、白俄罗斯等 26 国于 2017 年共同发布了《"一带一路"融资指导原则》[①],通过明晰不同资金参与主体的角色与作用,为构建长期、稳定、可持续、风险可控的融资体系指明了方向。

共有资金渠道方面,鼓励各国依托政府间合作基金和对外援助资金的方式,为"一带一路"共建国家的实体经济提供金融服务;政策性金融渠道方面,支持各国政策性金融机构、出口信用机构通过担保、贷款、股权投资的方式为"一带一路"相关国家的重大优先项目提供融资支撑;开放性金融渠道方面,鼓励各国多边开发银行和各国开发性金融机构也积极投入"一带一路"建设当中,通过贷款、股权投资、担保和联合融资等各种方式为相关合作国家提供金融服务与技术援助;商业性金融渠道方面,呼吁各国商

---

① 数据来源:中国一带一路网。

业银行、股权投资基金、保险、租赁和担保公司在机构职能允许的条件下为"一带一路"基础设施建设提供资金服务。

五、民心相通

民间往来互通是"一带一路"倡议的社会舆论基础和人文基础，高质量推进"一带一路"建设不仅要加强政策沟通、贸易畅通，更要从民心相通的角度统筹各种关系，以此弘扬丝绸之路合作精神。

（一）构建双边、多边文化旅游合作机制

围绕中国与"一带一路"共建国家在价值观念、风俗习惯、民族文化等方面的共同点和融合点，推动在旅游、教育、艺术等人文交流领域的合作机制与合作规划，促进各国文化之间的理解和互通，体现各方的利益与智慧。在"一带一路"合作框架下，现已建立了中国—中东欧、中国—东盟、中蒙俄等一系列双边、多边文化旅游合作机制。此外，中国还在"一带一路"重点旅游文化城市打造中国文化中心，通过承办"认识中国，走进'一带一路'"等主题活动，促进国家间的相互了解。与此同时，与"一带一路"主题相关的旅游年、艺术节、文化年、智库合作联盟等各式的文化交流形式也在陆续开展，引起了当地民众的文化共鸣。

对于"一带一路"文化和旅游发展的未来方向，"十四五"规划提出了明确的路线图。2021年7月，中国印发了《"十四五""一带一路"文化和旅游发展行动计划》，该计划提到了未来五年促进"一带一路"文化和旅游产业高质量发展的基本原则、三大任务及十二个专栏。其中三大任务包括精准对接合作机制和交流平台、全方位加强文化旅游品牌建设及促进区域外交协调发展。

（二）建立"一带一路"倡议文化旅游联盟

随着中国与"一带一路"共建国家在文化、旅游等方面的深度交流，各种形式的跨境人文交流合作机制不断拓展，不同类型的文化和旅游机构主体不断相互渗透融合，催生了各类"一带一路"文化旅游合作机构的产生，如丝绸之路国际博物馆联盟、丝绸之路旅游推广联盟、丝绸之路国际剧院联盟、丝绸之路国际美术馆联盟、丝绸之路国际艺术节联盟等，为加强"一带一路"共建国家的人文交流合作开辟了新渠道。

第二节 六大经济走廊

根据丝绸之路经济带和21世纪海上丝绸之路的地理位置走向，当前已形成以新亚欧大陆桥、中蒙俄、中国—中亚—西亚、中国—中南半岛、中巴和孟中印缅为战略支柱的六大经济走廊，其作为国际重要通道，为亚欧大陆互联互通建设画出了清晰的路线图。

一、新亚欧大陆桥经济走廊

（一）项目概况

新亚欧大陆桥是指由中国连云港向西延伸，经中国西北地区，穿越亚洲中部和俄罗斯，最终抵达欧洲中东部，再接至欧洲西部，最终到达荷兰鹿特丹港的国际化交通干线，全程 10 900 公里，覆盖全球 30 多个国家和地区。它是连接中国与欧洲经济圈的核心通道，比西伯利亚大陆桥缩短了 2000—5000 公里的陆上运距，比海运距离缩短了上万公里。根据《推动共建丝绸之路经济带和 21 世纪海上丝绸之路的愿景与行动》，新亚欧大陆桥沿线以中欧班列等现代化国际物流体系为依托，重点发展经贸和产能合作，被界定为"一带一路"建设六大经济走廊之首。新亚欧大陆桥经济走廊的建设既拓展了亚欧能源资源合作空间，又为构建亚欧大陆区域大市场开辟了畅通高效的要素流动通道。

（二）相关协议

在"一带一路"倡议合作背景下，为充分发挥好新亚欧大陆桥贯穿辐射沿线城市与地区的作用，推动各国的深度友好务实合作，中国与新亚欧大陆桥经济走廊沿线国家逐渐形成以双边对接为主、多层次政策沟通为辅的合作机制。2015 年 5 月，俄罗斯支持将自身力推的欧亚经济联盟与中国的丝绸之路经济带在战略上实现对接，并签署了相关合作文件，强调双方将在交通、能源、经贸等领域上共同开辟新的合作空间。2016 年，中国与哈萨克斯坦两国共同签署了《"丝绸之路经济带"建设与"光明之路"新经济政策对接合作规划》，其作为"一带一路"倡议框架下签订的首个双边合作规划，为加强中哈两国经济政策，推进国际产能合作注入了强心剂。

除此之外，亚欧铁路合作机制也是有效落实新亚欧大陆桥的重要抓手。2017 年，包括中国、德国、波兰、白俄罗斯、蒙古国在内的 7 个国家以打造中欧班列为目标，共同签署了深化中欧班列合作协议，这是中国第一次与"一带一路"倡议伙伴关系国家签署有关中欧班列合作的协议。协议指出通过加强铁路基础设施发展规划对接、统一信息平台和服务标准、宣传中欧班列品牌等方式，共同构建畅通、安全的中欧铁路运输大通道。2016 年，中国完成中欧班列首个顶层设计框架，即印发了《中欧班列建设发展规划（2016—2020 年）》，截至 2022 年，中欧班列累计开行突破 6.5 万列，运输货物超 600 万标箱、货值 3000 亿美元。

二、中蒙俄经济走廊

（一）项目概况

中蒙俄经济走廊作为丝绸之路经济带的重要一环，它为中国的"一带一路"倡议实现与俄罗斯的"欧亚经济联盟"倡议、蒙古国的"草原之路"倡议对接提供了重要平台作用。从地理上看，当前有两条战略通道贯穿连接中蒙俄经济走廊：一是从中国核心都市圈京津冀出发，途经呼和浩特、蒙古国，最终到达俄罗斯；二是从中国东北大连起始，一路向北途经满洲里，最终到达俄罗斯的赤塔。从合作领域上看，中蒙俄经济走廊合作领域覆盖国际经济和产能合作、交通基础设施合作、口岸和海关互通合作、人文交流合作、生态环境保护合作、地方和边境合作等。

（二）相关协议

中蒙俄经济走廊作为连接东亚经济圈和欧洲经济圈的重要通道，其背后离不开多方达成的一系列合作机制。中国、蒙古国、俄罗斯就三方中期合作规划达成了一致，并于2015年7月9日签署了《关于编制建设中蒙俄经济走廊规划纲要的谅解备忘录》，指出了未来中蒙俄经济走廊的合作方向和合作重点。而后又在2016年6月23日签署"一带一路"倡议下首个多边合作规划纲要——《建设中蒙俄经济走廊规划纲要》，同时签署了《中华人民共和国海关总署、蒙古国海关与税务总局和俄罗斯联邦海关署关于特定商品海关监管结果互认的协定》等合作文件，为提升三国经济竞争合力，加强区域经济一体化提供了行动指南，标志着中蒙俄经济走廊迈入实质性发展阶段。此外，为持续推进"一带一路"倡议与欧亚经济联盟的战略对接，2018年5月，中国与欧亚经济联盟正式签署《中华人民共和国与欧亚经济联盟经贸合作协定》，为双方积极开展务实合作和政治对话指明了方向。

三、中国—中亚—西亚经济走廊

（一）项目概况

中国—中亚—西亚经济走廊作为覆盖地域最广、工程项目难度较高的丝绸之路经济带，在促进亚欧大陆东西两边连接的同时，又呈现出战略性的地缘政治作用。中国—中亚—西亚经济走廊以中国西北地区新疆为起点，一路向西穿过亚洲中部，途经波斯湾、阿拉伯半岛，最终抵达地中海沿岸。其中，以伊朗、土耳其等国为代表的亚洲西部国家地处亚洲与欧洲的交会处，拥有丰富的战略资源储备，为中国对外合作提供重大发展机遇。

（二）相关协议

为积极推进中国—中亚—西亚经济走廊所覆盖国家间的规划和项目对接，促进各国间的贸易投资便利化发展，实现区域间经济的相互协调，一系列加快中国与亚洲中西部国家战略对接的合作机制陆续落地。2014年6月5日，中国在北京举办中国—阿拉伯国家合作论坛第六届部长级会议，会议强调要进一步深化"全面合作，共同发展"的战略合作伙伴关系，努力建立"1+2+3"的中阿合作格局，即形成以能源资源合作为核心，以基础设施建设、贸易和投资便利化为辅助，以航天卫星、核能、新能源领域为突破的合作发展格局，实现双方在各自优势领域的合作共赢。2019年，在第二届"一带一路"国际合作高峰论坛上，中国和哈萨克斯坦强调将继续协商新版的《中哈关于鼓励和相互保护投资协定》，拓展投资和产业合作空间，并持续加强中国的丝绸之路经济带和哈萨克斯坦的"光明之路"新经济政策的合作规划对接。与此同时，中国与中亚相关国家共同建设的《中亚区域运输与贸易便利化战略（2020）》运输走廊也在有序推进。

四、中国—中南半岛经济走廊

（一）项目概况

中国—中南半岛经济走廊是贯穿中国西南地区与亚洲东南部、南部等地区的跨国经济走廊和陆海经济带。其依托跨国公路网、铁路网、陆港网等交通物流基础设施，以中国的南宁和昆明为起始地点，途经越南、老挝、缅甸、泰国、柬埔寨等中南半岛国家，穿越马来西亚等东盟国家，最终到达国际枢纽城市新加坡。中国—中南半岛经济走廊于2014年举行的大湄公河次区域经济合作第五次领导人会议上首次被提出，李克强出席了该会议并发表了主题演讲，演讲指出中国愿同中南半岛五国就产业合作和交通基础设施网络互通加强战略规划对接，共同挖掘新的金融合作模式，进而推动各国经济社会的可持续发展。当前，中国—中南半岛经济走廊已经取得了瞩目成果，如雅万高铁建设项目已于2016年开始建设动工、中老铁路建设项目已于2021年底建设完工。

（二）相关协议

2016年5月26日，中国邀请泰国、印尼、越南、马来西亚、柬埔寨等国在中国南宁共同举办了第九届泛北部湾经济合作论坛暨中国—中南半岛经济走廊发展论坛，基于"一带一路"倡议框架协议，共同发布了《中国—中南半岛经济走廊倡议书》。随后，中国与柬埔寨、老挝等国就共建"一带一路"倡议达成了共识，并签署了"一带一路"合作备忘录。各方指出要推动基础设施合作从规划方案落地到具体实践，启动中泰铁路和澜沧江—湄公河航道二期整治工程前期工作，开工建设中老铁路，探索打造中老磨憨—磨丁经济合作区，高效挖掘区域经济融合新模式。

与此同时，陆海新通道的建设已成为中国—中南半岛经济走廊的重要抓手。2017年9月，由中国和新加坡共同推进的陆海新通道正式开通。该国际物流新通道的历史使命是将中新双赢合作效应外溢到"一带一路"共建的周边国家，使其覆盖全球71个国家和地区的155个港口，推动中国与东盟国家在供应链产业链上互联互通。

五、中巴经济走廊

（一）项目概况

长久以来，中国和巴基斯坦一直保持着友好睦邻关系，这为中巴经济走廊的建立打好了社会舆论基础。2013年，李克强访问巴基斯坦，并提出要打通新疆与巴基斯坦瓜达尔港之间的公路、铁路及油气运输管道，中巴经济走廊由此而生。

中巴经济走廊是"一带一路"倡议在南北方位的又一重要战略要地，该经济走廊的运行，将会为中国西部地区的发展开通一条贸易和投资路线。中巴经济走廊以中国新疆维吾尔自治区的喀什为起点，依托公路、铁路等交通设施网络一路向南行驶，最终到达巴基斯坦瓜达尔港。中巴经济走廊的战略要点在于，其直接通过巴基斯坦输送石油化石能源资源，减少了对马六甲海峡的经济依赖度。其作为"一带一路"倡议的试点区、创新区，通过加强双方能源、交通及海洋等领域的紧密合作，有利于进一步深化中巴全天候战略伙伴关系。

（二）相关协议

2015 年，中国国家主席习近平首次访问巴基斯坦，并签署了 30 多项涉及中巴经济走廊建设的合作协议。2017 年 12 月 18 日，中巴两国在伊斯兰堡正式发布了《中巴经济走廊远景规划》，该规划旨在将巴基斯坦的"2025 发展愿景"同中国的"一带一路"倡议精准对接，深入推动中巴两国的产能合作和轨道交通合作，务实发展双方经贸投资和人文交流合作，进而促进双方关系迈入新的发展阶段。同时，中巴两国早在 2013 年就设立"中巴经济走廊联合合作委员会"事宜达成了共识，旨在实质性地通过每年举行一次的工作会议来指导促进双方战略规划的对接。此外，巴基斯坦方面还专门成立了"中巴经济走廊专门委员会"，负责推进中巴经济走廊建设。

六、孟中印缅经济走廊

孟中印缅经济走廊是"一带一路"倡议面向亚洲东南部、南部和印度洋沿岸融合发展的一条重要经济走廊，其所覆盖区域包括中国西南、印度、孟加拉国、缅甸等多个国家，为加速亚洲东部与南部地区在经济政治文化等方面的对接，以及"一带一路"共建国家的繁荣发展提供了重大发展平台。其中，中国与缅甸的区域合作是孟中印缅经济走廊建设的合作重点。

孟中印缅经济走廊最初源于 20 世纪 90 年代中印缅孟四国在昆明举办的经济合作大会，并签署了会议纪要和联合研究计划。中国和印度作为两个发挥重要角色的大国对推动区域经济融合具有至关重要的作用。2013 年 5 月，李克强到访印度，两国领导人就共同建设孟中印缅经济走廊达成了共识，并就强化双方经济市场合作达成了联合声明。声明指出，两国将成立联合工作组以推动孟中印缅经济走廊的建设，各方将重点加强在能源资源、交通基础设施、经贸投资等领域的合作，推动各国产业经济的转型升级。同年 12 月，中印缅孟四国在昆明召开孟中印缅经济走廊联合工作组第一次会议，正式以政府间的合作方式推进孟中印缅经济走廊建设。

本 章 提 要

（1）"政策沟通"的发展重点：举办"一带一路"国际合作高峰论坛、推动区域发展战略对接工作、推动规划对接与项目对接、拓展专业领域沟通合作、建立并完善双多边常态化工作机制和推广第三方市场合作新模式。

（2）"设施联通"的发展重点：建设交通基础设施、推进能源设施联通和提高通信设施联通水平。

（3）"贸易畅通"的发展重点：深化贸易往来、推进投资合作和完善境外经贸合作区建设。

（4）"资金融通"的发展重点：提升金融服务水平和建立开放性投融资体系。

（5）"民心相通"的发展重点：构建双边、多边文化旅游合作机制和建立"一带一路"倡议文化旅游联盟。

（6）"一带一路"六大经济走廊：新亚欧大陆桥经济走廊、中蒙俄经济走廊、中国—中亚—西亚经济走廊、中国—中南半岛经济走廊、中巴经济走廊和孟中印缅经济走廊。

思考与探索

如何能进一步推进"五通"和六大经济走廊的发展？六大经济走廊在"一带一路"建设中能发挥什么样的作用？

第九章 "一带一路"共建国家经济概况

面对当前复杂多变的外部环境，中国企业"走出去"既是机遇，也是挑战。梳理"一带一路"共建国家的投资信息，可以帮助企业深入了解"一带一路"共建国家的经济特点及其优势产业，理解中国同"一带一路"共建国家所开展的不同合作模式，可以更好地认清"一带一路"的投资环境，预判"一带一路"区域投资合作前景，进而创新对外投资合作发展模式，有效融入当地产业发展。由于资料有限，本章只介绍"一带一路"共建国家中的一部分成员的经济特点、优势产业及其与中国的经贸合作关系。

第一节 亚 洲 地 区

一、东南亚地区

亚洲大部分国家与中国接壤，是同中国密切往来的"邻居"，自古以来便是中国亲密的贸易合作伙伴。同时，在海运方面，东南亚地区又有着独特的资源优势：其是连接亚洲和大洋洲、太平洋和印度洋的"十字路口"，而坐拥马六甲海峡更是给予了该地区无可比拟的地理优势。因此，该地区在"一带一路"倡议的发展蓝图中的重要性不言而喻。

（一）区域整体发展评价

1. 得天独厚的地理位置

新加坡、印尼、越南、泰国等国位于亚洲的东南部，既连接亚洲与大洋洲，又连接太平洋与印度洋，同时地区内的马六甲海峡是国际贸易的重要交通航道。除马六甲海峡之外，东南亚地区还有 4 个海峡在国际商业中发挥着各自的作用。[①]这些都使得该地区在"一带一路"倡议中具有重要的经济地位。

2. 丰富的自然资源

沿海地区、热带气候孕育出该地区肥沃的土地和丰富的自然资源，因此农业成了该地区多数国家的支柱性产业，如缅甸被冠以"亚洲粮仓"的美誉，而泰国则是所有亚洲国家中唯一一个粮食净出口国。此外，储量充裕的矿产资源也是东南亚国家的一大特点，文莱的石油产量在该区域国家中位居第三，天然气产量更是达到了世界第四的水平。

---

① 这 4 个海峡分别是：巽他海峡（爪哇岛和苏门答腊岛之间）、圣贝纳迪诺海峡（位于菲律宾东南部吕宋岛和萨马岛之间）、苏里高海峡（位于菲律宾的莱特岛和棉兰老岛之间）、望加锡海峡。

3. 经济发展两极分化严重

该区域有属于发达国家行列的新加坡，也有较为落后的国家，如老挝、柬埔寨等。2019 年，新加坡的人均 GDP 达到了 6.5 万美元，而老挝的人均 GDP 仅为两千多美元，缅甸的人均 GDP 更是低到一千多美元。2017 年，缅甸的贫困率超过 20%；2018 年，老挝的贫困率也仍有 18%。①经济发展差异过大是阻碍中国同该区域进一步加深合作的关键所在。

4. 可持续发展动力不足

东南亚国家过于依赖本国所拥有的自然资源，但很多能源资源并非"取之不尽，用之不竭"，这也就导致了这些国家可能面临着未来经济发展动力不足的问题。此外，由于缺乏先进的技术和相应的人力资本，该区域的农业现代化水平仍然较低，他们的农民只能通过过度开垦土地等不恰当的农业种植方式来实现自身农业产量的提升，这又进一步恶化了可持续发展的问题。

（二）部分国家介绍

1. 新加坡

（1）总体经济概况

新加坡，坐落于亚洲东南部地区的中南半岛，是海上运输的交通要塞。自 20 世纪 70 年代以来，新加坡充分利用其独特的地理优势，逐步实现自身经济结构的转型升级，并且根据不同的发展阶段制定了相应的经济发展政策。在这一系列的举措之下，新加坡的经济得到迅猛发展，一跃成为"亚洲四小龙"之一，跻身于发达国家的行列，摆脱了此前贫穷落后的局面，成为世界第四大国际金融中心②。然而，耀眼的金融地位未能改变新加坡的自然资源相对匮乏的现实。一直以来，新加坡工业所需原材料及一些生活必需品主要依靠进口，对外依存度较高。不仅如此，由于新加坡的国土面积相对较小，因此城市化的发展又进一步缩小了雨林的规模。

经济发展方面，自 2010 年以来，新加坡的经济一直保持着稳步增长的势头。其 GDP 从 2010 年的 2398.09 亿美元增加至 2019 年的 3720.63 亿美元；而人均 GDP 则从 2010 年的 47 236.96 美元增加至 2019 年的 65 233.28 美元。在人口方面，新加坡的大部分人口是来自欧亚地区的移民及其后裔，其文化具有多元化特征。就人口总数而言，截至 2019 年 6 月，新加坡的人口总量达到了 570.36 万，而非本地居民的比例就接近 30%。其总人口增长率近年来趋于平稳，大致维持在 1.2%—1.3%的范围内。此外，新加坡也存在一定的人口老龄化现象，其 65 岁及以上人口总数约占人口总量的 1/7。①

（2）优势产业

从新加坡的三大产业结构来看，服务业一直是新加坡的支柱性行业。2020 年，新加坡服务业增加值占到了该国 GDP 的 70%以上，工业次之；而新加坡可谓是一个几乎没有农业的国家，农业增加值占 GDP 的比重始终处于 0.03%的水平。2019 年，制造业占

① 数据来源：世界银行。

② 数据来源：英国智库 Z/Yen 集团与中国（深圳）综合开发研究院共同编制的"第 26 期全球金融中心指数"，2019 年 9 月 19 日。

新加坡 GDP 的比重为 20.5%，而其中表现最为亮眼的是电子工业，这也是新加坡传统优势产业之一。2019 年，电子工业的产值超过了制造业总产值的 40%；此外，作为国际金融中心，新加坡的金融保险业占比为 14.1%。[①]

（3）对外经贸关系

在对外经贸方面，吸引外资是新加坡的一项基本国策。数据显示，在世界银行发布的《2020 年营商环境报告》中，新加坡位列全球第二，仅次于新西兰。同时，截至 2019 年底，新加坡吸收外资存量达到 19 123 亿美元。再从贸易伙伴来看，新加坡的主要贸易合作伙伴集中在周边的邻国。其中，2019 年，在货物贸易方面，中国是新加坡最大的合作伙伴，但是在服务贸易方面，中国仅是新加坡第四大合作伙伴，美国位居首位。

对于新加坡这样的国家而言，国内需求相对较小，所以新加坡一直以外向型经济为主导。新加坡是 WTO 的正式成员，同时也是亚太经济合作组织和东盟的成员国，现如今又成为 RCEP 的成员国。新加坡正努力通过一系列的国际协定和国际组织，不断拓展自身的海外市场，获得推动自身经济发展的动力源。

2. 印尼

（1）总体经济概况

印尼素有"千岛之国"的美誉，坐拥 17 508 个岛屿，是世界上拥有岛屿数量最多的国家。在地理位置方面，印尼扼守着连通太平洋和印度洋的交通要道，其中包括巽他海峡、龙目海峡及马六甲海峡，正因如此，印尼在海运领域具有十分重要的地位。此外，与新加坡不同，印尼的自然资源十分丰富，尤其是矿产资源。印尼官方数据显示，该国的石油储量已超过 13 亿吨，相当于 97 亿桶的油量；天然气储量也超过了 4.8 万亿立方米；而据估测，煤炭的潜在储量更是超过 900 亿吨。不仅如此，印尼还是生产棕榈油的世界第一大国，生产天然橡胶的世界第二大国。由此可见，印尼作为"热带宝岛"可谓是名副其实。

在经济方面，与其他东盟成员国相比，印尼是最大的经济体。尤其是在经济结构转型之后，印尼就开始步入了经济发展的快车道，成了亚洲"四小虎"之一，加入了中等收入国家的行列。不论是 1997 年的亚洲金融危机，还是 2008 年的全球金融危机，印尼都能较好地应对，保持经济的复苏和平稳增长。但是，自 2014 年以来，在全球经济发展不景气的大环境下，印尼经济增速有所下滑。为此，印尼出台了一系列政策措施以刺激经济发展，并初见成效。2019 年，印尼 GDP 达到了 1.11 万亿美元，与 2018 年相比增长率突破 5%。[①]然而，自 1997 年以来，经济增长带来的积极影响并没有在印尼人民的生活中得到很好的体现。截至 2019 年，按国家贫困线衡量的印尼贫困人口比例达到了 9.4%。再从人口来看，印尼人口数量较多，人口总量居世界第四，也是东南亚地区的第一人口大国。此外，印尼人口组成具有多元化的特点，涵盖了一百多个民族。在宗教信仰方面，穆斯林占据了印尼人口的绝大一部分，因此印尼也成了拥有穆斯林人口最多的国家。

---

① 数据来源：世界银行。

（2）优势产业

印尼充分利用与生俱来的丰富自然资源，将矿产业及农林渔业发展成为自身的特色产业。但是，就石油天然气业而言，近年来，印尼的石油产量有所下滑，并成了石油净进口国。由此，2008 年，印尼退出了石油输出国组织（Organization of the Petroleum Exporting Countries，OPEC）。但是，印尼始终坚持自身的农业发展，印尼国内有着众多从事农业生产活动的印尼人，从事林业相关生产活动的印尼人也有 3000 万人之多。不仅如此，依靠延绵的海岸线和广阔的水域面积，印尼还大力发展自身的渔业，海洋鱼类品种超过 7000 种，并将水产品销往海外，中国和美国业已成为印尼水产品最大的出口市场。此外，近年来，印尼政府大力支持旅游业的发展，印尼旅游业目前已成为该国外汇收入的重要来源。2019 年，赴印尼旅游的外国游客已超过 1600 万人次，中国也是印尼外国旅客的主要来源国。

（3）对外经贸关系

在对外经贸方面，印尼始终重视本国的对外贸易发展，出台了一系列政策以鼓励本国企业的出口，如将出口手续由繁化简等。数据显示，在印尼的众多出口产品中，矿产资源（包括石油、天然气等）、纺织品、棕榈油、橡胶等是印尼的主要出口产品。印尼将这些产品主要出口到周边邻国及美国、欧洲等地（图 9-1）。此外，印尼也积极参与"一带一路"建设。2019 年，在中国对"一带一路"共建国家投资流量排名中，印尼位列第二，仅次于新加坡。此外，印尼还签订了众多贸易协定以加强同各国和地区的经贸往来关系，印尼是东盟成员国，也是 RCEP 的缔约国，这对加强印尼乃至整个亚洲东部地区同世界各国的合作均具有现实意义。

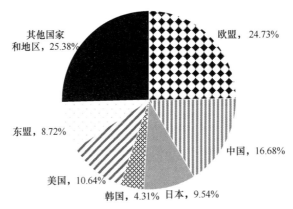

图 9-1　2019 年印尼主要出口国和地区

资料来源：根据印尼统计局发布的数据整理

3. 越南

（1）总体经济概况

越南位于东南亚地区，其北部与中国接壤，是一个社会主义国家。在自然资源方面，越南的矿产资源较为富足。据统计，越南境内已探明的煤炭储量达到了 38 亿吨，优质无烟煤的比例更是达到了 89.47%。石油和天然气的储量也较为富足，官方数据显示，已探明的储量分别达到了 2.5 亿吨和 3000 亿立方米。除了能源资源之外，像铁、铜、铝及铅这样的金属资源也大量存在于越南。此外，受地理位置和气候条件的影响，越南盛产农作物（如水稻）和水果（如椰子、火龙果等），而绵长海岸线更是为越南提供了上千种的鱼类资源。

在经济方面，通过 1986 年开始实行的革新开放，越南的经济发展逐渐步入正轨。为了进一步推动经济发展，给经济发展增添持续动力，越南不断进行经济改革，其中包括 2001 年确立社会主义市场经济体制，2006 年加入 WTO，开始融入经济全球化发展的潮流当中。虽然从经济总量来看，越南并没有太过于亮眼的表现，但是从 GDP 的增速来看，越南的经济正呈现出迅猛的发展势头（图 9-2）。

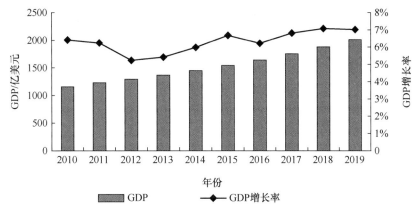

图 9-2 2010—2019 年越南 GDP 和 GDP 增长率变化情况
资料来源：世界银行数据库

（2）优势产业

农业在越南的 GDP 中一直占有较高的比重，但近年来这一比例有所下降：1988 年，农业增加值占越南 GDP 的比重达到了 46.30%，但是这一数据却不断下降，到了 2019 年，该数值不足 14%。即便如此，越南在农业方面的产量依然相对较高，在满足国内需求的同时，还能够进行出口。2019 年，越南的水稻产量超过了 4300 万吨，而甘蔗和木薯的产量也达到了千万吨。虽然越南的工业基础较为薄弱，但是政府对工业的支持力度却不断加大。在一系列支持政策的催化下，越南的工业发展迅速，电子工业更是取得了长足进步，像三星、微软及富士康等众多知名企业纷纷在越南投资建厂。此外，在电力工业方面，越南的发展居东南亚国家前列。2019 年，越南的电力生产系统总装机规模在所有东盟国家中位居第二，其容量达到了 54 880 兆瓦。而服务业发展尽管相对滞后，但前景广阔。近年来，越南丰富的旅游资源吸引了大批游客，为越南创造了不少的收入。2019 年，越南旅游业的收入达到了近 19.5 亿美元，与 2018 年相比，增长了 12% 左右。

（3）对外经贸关系

自 2006 年加入 WTO 以来，越南融入国际经济的程度逐步加深，其对外开放格局也不断扩大，积极同周边邻国及美国等其他国家和地区建立起长期而稳定的经贸合作关系。而作为中国的邻国，近年来，越南同中国保持着较好的经贸合作往来，现已成为中国在东南亚国家中第一大合作伙伴。2019年，在"一带一路"共建国家中，越南成为获得中国对外直接投资流量排名前三的国家。在区域贸易协定方面，作为东盟成员国，越南也加入了RCEP，以期共同建设亚洲经济。

4. 泰国

（1）总体经济概况

泰国，是一个实行君主立宪制的国家，90%以上的民众信仰佛教，同时也是著名的旅游胜地。在自然资源方面，不得不提的是泰国的锡，这是泰国最为主要的矿产资源，其储量位居世界之首，达到了150万吨；钾盐以其4367万吨的储量居世界第一。与此同时，泰国境内蕴含的能源资源总量也丝毫不逊色，包括石油、天然气及油页岩等。此外，泰国在渔业领域也颇具优势，其海洋渔业资源位居亚洲第三，仅次于日本和中国。

在经济方面，泰国逐步步入新兴工业化国家的行列，在东南亚国家中，其经济总量排名第二，仅次于印尼。20世纪90年代，泰国经济就进入了较高速发展的阶段，从而跻身于亚洲"四小虎"的行列。但在1997年亚洲金融危机之后，泰国经济遭受重创，直至进入21世纪，泰国经济才呈现出复苏迹象，而随之而来的2008年全球金融危机又在一定程度上遏制了泰国经济的发展势头（图9-3）。当前，泰国经济发展趋于稳定，已开启"泰国4.0"计划，力图实现自身产业的创新升级，大力发展高附加值产业。

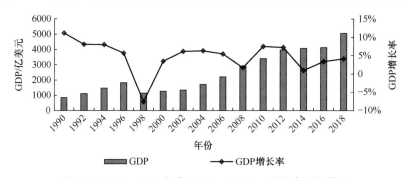

图9-3　1990—2018年泰国GDP和GDP增长率变化情况

资料来源：世界银行数据库

在人口方面，华人占据了该国总人口的很大比重。正是因为泰国拥有良好的华人基础，加大了泰国对中国企业赴泰投资的吸引力。但是，在中国企业进军泰国市场时，一定要尊重当地人民的宗教信仰（大部分泰国人信奉佛教），以此来更好地适应当地市场。

（2）优势产业

首先，从农业来看，农业在泰国经济发展版图中有着举足轻重的地位，农产品在泰国出口产品中占据着极大的比重。目前，在大米、木薯和天然橡胶的出口方面，泰国已居世界首位，这些农产品的出口为泰国带来了一大笔外汇收入。其次，从工业来看，尤其是在汽车工业领域，泰国取得了不俗的成绩。在东南亚地区，泰国在汽车生产和出口方面占据着领先地位。最后，泰国的旅游业一直较为发达，该国全境拥有超500个旅游景点，像曼谷、清迈、苏梅岛、普吉岛等地都是世界闻名的旅游景点。2019年，国际旅游为泰国创造了约650.32亿美元的收入。

（3）对外经贸关系

纵观泰国国际贸易发展历程，可以认为泰国是以外向型经济为主的。因此，泰国一直持续努力维持着同世界各国的合作与联系。不仅如此，其市场辐射范围较广，不仅局限在周边邻国，像中国、日本、美国、欧盟及东盟其他国家都是泰国重要的贸易伙伴。在外商直接投资领域，泰国以其较为良好且稳定的投资环境吸引了大批外资。截至2019年底，泰国吸收外资的存量超过2544亿美元，而中国也首次取代日本成为对泰投资规模最大的国家。

二、亚洲中部地区

哈萨克斯坦、塔吉克斯坦、吉尔吉斯斯坦、乌兹别克斯坦和土库曼斯坦五个国家地处欧亚大陆的中心地带，是连接欧洲和亚洲的桥梁，更是丝绸之路经济带的关键一环。对于这五国而言，丰富的矿产资源成了这些国家的财富来源。但是，矿产储量不一、开采难度各异导致亚洲中部地区的经济发展也存在着"不平衡"的特点。

（一）区域整体发展评价

1. 资源依赖性高

哈萨克斯坦、塔吉克斯坦、吉尔吉斯斯坦、乌兹别克斯坦和土库曼斯坦五个国家地处欧亚大陆的中心地带，是连接欧洲和亚洲的桥梁，更是丝绸之路经济带的关键一环。该五国经济依赖于自身的自然资源，丰富的矿产资源成了这些国家的财富来源，因此它们逐步发展成为资源型国家。但是，矿产储量不一、开采难度各异导致该地区的经济发展也存在着不平衡的特点。2019年，哈萨克斯坦的燃料出口占到了商品总出口额的67%，但是这一比例在其他四国相对较低，这在一定程度上同一国矿产资源的储量与开采难度有关。

2. 贫富悬殊

在哈萨克斯坦的众多出口产品中，燃料出口占据着很大比重，矿产资源开采和利用率的差异导致了亚洲中部地区国与国之间的贫富悬殊问题。2019年，哈萨克斯坦的GDP为1816.66亿美元，而吉尔吉斯斯坦的GDP仅为84.55亿美元，不足哈萨克斯坦GDP的5%。贫富差距问题可见一斑。

3. 整体竞争力不强

随着全球化不断深入发展，外商直接投资成为推动一国或一地区经济发展的重要资金来源。但是，对于亚洲中部五国而言，除哈萨克斯坦的竞争力相对较高之外，其他四国的竞争力相对较弱。根据《2019年全球竞争力报告》，在最具竞争力的141个国家和地区中，哈萨克斯坦位列全球第55位，吉尔吉斯斯坦位列第96位，而土库曼斯坦甚至未出现在该项排名当中。

（二）部分国家介绍

1. 哈萨克斯坦

（1）总体经济概况

哈萨克斯坦，位于欧亚大陆，是一个内陆国家，其国土面积位居所有内陆国家之首。2013

年，习近平在访问哈萨克斯坦的时候首次提出了丝绸之路经济带，此后，哈萨克斯坦积极地参与到"一带一路"的建设当中，其同中国的联系也愈发紧密。不仅如此，拥有丰富资源的哈萨克斯坦还被冠以"能源和原材料基地"的称号。在该国境内，矿产资源充裕。据统计，已探明的矿藏超 90 种，矿物原料的种类也多达 1200 多种。而且，哈萨克斯坦已探明的石油储量位居世界第七。因此，哈萨克斯坦是当之无愧的矿产和石油出口大国。

在经济方面，1991 年独立以后，哈萨克斯坦逐步进入经济发展阶段，虽然过程存在曲折波动，但逐渐步入正轨。但是到了 2013 年，当经济发展水平达到峰值之后，该国经济开始出现下滑，近两年才呈现出相对稳定的发展状态（图 9-4）。总体而言，哈萨克斯坦在充分利用自然资源优势，大力发展资源密集型出口产业的同时，也不断加强在科技、数字经济、装备制造等方面的投资和建设。

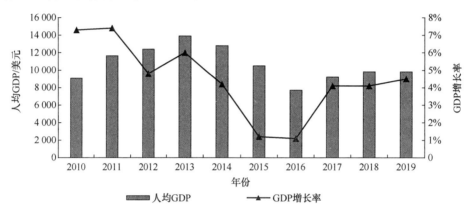

图 9-4　2010—2019 年哈萨克斯坦人均 GDP 和 GDP 增长率变化情况

资料来源：世界银行数据库

（2）优势产业

天然的资源优势给予了哈萨克斯坦大力发展采矿业的优越条件，采矿业也就成了推动哈萨克斯坦经济发展的支柱性产业。2019 年，该国采矿业的总产值超过了工业总产值的 1/2。此外，石油天然气业同样也是哈萨克斯坦的重要产业，2019 年，该国石油和凝析油的产量超过了 9000 万吨；从服务业来看，哈萨克斯坦的服务业产值占比高于工业和农业，其占 GDP 的比例达到了 55.4%，创造了近 760.4 亿美元的价值。

（3）对外经贸关系

在贸易领域，哈萨克斯坦是能源和矿产资源的出口大国，但近年来该国的出口总额有所下降，外贸规模有所缩小。而就贸易伙伴而言，中国是哈萨克斯坦的第二大贸易伙伴，中哈之间的贸易规模仅次于哈俄两国之间的贸易规模。在国际投资领域，哈萨克斯坦一直希望通过引进外资的方式来推动本国的经济发展，并同多国签署了关于双边保护的投资协定（如中国、俄罗斯及美国等）。

2. 塔吉克斯坦

（1）总体经济概况

塔吉克斯坦，位于亚洲中部大陆的东南部，该国的东部与中国接壤，是中国的友好邻邦。该国国土面积的 93%属于山川地带，因此哈萨克斯坦也被誉为"高山之国"。塔吉克斯坦是亚洲中部面积最小的国家,但塔吉克斯坦境内蕴含着丰富的自然资源。该国的水利资源占到了整个亚洲中部地区的近 3/5,其人均拥有量更是位居世界第一,但开采量却相对较低,不到总量的 1/10。不仅如此,世界第二大银矿区位于塔吉克斯坦境内,该国的黄金储量也超过 600 吨,还有包括铜、锡、钨等贵金属。虽然塔吉克斯坦也拥有储量较大的石油和天然气,但因为开发度较低,一直未得到有效利用。

在经济方面,虽然与哈萨克斯坦相比,塔吉克斯坦的人均 GDP 水平相对较低,如2019 年,塔吉克斯坦的人均 GDP 仅为 870.79 美元,但近年来,该国的经济一直保持着平稳增长,2010—2019 年,塔吉克斯坦的经济增长率保持在 6%到 8%之间。此外,该国还不断推动本国的工业化进程,加大了对能源及交通行业的支持,并持续提升自身的粮食发展水平,也取得了一定的成效。

(2)优势产业

铝业可谓是塔吉克斯坦的支柱性产业,该国的龙头企业塔吉克铝业公司在苏联解体之前就已存在,对塔吉克斯坦的经济发展功不可没。2019 年,塔吉克铝业公司的铝产量超过 10 万吨,出口的铝制品价值也达到了约 1.66 亿美元,占到了总出口比例的 14%左右。而煤炭工业也算得上是塔吉克斯坦的优势产业。塔吉克斯坦所生产的无烟煤质量较高,达到了世界第二的水平。此外,塔吉克斯坦和哈萨克斯坦及英国等国签署了关于共同开发焦炭的合作协议,进一步推动了该国在煤炭领域的国际化进程。

(3)对外经贸关系

为融入经济全球化的浪潮,塔吉克斯坦也实施对外开放的政策,努力推动本国企业的出口和吸引外资的进入。2019 年,该国的贸易总额达到了 45 亿美元左右,与上一年相比,增长率为 7.1%。而塔吉克斯坦的主要贸易伙伴国也集中在周边国家,其中俄罗斯为该国最大的贸易伙伴,中国为该国的第三大贸易伙伴。2019 年,中塔之间的贸易总额达到了 6.6 亿美元,占塔吉克斯坦贸易总额的近 15%。在对外投资领域,中国则成为塔吉克斯坦外资的第一来源国,塔吉克斯坦近 50%的外资来自中国。

对于塔吉克斯坦这样的低收入国家而言,资金短缺是该国发展的一大障碍。因此,接受人道主义援助成为该国推动经济发展的方式之一,中国也是援助塔吉克斯坦的主要国家之一(图 9-5)。

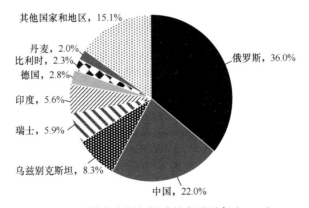

图 9-5 对塔吉克斯坦援助的主要国家(2019)

资料来源:《对外投资合作国别(地区)指南:塔吉克斯坦(2020 年版)》

3. 吉尔吉斯斯坦

（1）总体经济概况

吉尔吉斯斯坦，地处亚洲中部地区，其东南部地区与中国新疆紧密相连，北部与哈萨克斯坦相连，南部与塔吉克斯坦相连。在吉尔吉斯斯坦境内，山地占据了大部分的国土面积。此外，该国拥有世界第二大高山湖——伊塞克湖。在自然资源方面，吉尔吉斯斯坦境内几乎囊括了元素周期表上的所有元素。其中，吉尔吉斯斯坦算得上是黄金大户，该国平均每年开采 18—22 吨黄金，开采量在所有独立国家联合体（以下简称独联体）国家中排名第三位，而水银的开采量也达到了世界第三的水平（开采量达到了 85 吨）。不仅如此，境内数量可观的河流湖泊赐予了吉尔吉斯斯坦丰富的水资源，该国所蕴含的水资源总量位居独联体国家前列。

在经济方面，吉尔吉斯斯坦是一个以农牧业为主的国家，该国的工业基础较为薄弱。自进入 21 世纪以来，该国在经济方面进行了一些改革，包括推动本国经济朝着市场经济的方向发展，以及对经济体制进行私有化和非国有化的改革，从而进一步释放经济活力，由此推动该国经济的增长。特别是从 2014 年起，吉尔吉斯斯坦的 GDP 进入稳定增长期（图 9-6）。

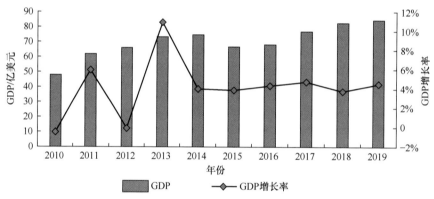

图 9-6　2010—2019 年吉尔吉斯斯坦 GDP 和 GDP 增长率变化情况

资料来源：世界银行数据库

在人口方面，吉尔吉斯斯坦是多民族国家，该国拥有超过 80 个民族，其中吉尔吉斯族为人口最多的民族。此外，该国大部分人口属伊斯兰教的逊尼派。

（2）优势产业

农牧业是吉尔吉斯斯坦的优势产业。2019 年，该国的农林牧业产值达到了 31.52 亿美元左右，农业增加值占到了该国 GDP 的 12% 以上。在工业方面，吉尔吉斯斯坦的加工业独树一帜。加工业是该国工业的重要组成部分。2019 年，吉尔吉斯斯坦的加工业产值占到了工业总产值的 78.70%。采矿业也有着不俗的表现。2019 年，该国采矿业的总产值接近 2.9 亿美元。

（3）对外经贸关系

总体来看，吉尔吉斯斯坦的对外贸易依存度较高。近几年，吉尔吉斯斯坦的贸易总额占到了该国 GDP 的约 2/5。在吉尔吉斯斯坦的众多贸易合作伙伴当中，中国是吉尔吉斯斯坦最大的贸易伙伴国。2019年，中吉两国之间的贸易总量达到了18.17亿美元，占到了吉尔吉斯斯坦总贸易额的26.4%。不仅如此，中国也是吉尔吉斯斯坦最大的外资来源国。2019年，中国对吉尔吉斯斯坦的投资总额超过3亿美元，其次是加拿大和瑞士。此外，吉尔吉斯斯坦是多个国际组织的成员，如WTO、上海合作组织及欧亚经济联盟等，这也为吉尔吉斯斯坦融入国际贸易环境中创造了便利条件。

4. 乌兹别克斯坦

（1）总体经济概况

乌兹别克斯坦，是位于亚洲中部大陆的一个内陆国家，和列支敦士登被认为是世界上仅有的两个双重内陆国，即其本身及所有周边国家均是内陆国。该国拥有悠久的历史和璀璨的文化，众多的名胜古迹让乌兹别克斯坦成为著名的旅游胜地。此外，在2018年，乌兹别克斯坦还被评为世界上第五大安全国。在自然资源方面，丰富的矿产资源成为乌兹别克斯坦的一大特点。据统计，该国的矿产资源总价值达到了3.5万亿美元，其中包括世界总量第四的黄金储量及世界规模第七的铀储量。

在经济方面，在亚洲中部五国中，乌兹别克斯坦的经济实力较为强劲，其经济发展水平仅次于哈萨克斯坦。2019年，该国的GDP总量达到了579.21亿美元，GDP增长率约为5.57%。但总体而言，乌兹别克斯坦的经济并没有呈现多元化的发展趋势，主要依靠的是农业、畜牧业和采矿业，在加工业方面其发展基础较为薄弱。近年来，为释放经济发展活力，乌兹别克斯坦进行了相关的私有化改革，将一批国有企业改组为私营企业。同时，乌兹别克斯坦还大力支持本国基础设施建设，以期达到提升偏远地区经济发展水平的目的。

（2）优势产业

对于乌兹别克斯坦而言，"四金"——黄金、"白金"（棉花）、"乌金"（石油）、"蓝金"（天然气）成为推动该国经济发展的支柱性产业。在农业方面，作为传统的农业国家，乌兹别克斯坦农业发达，既可以做到粮食的自给自足，还是亚洲中部地区重要的水果和蔬菜生产基地。2019年，该国的蔬菜产量近995万吨，瓜果产量达192万吨左右。在工业方面，乌兹别克斯坦一直重视本国的工业发展，尤其是汽车工业领域。乌兹别克斯坦是亚洲中部国家中最早投入汽车生产的国家，2019年，该国生产轿车约27万辆，出口额达1.21亿美元。

（3）对外经贸关系

乌兹别克斯坦积极同世界各国和地区建立经贸合作关系，据统计，有193个国家和地区同乌兹别克斯坦建立了经贸关系。并且，该国还大开国门，给予了包括中国在内的45个国家最惠国待遇。同时，2016—2019年，中国一直是乌兹别克斯坦的最大贸易伙伴国。而在吸引外资方面，乌兹别克斯坦出台了相应的优惠政策来吸引外商直接投资。2019年，该国外商直接投资净流入额达到了23.17亿美元，其中外资的三大来源国分别是中国、俄罗斯及韩国。虽然中乌两国经贸往来较为频繁，但两国之间尚未签订自由贸易协定。

5. 土库曼斯坦

（1）总体经济概况

土库曼斯坦，处于亚洲中部大陆的西南部地区，属于内陆国家。该国80%的国土面积被沙漠（卡拉库姆沙漠）所覆盖，因此也被认为是世界上最干旱的国家之一。不仅如此，由于该国地处地震带，因此地震发生较为频繁。在自然资源方面，富足的自然资源是土库曼斯坦的一大特点，其中包括总量达 19.5 万亿立方米的已探明的天然气储量和 120 亿吨的石油资源。

从经济方面来看，虽然近年来国际能源市场持续低迷，而土库曼斯坦又是一个把能源产业作为主导产业的国家，但是该国的经济增速始终保持在较高速的水平上（图 9-7）。与此同时，为了实现本国经济多元化发展，改善经济结构较为单一的局面，土库曼斯坦对自身经济结构做出了相应的调整。该国不仅开始重视能源产业，还将重点放在了交通、通信、电子及旅游等多个方面。

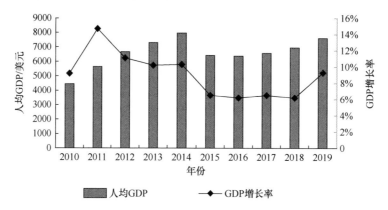

图 9-7   2010—2019 年土库曼斯坦人均 GDP 和 GDP 增长率变化情况
资料来源：世界银行数据库

（2）优势产业

农业作为土库曼斯坦的基础产业，为土库曼斯坦人民带来了大量的就业岗位，解决了该国部分人民的就业需求。在种植业方面，土库曼斯坦以种植棉花和小麦为主。2019年，土库曼斯坦的棉花产量为 100 万吨，小麦的产量更是达到了 170 万吨。同时，为了进一步扩大农产品的出口量，土库曼斯坦不断提升本国农业的现代化水平，大力引进数字化技术来提高农产品产量。在工业方面，油气行业当之无愧成为土库曼斯坦的支柱性产业。作为天然气大国，土库曼斯坦不仅重视有关天然气的开采，近年来还希望能够实现在油气行业的垂直一体化发展，从而有能力出口高附加值的油气产品，为本国的经济发展打造新的增长点。

（3）对外经贸关系

从外贸方面来看，土库曼斯坦主要是出口与油气相关的产品，以及一些纺织品，进口产品则包括了日用品、食品和机械设备等。自 2011 年以来，中国一直是土库曼斯坦最大的贸易伙伴国。2019 年，中土两国之间的贸易往来规模已达 91 亿美元左右，比上年增长 8.1%。此外，中土两国之间还共同签订了一系列条约来更好地维护两国的经贸关系。尽管近年来土库曼斯坦吸引外资的力度不断加大，现已成为吸引外商直接投资指数排名前十的国家，但中国对土库曼斯坦的直接投资规模仍然相对较小。据统计，截至 2019年，中国对土库曼斯坦的直接投资存量仍然不足 3 亿美元。

三、亚洲西部地区

亚洲西部地区在国际版图中占据着重要位置：连接欧洲、亚洲和非洲的同时也是太平洋和印度洋的融合交会点。该地区的石油资源异常丰富，依靠石油资源，亚洲西部地区的众多国家创造了不少财富，但也在一定程度上导致了这一地区的经济结构较为单一。2019年，亚洲西部地区的人均GDP接近8000美元，属于中等偏高收入行列。

（一）区域整体发展评价

1. 石油资源储量充裕

亚洲西部地区的国家依靠着规模较大的石油储量逐步发展起来，在沙漠中建设起了属于自己的国度。仅沙特一国剩余的石油可采储量就有2670亿桶，而2018年，巴林新发现的油田储量就达到了800亿桶。不难看出，亚洲西部地区所拥有的"黑色黄金"的数量是巨大的。

2. 经济结构单一

丰富的石油储量让亚洲西部国家过于依赖石油产业，这也在一定程度上导致了这些国家经济发展的脆弱性明显增加，即经济发展水平受国际油价影响的可能性较大。因此，近年来，亚洲西部地区的一些国家开始推动本国经济结构转型，以实现本国经济多元化发展的目标。以沙特为例，沙特以石油产业为中心，带动相关产业（如运输业和加工业等）发展的同时，还在其"2030愿景"中提到要大力发展本国的医疗保健业。但是，就目前而言，该地区的国家对于石油资源还是具有绝对依赖性。

3. 贫富两极分化程度明显

虽然从整体水平来看，亚洲西部地区国家的人均GDP较高，但是具体分析不同国家时，这一地区国家的经济发展水平仍然可以说是"参差不齐"，既有被认为是世界上最富裕的国家之一——卡塔尔，也有像伊拉克这样正处于战后恢复期的国家，伊拉克的人均GDP不足6000美元，不到卡塔尔人均GDP的1/10。因此，在亚洲西部地区，石油储量较为丰富的国家以从事石油产业为主，而那些石油资源相对匮乏的国家，它们更多的是从事传统农业的生产，这也就导致了该地区的贫富差距逐步加大，贫富悬殊问题逐步加深。

（二）部分国家介绍

1. 阿联酋

（1）总体经济概况

阿联酋地处阿拉伯半岛的东部地区。丰富的石油资源将沙漠之国阿联酋打造成了世界上最富裕的国家之一。数据显示，阿联酋拥有150亿吨已探明的石油储量，位居世界第六，而同样位居世界第六位的是该国已探明的天然气储量，约7.7万亿立方米。不仅如此，阿联酋还拥有种类繁多的水产资源。实际上，在20世纪60年代发现石油资源之前，开采珍珠一直是阿联酋的支柱性产业。

从经济方面来看，储量充裕的石油资源为阿联酋带来了大量的财富。2019年，阿联酋的GDP达到了4211.42亿美元，人均GDP更是超过了4万美元（图9-8）。但是，作

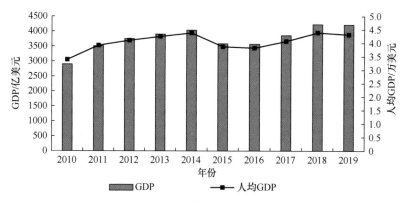

图 9-8　2010—2019 年阿联酋 GDP 和人均 GDP 变化情况

资料来源：世界银行数据库

为一个石油国家，过度依靠石油资源，会导致国内经济容易受国际油价的波动冲击，不利于本国经济和社会发展。因此，为了降低自身对于石油的依赖，降低因石油波动带来的风险，阿联酋致力于推动本国经济的多元化发展。近年来，航空业、旅游业及商贸服务等在阿联酋得到了长足的发展。值得一提的是，在阿联酋的人口组成中，外籍人员占据了绝大比例。2019 年，超过 88%的阿联酋人属于外籍人口。

（2）优势产业

石油和天然气是阿联酋的绝对优势产业。当前，阿联酋的石油和天然气主要分布在阿布扎比，而迪拜的石油和天然气资源或将面临枯竭。据预测，阿布扎比的石油储量还可供生产至少 120 年，而迪拜的石油储量可能只能供生产 20 年左右。除此之外，阿联酋还大力发展自身的非石油产业。早在 2018 年该国的非石油产业就占据了该国 GDP 的 70%，其中炼铝业成为主要产业之一。当前，阿联酋环球铝业集团（Emirates Global Aluminium）是世界范围内第四大铝业公司，其市值达到了近 150 亿美元。此外，航空业目前已成为阿联酋发展的重点产业，迪拜国际机场也成了全球接待游客数量最多的机场。与此同时，随着阿联酋金融体系的日益完善，迪拜已成为世界第六大国际金融中心。不仅如此，制药业、塑料工业及转口贸易都是阿联酋的重要产业。

（3）对外经贸关系

虽然石油和天然气及相关化工产品是阿联酋的主要出口产品，但是非石油产品仍然占据着阿联酋对外贸易总额的很大比重。2018 年，该项指标达到了 63%，其中服务贸易总额就超过了 1400 亿美元。就贸易伙伴来看，中国是阿联酋最大的贸易伙伴国，同时也是中国对"一带一路"共建国家投资中获得中国投资流量排名前十的国家。2019 年，中国对阿联酋的投资流量达到了 12.1 亿美元。其实，就国际投资而言，阿联酋因其丰富的资源、相对稳定的政局及较为开放的营商环境，一直吸引着大批的外商直接投资。

2. 伊拉克

（1）总体经济概况

伊拉克，位于阿拉伯半岛的北部，亚洲、非洲及欧洲在这里交会。在这片具有重要战略意义的土地上还孕育了两河流域的古老文明，也是在这片土地上诞生了巴比伦王国。但是，这片土地自 1980 年起经历了两伊战争、海湾战争及伊拉克战争等，在摧毁这个国家安全防线的同时，也让这个曾经富甲一方的国家毁于一旦。

在自然资源方面，伊拉克具有储量巨大的石油资源和天然气资源。其中已探明的石油储量占据世界第五位，已探明储量达 1530 亿桶；而天然气储量则占据世界第 12 位，总储量达 3.6 万亿立方米左右。从经济方面来看，在经历了战乱年代之后，伊拉克于 2004 年起重新恢复经济增长，该国 GDP 从 2004 年的 366.28 亿美元增加至 2013 年的 2346.28 亿美元（图 9-9）。但 2014 年该国经济又跌入低谷，于 2016 年再次达到顶峰。

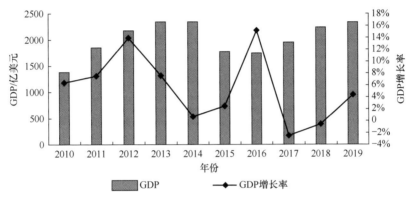

图 9-9 2010—2019 年伊拉克 GDP 和 GDP 增长率变化情况

资料来源：世界银行数据库

在人口方面，大部分伊拉克国民信奉伊斯兰教，但也有极少部分是基督教徒或者犹太教徒。此外，78%的伊拉克人属于阿拉伯人，其中 60%属于伊斯兰教的什叶派，而另外 18%的人口属于伊斯兰教的逊尼派。

（2）优势产业

对于伊拉克这样一个战乱国家而言，该国没有优越的条件去发展自身的服务业，而工业基础又相对薄弱，所以石油开采就成为该国的支柱性产业。虽然在战争期间伊拉克的石油开采设备被摧毁，但随着战后重建工作的进一步推进，石油产量有所上升。2019年，伊拉克平均每天生产石油 458 万桶，石油产量位居世界第四。

（3）对外经贸关系

在贸易领域，战争之后的伊拉克迅速恢复本国石油的生产，从而该国的出口额出现了大幅上涨：2004 年伊拉克的货物和服务出口额仅为 206.11 亿美元，2008 年便超过了600 亿美元，2017 年更是达到了 968.99 亿美元（图 9-10）。中国是伊拉克的主要出口国之一。就进口而言，伊拉克的很多货物依赖进口，如食品、机械装备及其他工业制成品等。但是，在吸引外资方面，伊拉克的外资净流入额一直呈现负值。因此，伊拉克也需要依靠人道主义援助来解决本国在经济发展和民生方面遇到的难题。

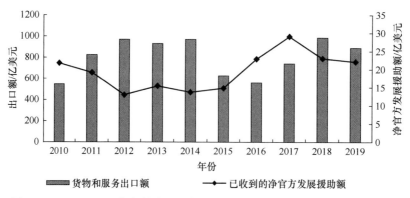

图 9-10　2010—2019 年伊拉克出口额和已收到的净官方发展援助额变化情况
资料来源：世界银行数据库

四、亚洲南部地区

亚洲南部地区，大体位于印度洋与喜马拉雅山脉之间，该地区的国家普遍贫穷（除印度和巴基斯坦的经济发展水平相对较好），截至 2019 年底，阿富汗、尼泊尔、孟加拉国更是被联合国贸易与发展会议列入最不发达国家的名单中。

（一）区域整体发展评价

1. 人口众多

亚洲南部地区孕育着 18.36 亿人口，占到了世界总人口的 23.92%（2019 年数据）。因此，亚洲南部地区被认为是世界人口最多且最为密集的区域。不仅如此，亚洲南部地区的人口依然呈现出上升的趋势。2019 年，亚洲南部地区的人口增速为 1.18%，这无疑加重了亚洲南部国家的负担，在一定程度上对该地区的城镇化进程造成阻碍。

2. 整体经济水平相对较低

与人口数量位居世界第一相比，亚洲南部国家在经济方面的表现就逊色不少。虽然拥有印度这一世界第五大经济体（2019 年），但是亚洲南部地区的整体经济实力偏弱。2019 年，不丹的 GDP 仅为 25.31 亿美元。与此同时，受资金不足的制约，亚洲南部地区的基础设施建设落后，从而降低了对外资的吸引度，反过来又进一步制约了经济的发展。

3. 社会发展机制落后

总体来看，亚洲南部国家的国门并没有 "大开"，这些国家的经济自由度也相对较低，从而形成了对经济发展活力的制约。同时，亚洲南部国家的基础设施建设相对滞后，交通、通信、能源等基础设施的不完善制约了经济发展和社会服务的提供，这使得亚洲南部国家在全球化进程中的竞争力受到限制。

（二）部分国家介绍

1. 巴基斯坦

（1）总体经济概况

巴基斯坦，位于亚洲南部地区，是古印度文明的发祥地。其东北部与中国接壤，是中国的好邻居、好兄弟，有着中国"全天候战略合作伙伴"的称号。历史上，巴基斯坦所在板块的地壳变动频繁，经常引起明显的地质活动，从而为矿产资源和油气的产生创造了绝佳的地理条件。数据显示，在巴基斯坦境内，已探明的石油储量超过 12 亿桶，煤炭储量也达到了 1859 亿吨，已探明的天然气储量更是有 16 264 亿立方米。

在经济方面，因其国内较为动荡的政治局面在一定程度上制约了巴基斯坦的发展，所以当前的巴基斯坦还是一个较为落后的国家，需要接受人道主义援助来推动国内经济发展。2015—2018 年，巴基斯坦的经济发展水平有所提高，已收到的净官方发展援助额有所下降（图 9-11），贫困人口（按每天 1.90 美元衡量）占总人口的比例也有所下降：从 2010 年的 8.3%下降到 2018 年的 4.4%。

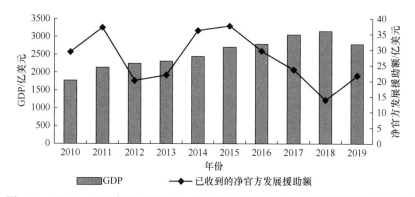

图 9-11　2010—2019 年巴基斯坦的 GDP 和已收到的净官方发展援助额变化情况

资料来源：世界银行数据库

在人口方面，巴基斯坦的人口总数相对较多，2019 年，其人口总量达到了 2.17 亿，居世界第六位，且与 2010 年相比，增长率达到了 21.23%。此外，在巴基斯坦，超过 95%的公民信奉伊斯兰教，因此伊斯兰教也就成了巴基斯坦的国教。除此之外，巴基斯坦的难民数量近年来也有所增加。

（2）优势产业

农业被誉为巴基斯坦人民的"生命线"，解决了大量巴基斯坦人民的就业问题。根据巴基斯坦财政部发布的年度报告，2019—2020 年，从事农业相关生产活动的巴基斯坦人超过了总人口的 66%。在工业领域，制造业可谓是巴基斯坦的支柱性产业，尤其是在纺织业领域，巴基斯坦拥有从原棉到成衣制造的全产业链。据统计，巴基斯坦的纺织业为全国人民提供了近 40%的就业岗位，且纺织业的增加值占到了整个工业增加值的 25%。此外，近年来，巴基斯坦的拆船业也得到了迅猛的发展，是世界三大拆船国之一。

（3）对外经贸关系

在对外经贸领域，巴基斯坦已同中国建立起了长期稳定的经贸合作关系，尤其是在"一带一路"倡议框架下，随着中巴经济走廊项目的推进，中巴关系进一步走深走实。近年来，中国也一直是巴基斯坦最大的贸易国。此外，巴基斯坦也参与签订了相关投资协定，积极同其他国家和地区建立起友好合作关系，不断拓展自己的对外开放格局。例如，除了同周边国家（如中国、斯里兰卡等）签订投资保护协定外，在同欧盟国家往来时，巴基斯坦也获得了欧盟的超普惠制待遇。

2. 孟加拉国

（1）总体经济概况

孟加拉国，位于亚洲南部次大陆，该国三面与印度相连，是建设孟中印缅经济走廊不可或缺的一部分。该国所蕴含的自然资源相对有限，主要矿产资源包括天然气和煤，这二者的储量分别接近 3114 亿立方米和 7.5 亿吨，其他一些资源也包括石灰石、白黏土和硅胶等。

在经济方面，孟加拉国的经济表现力相对薄弱，且基础设施较为落后，被联合国列为世界上最不发达的国家之一，没有先进的科学技术、优秀的人才和充裕的资金来推动本国经济发展，整体经济发展水平较低（图 9-12）。但是，近年来，为实现"金色孟加拉梦想"，该国政府出台了一系列的经济发展规划，加大对基础设施建设的投资力度，并努力提升本国的工业化水平。在这一发展过程中，资金短缺仍然成为孟加拉国经济增长的制约性因素。

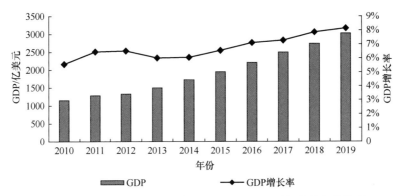

图 9-12　2010—2019 年孟加拉国 GDP 和 GDP 增长率的变化情况

资料来源：世界银行数据库

在人口方面，孟加拉国是人口大国，其人口总量位居世界第八。2019 年，该国的人口总数达到了 1.63 亿。此外，虽然孟加拉国的整体经济发展水平相对落后，但是其人均寿命相对较高。据世界银行统计，该国的平均寿命达到了 71 岁，高于最不发达国家 65 岁的平均预期寿命。

（2）优势产业

正如前文所述，作为一个欠发达国家，孟加拉国的工业基础较为薄弱，农业则成为推动该国经济增长的中坚力量。官方数据资料显示，孟加拉国是黄麻生产大国，该国的黄麻产量位居世界第二，平均年产量超过百吨。据统计，2018—2019 年，孟加拉国的黄麻出口总额达到了近 5.7 亿美元。此外，在服装业和医药业，孟加拉国的表现也可圈可点。作为孟加拉国的支柱性产业，服装业给该国提供了大量的就业岗位，全国有近 500万人口从事服装业。不仅如此，孟加拉国的成衣出口量居世界第二。2018—2019 财年，孟加拉国的成衣出口总额占到了该国总出口额的约 84%，服装业也就成为该国外汇收入的最大来源。孟加拉国在医药行业的发展速度较快，不仅能够基本满足本国国内对医药产品的需求，还可以进行出口。2019 年，在医药产品的出口方面，该国的出口额达到了 1.3 亿美元，与 2018 年相比，增长率超过了 25%。

（3）对外经贸关系

从贸易总额来看，2019—2020 财年，孟加拉国的贸易总额达到了 1096 亿美元。从贸易伙伴国来看，中国不仅是孟加拉国的第一大贸易伙伴，也是最大的商品进口来源国。此外，孟加拉国同印度、日本等亚洲国家及美国、德国等欧美国家也建立了良好的经贸合作关系。同时，作为最不发达的国家之一，孟加拉国在同他国进行贸易往来时，也在一定程度上享受到了相应的贸易优惠政策。例如，该国可以享受欧盟的普惠制，以及加拿大、日本、挪威等发达国家的免关税市场准入待遇。但就双边自由贸易协定而言，孟加拉国还未同其他国家签署相关协定。

3. 斯里兰卡

（1）总体经济概况

斯里兰卡地处热带，是印度洋上的一个岛国，世人常称斯里兰卡为"印度洋上的明珠"。在马可·波罗的笔下，斯里兰卡是世界上最美的岛屿。值得一提的是，虽然亚洲南部地区经济整体发展水平相对落后，但是在人类发展指数排行榜中，斯里兰卡的人类发展指数却在亚洲南部国家中最高。但是，就是在这样一片美丽的土地上爆发了"2019 斯里兰卡恐怖袭击"，当时斯里兰卡境内的连环爆炸严重损害了该国国内的社会稳定，恐怖袭击也成为该国经济发展过程中一个极其不稳定的因素。

在自然资源方面，肥沃的土地和优越的气候条件为斯里兰卡提供了得天独厚的条件去发展农业经济，从而斯里兰卡的水果资源相对丰富（如椰子、芒果及菠萝等热带水果）。此外，斯里兰卡还拥有大量的花卉资源，该国境内可开花的植物就超过了 3000 种。而就可耕地面积而言，该国的可耕地面积达到了 400 万公顷，是该国国土面积的 61%。不仅如此，丰富的森林资源也是该国的一大亮点，其森林覆盖率为 30%，其中含有红木、黑檀等珍贵树种。

从经济方面来看，斯里兰卡是一个典型的农业国家，以种植园经济为主，整体经济发展水平相对落后，经济体量相对较小。2019 年，斯里兰卡的 GDP 为 840.09 亿美元，人均 GDP 为 3853.08 美元（图 9-13）。2009 年以来，斯里兰卡国内局势基本稳定，当局政府也开始将重心放在了本国经济的发展与建设当中，并在基础设施、能源等多个领域加大政府的投资力度，斯里兰卡也因此成为亚洲南部国家中第一个告别"电荒"的国家。

（2）优势产业

对于斯里兰卡这样一个传统农业国家而言，农业对于该国经济发展的重要性是不言而喻的。斯里兰卡的外汇收入主要归功于该国的农产品，尤其是茶叶、香料和一些水果（如椰子）的出口。2019 年，斯里兰卡销往海外市场的茶叶总额达 13.46 亿美元，香料的出口总额也超过了 3 亿美元，所有农产品的出口总额占到了总出口额的约 21%。虽然斯里兰卡的工业基础相对薄弱，但是纺织服装业称得上是该国的优势产业，是该国的第一大出口行业，2019 年纺织服装业的出口占比达到了外贸总额的近 1/2。不仅如此，近年来，斯里兰卡大力发展自己的服务业，以期将本国的服务业打造成为引领产业。

2019 年，斯里兰卡的服务业产值超过该国 GDP 的 50%，成为推动经济发展的支柱性产业。

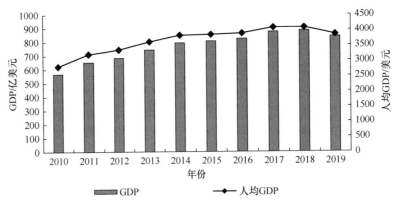

图 9-13　2010—2019 年斯里兰卡 GDP 和人均 GDP 变化情况

资料来源：世界银行数据库

（3）对外经贸关系

虽然斯里兰卡的经济发展相对落后，但是该国政府实行的是自由贸易政策：除限制石油进出口以外，允许其他货物和服务进行自由贸易。此外，斯里兰卡正努力把本国经济打造成为以出口导向型为主的经济，在该国企业大踏步迈向海外市场的背后，有着一系列的支持政策。与此同时，斯里兰卡早在 1995 年就正式加入了 WTO，也是全球化浪潮的拥护者，以期能在这股浪潮中获益。例如，斯里兰卡是亚洲南部区域合作联盟的创始成员国之一。不仅如此，欧盟还对斯里兰卡实行了超普惠制待遇，以达到共同提升斯里兰卡经济发展水平的目的。

第二节　欧 洲 地 区

一、欧洲中东部地区

欧洲中东部国家，除俄罗斯外，大都位于欧洲东部平原。从历史上看，它们之中很大一部分国家都曾作为苏联的组成部分或是其附属国，而后在苏联解体之后独立出来。与欧洲其他区域的国家相比，欧洲中东部国家在经济方面的表现并没有十分出彩，与其他欧洲国家存在一定的发展差距。

（一）区域整体发展评价

1. 经济发展水平存在差异

由于大部分欧洲中东部国家曾经是苏联国家或是其附属国，因此这些国家在经济体制上最初都是奉行苏联的计划经济体制，在苏联解体后，欧洲中东部国家都相继展开了经济改革工作：由计划经济向市场经济转变。但是在这一过程中，各个国家开始的时间存在差异，推进的程度也有所不同，最终导致了各国之间经济发展的巨大差异。例如，在欧洲中东部地区，位于西部的国家（如匈牙利）经济发展水平比位于东部的国家（如白俄罗斯）经济发展水平要高。

2. 整体城镇化水平较高

在欧洲中东部地区，虽然各国经济发展水平参差不齐，但是该地区的城镇化水平普遍较高。2019 年，俄罗斯的城镇人口占到了该国总人口的 74.59%，匈牙利为 71.64%，虽然白俄罗斯经济发展水平不高，但其城镇人口占总人口的比例也达到了 79.04%。

3. 同中国的经贸往来较为频繁

作为同中国地理位置较为邻近的欧洲国家，大多数欧洲中东部国家始终保持着同中国地区的友好往来，中国也成了许多国家最大的贸易伙伴国（如俄罗斯等）。因此，欧洲中东部地区在"一带一路"建设中必将发挥至关重要的作用，中方同欧洲中东部地区维护好双边关系对于双方而言是互利共赢的。

（二）部分国家介绍

1. 俄罗斯

（1）总体经济概况

在世界国土面积排行榜中，俄罗斯位列榜首。在苏联解体之后，苏联大部分军事资源被俄罗斯所继承，俄罗斯也因此成为拥有世界上最大核武器库的国家，军事实力非常雄厚。在自然资源方面，俄罗斯所拥有的多项自然资源均为世界之最：森林覆盖率超过了国土面积的 65%，居世界第一；木材蓄积量位于世界第一的水平；已探明的天然气储量居世界第一，达到了 48 万亿立方米；铁矿石以其 650 亿吨的储量位居世界第一。此外，在石油、黄金及煤炭等资源方面，俄罗斯所拥有的储量也是巨大的。

在经济方面，虽然俄罗斯的经济发展水平与苏联解体初期相比有所好转，但是近年来的经济增长率相对较低。2015 年由于货币危机和乌克兰问题，该国经济甚至出现了负增长，然而仅从经济总量来看，该国的经济总量仍然相对较大（图 9-14）。

（2）优势产业

油气行业可谓是俄罗斯的核心产业。2019 年，俄罗斯的石油开采量为 5.6 亿吨，加工原油 2.9 亿吨。出口的石油产量达到了 2.7 亿吨。除此之外，冶金行业对于俄罗斯的经济发展也具有重要意义，占到了该国 GDP 的 5%。不仅如此，在俄罗斯主要出口产品中，冶金产品崭露头角，该行业的创汇额占到了总创汇额的 14%。正如前文所述，俄罗斯具有强劲的军事实力，因此该国在国防工业领域有着不俗的表现。2019 年，俄罗斯销售常规武器总额位居世界第二，该销售额仅次于美国。

（3）对外经贸关系

在国际贸易领域，俄罗斯的贸易规模较大。2019 年，俄罗斯的外贸总额虽然同比下降 3%，但仍超过了 6000 亿美元，其中出口总额为 4246 亿美元，进口总额达 2474 亿美元。就贸易伙伴而言，从地区来看，欧盟是俄罗斯最大的贸易伙伴；从国家来看，中国是俄罗斯最大的贸易伙伴国。2019 年，俄罗斯与欧盟之间的贸易总额达到了 2778 亿美元，同中国的贸易总额为 1109 亿美元。而在国际投资领域，近年来，俄罗斯为了降低国际油价波动对本国经济的影响，更好应对国际市场的不确定性，出台了一系列吸引外资的政策。2019 年，俄罗斯吸引外资流量超 300 亿美元，存量接近 4639 亿美元。此外，俄罗斯还同白俄罗斯、哈萨克斯坦建立了关税同盟和欧亚经济联盟，旨在相互推动经济发展。

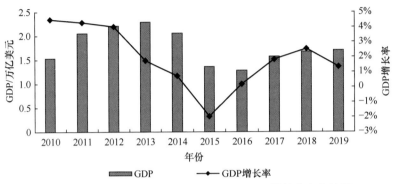

图 9-14　2010—2019 年俄罗斯 GDP 和 GDP 增长率变化情况

资料来源：世界银行数据库

2. 乌克兰

（1）总体经济概况

乌克兰，地处欧洲东部，是连接欧盟同俄罗斯的重要交会点。在自然资源方面，乌克兰拥有丰富的矿产资源和黑土资源。其中，该国的锰矿石储量位居世界前茅，接近 22 亿吨，其黑土面积是世界黑土总面积的 27%。但是，乌克兰的石油和天然气资源相对匮乏，以进口为主。除此之外，乌克兰境内超过 2 万条的河流和超过 2 万个的湖泊赐予了乌克兰丰富的淡水资源。在经济方面，乌克兰正在积极探索本国经济发展的道路，并努力加入欧盟，为此还进行了相应的市场化改革以适应欧盟的经济发展模式。2019 年，乌克兰的 GDP 达 1537.81 亿美元，人均 GDP 为 3659.03 美元。而对于乌克兰的人口发展来说，最为主要的问题就是该国的人口总量下降趋势明显，2019 年，该国的人口总数仅为4400 多万，同比下降 0.53%（图 9-15）。

（2）优势产业

在农业领域，乌克兰是世界上第三大粮食出口国，是名副其实的"欧洲粮仓"。从2019 年到 2020 年 4 月，乌克兰粮食出口总量达 4895 万吨，同比增长 16.85%。除此之外，早在 2018—2019 财年，乌克兰出口的谷物、食用豆类及面粉的出口总量就创造了5040 万吨的新纪录，同比增长超 20%。不仅如此，钢铁工业也是乌克兰重要的产业之一。2019 年，乌克兰的钢铁产量位居世界钢铁产出国的第十三位。此外，乌克兰在国防工业和信息技术领域均有不俗的表现。乌克兰政府始终保持并不断加大对于军工企业的扶持力度，大力投资航空、火箭等高技术领域。而在信息技术产业中，乌克兰更是世界五大信息技术服务出口国之一。

（3）对外经贸关系

2016 年，乌克兰与欧盟自由贸易区协定正式生效，这也象征着乌克兰同欧盟经济关系的进一步深化。在对外贸易领域，2019 年，乌克兰对外的货物贸易总额达 1109 亿美元左右，与 2018 年相比增长了 6.4%，其中，中国首次成为乌克兰最大的贸易伙伴国，两国之间的贸易往来规模接近 128 亿美元。而欧盟则是同乌克兰贸易往来规模最大的地区，双方的贸易总额达 457.5 亿美元，接近乌克兰当年外贸总额的 42%。在国际投资领域，乌克兰外资的第一来源国是塞浦路斯，其次是荷兰和英国。总体来看，乌克兰在吸引外资方面规模较小，截至 2019 年，乌克兰吸引外资的存量仅为 358 亿美元。

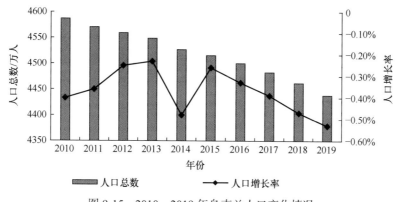

图 9-15　2010—2019 年乌克兰人口变化情况

资料来源：世界银行数据库

3. 波兰

（1）总体经济概况

波兰连接着欧洲东部和西部，是十分重要的交通要塞。就波兰与中国的关系而言，在首批承认新中国的国家当中，波兰位列其中。不仅如此，近年来，波兰与中国也始终保持着友好的往来。在自然资源方面，波兰的矿产资源储量较为丰裕，像煤、铜、硫黄等的储量更是位居世界前列。截至 2018 年底，波兰拥有已探明的煤炭储量 614.36 亿吨，硫黄储量 5 亿吨左右，铜矿与银矿储量也共有约 19 亿吨。此外，波兰全国境内的森林覆盖率也超过了 30%。

在经济方面，虽然 20 世纪 80 年代末的"休克疗法"使波兰的经济出现大幅度的下滑，但是自 1992 年以来，该国进行相关的经济改革和转轨，已取得了一定的成效，经济实现较快增长。就连在遭遇了 2008 年的金融危机时，波兰仍然能够保持本国经济实现正增长（图 9-16）。2019 年，波兰的 GDP 达到了 5958.58 亿美元，位居欧盟第七位（不含英国）。

（2）优势产业

在欧洲，波兰是农业大国，该国生产的许多农作物，如小麦、甜菜及马铃薯等，产量均位于欧洲前列。同时，波兰的肉制品和奶制品的产量在欧洲国家中也名列前茅。对于波兰这样的农产品产出大国而言，农产品主要用于出口，其中大部分产品出口到欧盟其他国家。2018 年，波兰农业总产值有所下降，占到了当年该国 GDP 的 5.1%。不仅如此，矿业也是波兰的重点产业。在所有欧洲国家中，波兰是第二大生产硬煤的国家，仅次于俄罗斯。2018 年，波兰的硬煤产量达到了 6390 万吨。同时，波兰也是欧洲地区第二大铜生产国，2018 年，波兰对铜的开采量就占到了总储量的 88.3%。而波兰对白银的生产更是达到了欧洲第一的水平。此外，波兰在汽车工业、电子工业及木材工业等领域均有着不俗的表现。

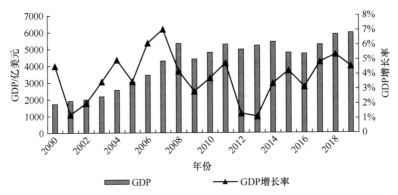

图 9-16　2000—2019 年波兰 GDP 和 GDP 增长率变化情况

资料来源：世界银行数据库

（3）对外经贸关系

波兰积极推动本国经济对外开放水平的提升，主动融入各个多边和区域组织当中，现已成为 OECD、欧盟等组织的成员国。在对外贸易领域，2019 年，波兰的进出口贸易总额接近 5270 亿美元，而德国是波兰最大的贸易伙伴国，中国是波兰十大进口来源国之一。在国际投资领域，波兰是欧洲中东部地区吸收外国直接投资最多的国家。截至 2018 年底，波兰吸收的外资存量达到了 2285 亿美元，而荷兰是波兰外资的最大来源国，占到了外资总额的 21.34%。

4. 匈牙利

（1）总体经济概况

匈牙利，位于欧洲内陆地区，是"一带一路"建设中不可忽视的重要一环。匈牙利因其秀美的自然景观和充满古韵的历史景观，有着"多瑙河上的明珠"的美誉。在自然资源方面，匈牙利的农业用地面积超过了该国国土面积的 1/2，高于欧盟的平均水平，在农业发展方面可谓是"天赐良机"。在土地资源丰富的情况下，匈牙利的水资源也丝毫不逊色。在该国境内，66.7% 的地区拥有地热资源。但是，匈牙利的矿产资源较为匮乏，仅铝矾土储量相对较高。

在经济发展方面，匈牙利自 20 世纪 80 年代末期便开始进行经济转轨，推动该国私有化进程、建立市场经济体制，从而在一定程度上释放了该国的经济活力。目前，匈牙利已经成为一个中等发达国家。2019 年，该国的 GDP 为 1634.69 亿美元，而人均 GDP 则达到了 1.6 万美元（图 9-17）。在人口方面，超过 3 万华人在匈牙利从事批发零售或者餐饮等工作，匈牙利也因此成为拥有个体华商数量最多的国家之一。

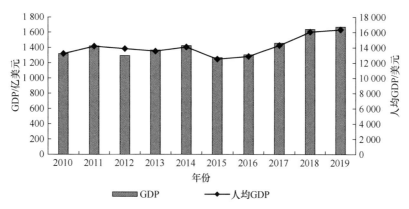

图 9-17 匈牙利 2010—2019 年 GDP 和人均 GDP 变化情况
资料来源：世界银行数据库

（2）优势产业

匈牙利在制造业领域表现出色，2019 年，该国制造业产值占到了工业总产值的 83.2%。其中，汽车工业是匈牙利的支柱性产业。2019 年，汽车及其零部件制造的产值占到了当年匈牙利 GDP 的近 5%，创造了 291 亿美元左右的收入。匈牙利的汽车及其零部件产品主要用于出口，出口量超过了总产量的 90%，70%的国际一线汽车品牌落户匈牙利，匈牙利汽车行业的吸引力可见一斑。同时，匈牙利在制药领域的表现也相当出色，已成为欧洲中东部地区最大的药品生产国和最大的药品出口国。此外，匈牙利还是欧洲中东部地区最大的电子产品生产国，持续保持电子工业领域的产值超百亿美元。在服务业方面，匈牙利的物流和旅游业也较为发达。

（3）对外经贸关系

作为东西欧的中转站，匈牙利的对外贸易发展非常迅速。2019 年，匈牙利的出口额就达到了 GDP 的 80%左右，货物和服务出口总额为 1343.52 亿美元。从贸易伙伴来看，匈牙利的贸易伙伴主要是欧洲国家，其中德国是匈牙利最大的贸易伙伴国，中国是匈牙利十大贸易伙伴国之一。在国际投资领域，自 20 世纪 80 年代以来，匈牙利不断提升自身对外资的吸引力。截至 2019 年底，匈牙利吸引外资的存量达到了 978.41 亿美元，而欧洲国家仍然是匈牙利外资的主要来源国。

二、欧洲南部地区

欧洲南部地区的国家普遍存在着国土面积相对狭小、人口总数少的特点，这是欧洲南部国家经济体量相对较小的原因。在欧洲南部地区，经济发展相对出色的是希腊。由于此前希腊遭受债务危机的重创，虽然近两年有复苏迹象，但一时间难以复原。对于其他国家而言，在经历了 2008 年的全球金融危机之后，各自应对和抵抗风险的能力不足，导致欧洲南部地区各国并未表现出强劲的发展态势。

（一）区域整体发展评价

1. 经济体量相对较小

正如前文所述，欧洲南部地区国家的经济体量相较于其他欧洲经济体而言，规模较小。以希腊为例，作为位于欧洲南部地区的发达国家，2008 年，该国 GDP 总量达到 3544.61 亿美元的峰值，此后处于经济衰退的状态。2019 年，该国的 GDP 也仅为两千多亿美元。而保加利亚的经济总量更小，即便从整体发展来看，虽然该国的经济发展水平稳步提升，但 2019 年，该国的 GDP 仅为 685.50 亿美元。

2. 经济增速较缓

整个欧洲南部地区的经济增速普遍较缓。受 2008 年金融危机的影响，希腊很长一段时间处于经济负增长的状态，斯洛文尼亚和保加利亚也存在一定时间的经济负增长状态。2019 年，希腊的经济增速仅为 1.87%。虽然 2010—2019 年，保加利亚的经济增速未出现负值，但是该国的经济增速从未超过 4%。因此，从整体来看，欧洲南部地区经济增长乏力。

3. 第三产业居主导地位

在欧洲南部地区国家的产业结构中，第三产业占据着主导地位。以本节分析的几个国家为例，希腊的第三产业占 GDP 的比重最高，达到了 78%，斯洛文尼亚是 56.2%，保加利亚是 70.4%，克罗地亚也有 59%。可见，对于欧洲南部地区的国家来说，第三产业成为其经济发展的主要动力源。

（二）部分国家介绍

1. 希腊

（1）总体经济概况

希腊是西方的文明古国，是西方文明的发源地。该国位于巴尔干半岛的最南端，是连接欧亚非的交通要冲。同时，希腊以其独具特色的风景吸引着世界各地的游客。在自然资源方面，希腊拥有近 10 亿吨的铝矿石，近 58 亿吨的褐煤，诸如铜、金、石油、大理石等其他矿产资源丰富。在经济方面，希腊位于中等发达国家行列。但是，2009 年底，希腊深陷债务危机，这一债务危机持续时间长达 8 年。2018 年，希腊宣布退出欧盟及国际组织对其的救助计划，标志着希腊债务危机的基本终结。纵观希腊经济发展历程，该国的 GDP 从 2008 年到达顶峰之后出现下滑，并于 2012 年开始有复苏的迹象（图 9-18）。

（2）优势产业

希腊属于地中海气候，该国的气候相对温和，并且由于地形的多样性，希腊是一个传统的农业大国。截至 2019 年，希腊农产品中拥有欧盟地理标志的产品种类超过 100 项，该项数值位列欧盟国家前列。同时，希腊也是一个农产品出口大国。2018 年，希腊农产品的产值约 100 亿欧元，而农产品的出口额占到了该产值的 59% 左右。此外，希腊还是一个旅游大国，其古老的建筑和优美的自然景观让越来越多的游客慕名而来。2019 年，希腊旅游业创造外汇收入接近 182 亿欧元，占到了当年希腊 GDP 的 1/10。不仅如此，因面向欧、亚、非三大洲之间的地中海，且拥有超长海岸线和众多天然良港，希腊航运业极其发达,是世界范围内第三大船东国。虽然希腊人口占比不足世界总人口的0.2%,但却靠着小部分人口控制了全球21%左右的商业船队运力,运力占欧洲总海运吨位过半比例,为希腊创造了超过140亿欧元的外汇收入。

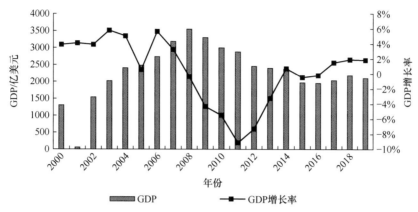

图9-18 2000—2019年希腊GDP和GDP增长率变化情况
资料来源:世界银行数据库

(3)对外经贸关系

在对外贸易领域,2019年,希腊货物进出口额达1002.33亿美元,贸易逆差同比下降4.2%;而服务贸易总额达663.24亿美元,其中出口额同比增长2.8%,进口额同比增长1.8%。从贸易伙伴来看,德国是希腊最大的贸易伙伴国,中国居第三位。在吸引外资方面,截至2019年底,希腊吸引外资存量为405亿美元左右,其中荷兰是最大的外资来源国,我国香港地区是其五大外资来源地之一。在接受援助方面,由于2009年希腊陷入债务危机,希腊的信用评级持续走低,为改善国内经济,希腊同债权人总共达成了三轮的援助协议,接受了长达八年的援助。

2. 克罗地亚

(1)总体经济概况

克罗地亚是欧洲中南部的一个国家,地处巴尔干半岛的西北部。在自然资源方面,克罗地亚有着丰富的森林资源,2018年,该国的森林覆盖率占到了整个国家国土面积的44%。同时,克罗地亚境内的亚得里亚海底还蕴含着大量的石油资源;天然气、铁及石墨等均为克罗地亚主要的矿产资源。此外,虽然克罗地亚拥有相对充裕的煤炭资源,但存在着开采难度大、优质煤数量较少的问题。

在经济方面,虽然克罗地亚在20世纪80—90年代经历了内战,但总体而言,克罗地亚的经济基础较好,并加入了欧盟,主动融入区域及全球经济发展的浪潮中,推动着自身经济的发展。2010年人均GDP为13 664.2美元,直至2019年克罗地亚人均GDP上升到15 086.2美元,增加了1422美元(图9-19),人均收入水平相对较高。

(2)优势产业

克罗地亚拥有数千个湖泊和各种国家公园、自然公园及城堡等,旅游资源丰富。当前,旅游业支撑着克罗地亚经济的发展,该国旅游业的产值约占经济总量的1/5。在工业方面,造船业、食品加工业及制药工业均是克罗地亚的重要产业。其中,在造船业领域，克罗地亚是欧洲第二大造船国（第一是罗马尼亚）；在食品加工业，在克罗地亚从事食品加工业的人数最多；在制药行业，该国境内的普利瓦制药公司规模位列欧洲东南部国家之首。

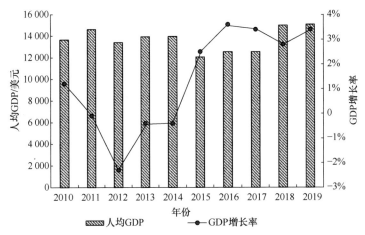

图 9-19　2010—2019 年克罗地亚人均 GDP 及 GDP 增长率的变化情况
资料来源：世界银行数据库

（3）对外经贸关系

在结束了内战之后，克罗地亚于 2002 年加入中欧自由贸易协定（Central European Free Trade Agreement，CEFTA），随后又于 2013 年成为欧盟第 28 个成员国，由此克罗地亚融入国际经济的程度逐步加深。在国际贸易领域，2021 年，克罗地亚对外贸易总额为 475 亿欧元，同比增长 25%。对于克罗地亚，其主要贸易伙伴国还是欧洲国家，德国成为其最大的贸易伙伴国，克罗地亚主要从中国进口相应的物资、设备等。但是在国际投资领域，克罗地亚吸引外资的规模仍然相对较小。截至 2019 年底，克罗地亚累计吸引外资总额不足 300 亿美元。

3. 保加利亚

（1）总体经济概况

保加利亚位于巴尔干半岛东南部，自然资源较为匮乏，许多原料及能源资源需要依靠进口获得。该国的森林覆盖率较高，其森林面积大约为国土面积的 34%。在经济方面，20 世纪 80 年代末期，保加利亚开始实行本国的市场化经济体制改革，推动国有企业私有化进程，释放经济活力。同时，保加利亚还希望能够实现经济的多元化发展，由最初的以外贸为主向农业、轻工业及服务业等全方位发展的目标行进。这一系列举措促进保加利亚的经济稳步提升并有所发展。2019 年，保加利亚的 GDP 达 685.59 亿美元，人均GDP 达 9828.15 美元（图 9-20）。

（2）优势产业

保加利亚的玫瑰、酸奶和葡萄酒久负盛名，因此该国的玫瑰油产业、乳制品加工产业及葡萄酒酿造业成为其特色产业。其中，素有“玫瑰之国”美誉的保加利亚，盛产高品质的玫瑰，其玫瑰油产量占据世界第二的水平，且该国的玫瑰精油满足了全球 40%的需求。而在罐装葡萄酒出口领域,早在 20 世纪的七八十年代,保加利亚就成为全球第二大出口国。2018 年,该国生产葡萄酒 1.4 亿升。不仅如此,作为酸奶的发源地,保加利亚有着悠久的制奶历史。2019 年,该国的液体奶总产量同比增长 1.7%。此外,保加利亚的旅游业和化工工业均在该国的经济发展版图中占有一席之地。

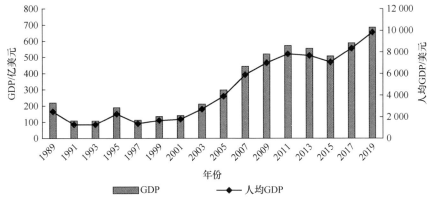

图 9-20 保加利亚 GDP 和人均 GDP 变化情况

资料来源:世界银行数据库

（3）对外经贸关系

在对外贸易领域,自 2009 年以来,保加利亚的货物和服务出口额虽存在波动情况,但整体呈现出增长的趋势。2019 年,保加利亚的货物和服务出口总额达 440.09 亿美元,同比增长 3.87%；货物和服务进口总额达 418.08 亿美元,同比增长 5.17%。就贸易伙伴而言,保加利亚的贸易伙伴还是集中在欧盟国家,中国成为其非欧盟国家中第三大进出口伙伴国。在国际投资方面,保加利亚以其相对稳定的政治局势、相对自由的经济开放度等优势不仅吸引了许多欧盟国家赶赴保加利亚进行投资,欧盟以外的国家和地区也愿意来保加利亚投资建厂。在众多投资国当中,荷兰是保加利亚外资的最大来源国。

4. 斯洛文尼亚

（1）总体经济概况

斯洛文尼亚国土面积仅有两万平方公里,但是该国的多样性丝毫没有减弱。在斯洛文尼亚,有风景美如画的阿尔卑斯山、独具特色的地中海及壮观的喀斯特地貌和潘诺尼亚平原,多样的地理特征、多元的气候环境在这里交织,形成复杂多变的地形,从而赐予了斯洛文尼亚丰富的森林资源,其森林覆盖率达到了 66%,居欧洲第三。此外,该国境内还有较为丰富的温泉及水力资源,但是矿产资源较为匮乏。

在经济方面,斯洛文尼亚的工业基础较为雄厚。其现代化的经济结构及优越的地理位置（连接东西欧）成为斯洛文尼亚在发展经济时所具备的优势。当前,斯洛文尼亚是一个发达国家,其人均 GDP 高于许多欧盟成员国。2019 年,该国的人均 GDP 接近 2.6 万美元（图 9-21）。此外,根据《2019 年全球竞争力报告》,斯洛文尼亚位列全球第 35 位。

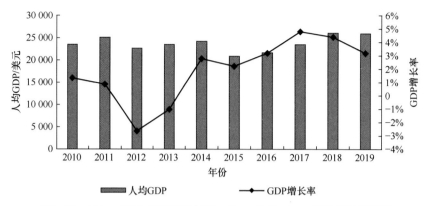

图 9-21　2010—2019 年斯洛文尼亚人均 GDP 和 GDP 增长率变化情况
资料来源：世界银行数据库

（2）优势产业

良好的工业基础赐予了斯洛文尼亚在发展工业方面独特的优势和条件，而在这之中，汽车工业、金属加工业及电子电气工业当属斯洛文尼亚的重要产业。首先是汽车工业。早在 20 世纪初，斯洛文尼亚便开始投入汽车生产当中，汽车产业也算得上是斯洛文尼亚的优势产业，如宝马、大众、福特及丰田等国际知名汽车品牌均会使用由斯洛文尼亚所生产的汽车产品。其次是金属加工业。长期以来，斯洛文尼亚始终重视金属加工领域的发展，积极同科研院所开展合作，希望通过提升该产业的技术水平来提高行业产品的附加值，实现产学研的结合。最后是电子电气工业。电子电气工业已发展成为斯洛文尼亚的主要出口行业之一，该行业所生产的产品广泛流向了其他国家和地区。不仅如此，信息通信业、旅游业和批发零售业也逐步发展成为斯洛文尼亚经济的重要组成部分。

（3）对外经贸关系

斯洛文尼亚作为一个外向型经济体，该国的经济发展对国际贸易较为依赖。2019 年，斯洛文尼亚货物和服务出口额占到了当年该国 GDP 的 83.74%，其主要贸易伙伴国还是欧盟国家，而中国是斯洛文尼亚第七大进口来源国。与其发达的国际贸易相比，斯洛文尼亚在国际投资领域的表现相对逊色。截至 2019 年底，该国吸引外资的存量仅为 181.4 亿美元。

本 章 提 要

（1）在本章中，由于资料有限，我们对"一带一路"共建国家中的一部分成员的经济概况进行了分析，并将这些国家划分为六大区域，分别是东南亚地区、亚洲中部地区、亚洲西部地区、亚洲南部地区、欧洲中东部地区及欧洲南部地区。

（2）在对各个地区进行概括性描述的同时，本章对各个地区中同中国经贸往来相对密切的几个国家进行了着重的分析。在了解和学习相关国家的发展特色之后，读者对这些国家也会有进一步的了解。例如，大部分东南亚国家是传统的农业大国，亚洲西部地区的石油资源占据了世界石油储量的很大一部分，而欧洲南部国家的第三产业在 GDP

中占据了很大比例。由此我们可以在企业对外投资的过程中"因地制宜",充分发挥各个国家的优势,做到优势互补。

思考与探索

中国企业要赴"一带一路"共建国家进行投资,应该重点投资哪些行业?为什么?

第十章 中国对"一带一路"共建国家直接投资状况

"一带一路"倡议自实施以来，得到各个国家的热烈支持和积极响应，在经济领域的合作不断取得新突破。截至 2022 年 1 月，我国已与 147 个国家、32 个国际组织签署了共建"一带一路"合作文件。总体上看，中国对"一带一路"共建国家的投资和承包工程取得了良好的效果。对于中国而言，"一带一路"建设为对外投资企业创造了发展机会、增加了收入；对于东道国而言，"一带一路"建设增加了当地政府的税收收入，扩大了就业，同时也改善了东道国基础设施和互联互通条件，促进了当地的经济发展。由于资料有限，本章仅对亚、欧、非三大洲的直接投资状况进行分析。

第一节 中国对亚洲区域直接投资状况

一、中国对东盟直接投资状况

（一）区域投资宏观环境

东盟国家在中国的国际投资活动中有着举足轻重的地位。中国对东盟的投资历史悠久，早在 2000 多年前，中国中原政权就与东盟的本地居民和政权有了多元的交流。20 世纪 60 年代末至 90 年代，东盟多国通过实行出口导向型经济策略，促使对外贸易和制造业得到飞速发展。自此，亚太地区在世界经济和战略版图上的地位日益凸显，已然成为大国在经济、政治等方面竞相角逐的重要场所。在进入 21 世纪以后，东盟经济自 1998 年金融危机后快速复苏并再次进入高速发展期。同时，中国经济的高速发展所呈现出的惊人实力，也引起了东盟国家的注意。在 2001 年底加入 WTO 之后，中国和东盟的经贸合作更是进入了蜜月期。2006 年起中国开始对东盟地区进行直接投资。伴随着中国—东盟自由贸易区的建立，"一带一路"倡议不断走深走实，中国对东盟的投资领域和投资规模不断扩大。

东盟各国劳动力充足，经济发展条件较好。从人口角度来看，根据联合国统计数据，2019 年，东盟总人口逾 6.6 亿，在世界总人口中占比约 8.6%，人口集中，尤其是聚集了大量的外籍华人和旅居华侨。东盟资源禀赋优越，劳动力价格低廉，近年来各国致力于扩大开放，提升营商环境，区域经济一体化水平不断提升，政治相对稳定，整体宏观经济呈稳定增长态势，是全球经济重要增长区域。根据世界银行发布的《2020 年营商环境报告》，在全球 190 个经济体中，东盟的 10 个国家中有 7 个国家的营商环境排名在 100 位以内，尤其是新加坡位居第 2 名，菲律宾从上一年的 124 名跃升为 95 名，营商环境得到显著改善。

（二）区域投资规模

中国—东盟自由贸易区自 2010 年正式建立以来，已发展成为世界上由发展中国家组成的最大的自由贸易区。中国高度重视与东盟之间的合作关系，2013 年，习近平以《携手建设中国—东盟命运共同体》为题发表重要讲话，与东盟国家携手共建 21 世纪海上丝绸之路，从而确立了东盟作为中国"一带一路"倡议重要投资合作区域的地位。

中国对东盟直接投资存量从 2013 年的 356.68 亿美元增长至 2019 年的 1098.91 亿美元，增长迅猛，占比达到 2019 年中国对外直接投资总存量的 5%。2019 年，中国对"一带一路"共建国家投资存量的排位中，有 7 个东盟国家进入前 10 位，其中新加坡更是以 500.9 亿美元遥遥领先于第二名的俄罗斯（142.1 亿美元）。[①]

（三）重点投资区位

从投资的区域分布看，根据商务部国际贸易经济合作研究院发布的《对外投资合作国别（地区）指南：新加坡（2020 年版）》《对外投资合作国别（地区）指南：越南（2020 年版）》《对外投资合作国别（地区）指南：印度尼西亚（2020 年版）》中的数据，中国对东盟的投资流量主要聚集在新加坡、印尼、越南等地，分布相对集中，其中 2019 年对上述三国投资流量占对东盟总投资流量的比例高达 66.78%（图 10-1）。从投资存量来看，2019 年中国对东盟国家投资存量排名前三的国家分别为新加坡、印尼和越南，其中，对新加坡的直接投资额在 2015 年达到 104.52 亿美元的峰值，位居当年中国对"一带一路"共建国家投资额首位。

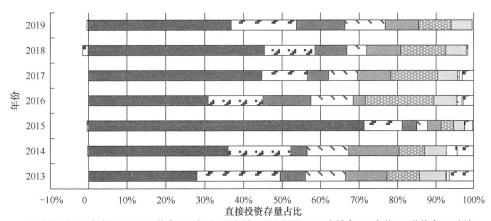

图 10-1　2013—2019 年中国对东盟直接投资流量
资料来源：2013—2019 年《中国对外直接投资统计公报》

（四）重点投资行业

总体来看，中国对东盟的投资行业主要集中在制造业、租赁和商务服务业及批发和零售业，投资行业集中度较高（图 10-2）。其中，制造业是东盟所有行业中拥有中国投

---

① 数据来源：《中国对外投资发展报告 2019》。

资存量最大的行业。从投资存量数据来看，2019 年，制造业、租赁和商务服务业及批发和零售业成为中国对东盟投资排名前三的行业，三者相加占比超过总投资的 66%。此外，投资存量较大的行业还包括电力、热力、燃气及水的生产和供应业，建筑业，采矿业及金融业。以上七大行业在总投资存量中的占比高达 86.7%，表现出相对集中的行业分布特征。

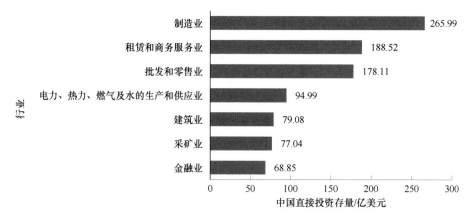

图 10-2　2019 年末中国对东盟直接投资的前七大行业
资料来源：根据《2019 年度中国对外直接投资统计公报》整理

此外，在新型业态方面，中国也早已开始对东盟国家进行投资布局。中国的"互联网+"、电商及物流、金融科技等科技型企业，纷纷在东盟地区进行重点战略布局，投资模式多以投资入股、自建业务为主。例如，阿里巴巴集团（以下简称阿里巴巴）对东南亚电商领导者 Lazada 投资 40 亿美元，该企业在马来西亚、泰国、越南、印尼等国均有经营电商平台和电商物流业务，且平台引流量在东盟地区稳居第一；支付宝、微信支付等电子支付手段也进入了东盟国家；中国开发的人工智能服务也已进入马来西亚的吉隆坡，在交通管理、城市规划、环境保护等领域发挥着重要作用；越南、泰国政府也借鉴中国经验，提出要发展智慧城市。

二、中国对亚洲中部地区直接投资状况

（一）区域投资宏观环境

亚洲中部地区与中国新疆接壤，地处欧亚大陆的接合部，是"一带一路"倡议的重要参与地区和关键支点，在中国对外开放布局中是首要的核心地带。自 20 世纪 90 年代初以来，中国与亚洲中部地区经贸合作不断加强，双边经贸关系紧密。2019 年，中国是土库曼斯坦和吉尔吉斯斯坦的第一大贸易伙伴国，是哈萨克斯坦、乌兹别克斯坦和塔吉克斯坦的第二大贸易伙伴国，同时是土库曼斯坦、吉尔吉斯斯坦、乌兹别克斯坦和塔吉克斯坦的第一大直接投资来源国。在"一带一路"倡议和上海合作组织等合作平台支持下，中国对亚洲中部的投资整体而言呈现上升态势，前景可期。

根据联合国统计，截至 2019 年底，亚洲中部地区总人口约 7400 万人，育龄妇女平均生育 3 个孩子，因此人口增长较快。地区人口平均年龄为 27.6 岁，是最年轻的

地区之一。

此外，从"一带一路"倡议提出后的 GDP 变化情况来看，亚洲中部经济发展态势良好。在"一带一路"倡议的推动下，哈萨克斯坦在 2015 年 GDP 出现了爆发式增长，在亚洲中部遥遥领先，2019 年哈萨克斯坦 GDP 为 1817 亿美元，乌兹别克斯坦、土库曼斯坦、塔吉克斯坦及吉尔吉斯斯坦分别为 577 亿美元、452 亿美元、83 亿美元及 89 亿美元。其中，乌兹别克斯坦受国内安全因素影响，近年来经济出现明显的波动，经济发展形势不容乐观。

（二）区域投资规模

自"一带一路"倡议实施以来，中国对亚洲中部直接投资存量总体上呈上升态势，并于 2014 年突破 100 亿美元（图 10-3）。到了 2016 年，受《亚洲基础设施投资银行协定》（以下简称《亚投行协定》）生效的积极影响，中国对亚洲中部的直接投资存量迅速攀升，增长了 10.7 亿美元，2017 年直接投资存量延续了 2016 年的涨势，增长了 25 亿美元，2018 年达到了峰值。

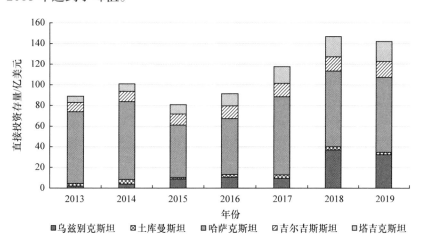

图 10-3　2013—2019 年中国对亚洲中部地区直接投资存量
资料来源：根据 2013—2019 年《中国对外直接投资统计公报》整理

（三）重点投资区位

从直接投资国别来看，《对外投资合作国别（地区）指南：哈萨克斯坦（2020 年版）》指出，中国对哈萨克斯坦的直接投资在五国中占比最大，在整个亚洲中部地区的直接投资中占据决定性地位。截至 2013 年末，中国对哈萨克斯坦的直接投资存量 69.57 亿美元，占亚洲中部国家总存量的 78.2%，而流量占比为 73.7%。[1]同时，根据《对外投资合作国别（地区）指南：乌兹别克斯坦（2020 年版）》中的数据，中国对乌兹别克斯坦的直接投资存量，在"一带一路"倡议的推动下增速喜人，从 2013 的 1.98 亿美元增至 2019 年的 32.5 亿美元，增长超过 15 倍。此外，中国对乌兹别克斯坦和塔吉克斯坦的直接投资流量也有所增加，而对吉尔吉斯斯坦的直接投资流量则保持稳定。但受安全因素影响，

---

① 数据来源：商务部统计数据。

中国对土库曼斯坦直接投资流量呈现收缩态势。

（四）重点投资行业

随着中国与亚洲中部国家经贸合作联系越来越紧密，双方投资领域也越来越广泛。总体而言，中国对亚洲中部的直接投资仍主要集中在采矿业、能源业和基础设施建设三大领域，并表现出如下几个明显的特征。

1. 能源业投资规模巨大

中国与亚洲中部地区在能源领域的合作规模巨大，投资区域遍及亚洲中部五个国家。中国的能源企业，如中国石油天然气集团有限公司（以下简称中国石油）和中国石油化工集团有限公司等大型企业都在亚洲中部有天然气或石油的开采项目。目前，土库曼斯坦是中国石油最大的天然气海外合作区和供应基地，已经成为中国进口天然气最多的国家。

2. 采矿业合作基础良好

中国对吉尔吉斯斯坦、塔吉克斯坦、乌兹别克斯坦的矿产资源投资规模巨大。同时，对采矿产业的配套产业，如开采设备出口、地质勘探和技术咨询等产业，中国也进行了相当规模的合作投资，初步形成了以采矿业为核心的产业集群。

3. 基础设施建设领域合作向纵深发展

在亚洲中部各国对于基础设施建设长期存在大量需求的推动下，基础设施建设领域未来投资前景乐观。中国企业目前已在亚洲中部五国承接多个重要的基础设施工程项目。例如，鲁特尼奇水电站项目、双西公路工程等。总体上看，中国对亚洲中部地区的投资行业相对集中，主要是这些行业能够和中国企业形成很好的优势互补，因此吸引了中国的大量投资。

三、中国对亚洲南部地区直接投资状况

（一）区域投资宏观环境

亚洲南部地区涵盖了喜马拉雅山脉以南、印度洋以北的七个国家，包括不丹、印度、尼泊尔、斯里兰卡、孟加拉国、巴基斯坦和马尔代夫。其中与中国签订了"一带一路"倡议的有五个国家，分别是尼泊尔、斯里兰卡、孟加拉国、巴基斯坦和马尔代夫（以下简称亚洲南部五国）。中国与亚洲南部五国的经贸、文化交流历史悠久。亚洲南部地区作为"一带一路"倡议途经区域，是中国企业对外直接投资的重要区域。"一带一路"倡议提出以来，双边直接投资增长迅速，投资领域不断向多元化发展。但与双边贸易增速对比，直接投资增长动能还稍显不足，这与中国企业在亚洲南部地区面临的政治、外交、文化等问题密不可分。

（二）区域投资规模

2013 年至 2019 年，在"一带一路"倡议的推动下，中国对亚洲南部地区投资存量增长极其迅猛，由 2013 年的 52.63 亿美元增长至 2017 年的 116.08 亿美元（图 10-4）。尽管 2018 年至 2019 年，受中美贸易摩擦、巴基斯坦卢比对美元汇率持续波动、亚洲南

部地区国内宏观经济疲软等因素影响,中国投资者对亚洲南部地区特别是巴基斯坦投资出现大幅回撤,2018 年中国对亚洲南部地区投资存量同比下降了 10.9%,但整体而言,中国对亚洲南部地区投资仍较活跃。在 2019 年中国对亚洲南部地区直接投资流量回升至 15.72 亿美元,达到了 2013—2019 年中国对亚洲南部地区直接投资流量的峰值。

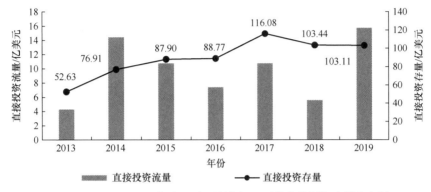

图 10-4　2013—2019 年中国对亚洲南部五国的直接投资流量和存量

资料来源:根据 2013—2019 年《中国对外直接投资统计公报》整理

从 2013 年到 2023 年,这十年来,在双方领导人的战略引领下,中国与亚洲南部国家经贸合作取得丰硕成果。2013 年首届中国—南亚博览会召开的时候,中国和亚洲南部国家贸易总额不足千亿美元,2022 年中国与亚洲南部的贸易总额已接近 2000 亿美元,年均增长率高达 8.3%。截至 2023 年,中国在亚洲南部地区累计投资接近 150 亿美元,完成工程承包营业额超过 2000 亿美元,中巴经济走廊项目稳步推进,汉班托塔港、瓜达尔港项目带动所在国产业升级,孟加拉国以帕德玛大桥为代表的 30 余条公路桥梁,尼泊尔博克拉国际机场等合作项目,为亚洲南部国家发展和地区互通互联做出了实实在在的贡献。

(三)重点投资区位

从投资的国别流入情况来看,中国对亚洲南部地区的直接投资主要流入印度和巴基斯坦两国,投资集中度较高,总体呈现出"两强三弱"的态势。长期以来,中国对巴基斯坦的直接投资规模在亚洲南部五国中十分突出,对其投资存量接近中国对亚洲南部地区投资总量的一半,在 2013 年以前这一占比甚至达到了 65% 以上。同时,中国对印度的直接投资存量在 2011 年以后增长迅速,特别是"一带一路"倡议提出以后,投资存量规模在亚洲南部地区的占比已经逐步接近巴基斯坦,约为 35%,这改变了中国对亚洲南部地区直接投资区域过于集中的现象。此外,虽然自"一带一路"倡议提出以来,中国对孟加拉国、斯里兰卡、马尔代夫三国直接投资流量总和占中国对亚洲南部地区直接投资流量的比例不断增加,但受三国国内市场较小、基础设施薄弱及营商环境较差等因素的影响,《对外投资合作国别(地区)指南:孟加拉国(2020 年版)》《对外投资合作国别(地区)指南:斯里兰卡(2020 年版)》《对外投资合作国别(地区)指南:马尔代夫(2020 年版)》指出,直到 2019 年,中国对孟加拉国、斯里兰卡、马尔代夫三国的直接投资存量不超过对亚洲南部地区投资总额的 20%。

（四）重点投资行业

中国对亚洲南部地区的投资行业日趋多元化，虽然投资项目规模不大，但投资的领域准确对接了亚洲南部国家的发展需求。巴基斯坦国内工业发展水平较低，交通基础设施建设不完善。世界银行物流绩效指数显示，在参与排名的全球 180 个国家和地区中，巴基斯坦基础设施建设指数排名第 121 位，因此在通信、水利电力、港口机场等基础设施建设领域投资空间广阔，上述领域也是中国在巴基斯坦的主要投资领域。孟加拉国与巴基斯坦类似，处于工业发展的初期，中国对孟加拉国的直接投资聚焦在纺织服装、基础设施及机械设备等行业。此外，印度国内工业较为健全，重工业产能较大，对钢铁能源和机械设备的需求较大，因此中国对印度的直接投资，聚焦于钢铁、工程机械、电子机械、通信领域等领域。而马尔代夫以旅游业闻名世界，其余行业对外依赖严重，所以中国对其直接投资主要围绕在基础设施、旅游和水产等领域。最后，随着斯里兰卡 2009 年内战结束，其国内政治局势较为稳定，对外投资开放水平较高，吸引了广大中国民营企业在斯里兰卡进行投资布局，具体涉及旅游、酒店、农产品加工和渔业等广阔领域。

四、中国对亚洲西部地区直接投资状况

（一）区域投资宏观环境

中国与亚洲西部地区的友好关系历史悠久，进入 21 世纪后，双方在基础设施建设和能源等多个领域的投资合作稳步发展，互助互信水平不断增长。在"一带一路"倡议提出之前，亚洲西部地区便是中国外交和对外经济合作的重要区域，"一带一路"倡议提出后，亚洲西部地区更成为中国在"一带一路"建设上的重要节点，其关键支撑作用日益凸显，各领域的直接投资不断升温。

自 2013 年"一带一路"倡议提出以来，亚洲西部地区经济总体上呈现波动态势。地区生产总值从 2013 年的 3.72 万亿美元下降至 2019 年的 3.17 万亿美元，降幅达 14.8%。2014—2015 年亚洲西部地区生产总值出现了较大幅度下滑，下滑的原因主要是受到 OPEC 原油价格波动影响。中国是全球石油需求增长的主要推动力，2014 年，受中国经济增长放缓导致石油需求增长疲软的影响，国际能源机构将 2014 年原油的全球需求增长预测下调为 70 万桶/天，是 2008 年全球金融危机以来的最低水平。以石油出口作为主要经济增长引擎的亚洲西部，在原油需求增长暴跌的情况下，其地区生产总值自然随之下降。

（二）区域投资规模

由于亚洲西部与中国在经济结构上互补优势强，在进入 21 世纪以后，中国和亚洲西部的直接投资合作稳步推进。双边直接投资存量自 2003 年以来连续保持上升态势，特别是在 2009 年以后增长迅猛，在 2013 年"一带一路"倡议提出后保持强劲增长，2014 年更是突破 100 亿美元达到 111.66 亿美元，2017 年突破 200 亿美元达到 201.43 亿美元，到 2019 年，双边直接投资存量更是达到了 230.11 亿美元的峰值（图 10-5）。

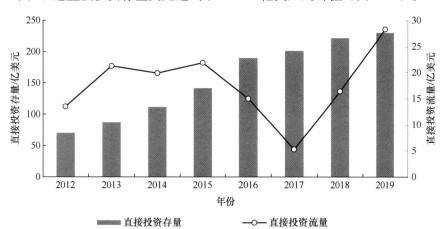

图 10-5　2012—2019 年中国对亚洲西部地区直接投资变化情况

资料来源：根据 2012—2019 年《中国对外直接投资统计公报》整理

受安全、政治及油价波动等因素的影响，2013 年以来，中国对亚洲西部地区投资流量呈明显波动特征（图 10-5）。2014 年中国对亚洲西部地区的直接投资流量从 2013 年的 22 亿美元轻微震荡至 19.86 亿美元后，在 2015 年再度回升至 21.83 亿美元。但是随后在 2016 年和 2017 年连续两年急剧下降，并在 2017 年降至 2009 年以来的新低 5.24 亿美元，而后却在 2018 年和 2019 年连续两年跳跃式上升至 2019 年的 28.24 亿美元的峰值，形成了以 2017 年为谷底的大"V"形波动增长现象。这种波动增长现象究其原因主要是受到政局动荡和油价变动影响。2016—2017 年，美国和俄罗斯在中东进行战略调整，两国对中东的干预博弈升级，导致亚洲西部地区局势进一步紧张，也影响了中国在亚洲西部地区的投资增长。

（三）重点投资行业

近年来，中国企业对亚洲西部地区投资领域已经从能源产业逐步扩大到了石化、农业、制造业，甚至逐渐向服务业和高新技术产业延伸，加快形成以油气为主轴，以基础设施建设、贸易和投资便利化为两翼，以核能、航天卫星和新能源三大高新领域为突破口的"1＋2＋3"的投资合作新格局。但目前，中国对亚洲西部地区的直接投资存量主要聚焦于基础设施建设、能源业和通信业。中国对石油领域的投资主要集中在产油大国，如阿联酋、沙特、伊朗等国家。2017 年，中国石油与中国华信能源有限公司两大集团联合收购阿联酋阿布扎比国家石油公司 12% 股权的收购案，是当年中国在"一带一路"共建国家投资的最大项目，也是截至 2020 年底中国对阿联酋最大的单笔石油投资。在基础设施建设领域，中国的基础设施建设投资遍布亚洲西部地区，如中国承包伊拉克、科威特、阿曼、土耳其等国的住房建设以及农业基础设施建设等项目。在信息通信领域，华为、中兴通讯股份有限公司（以下简称中兴）等一批通信服务企业业务已几乎覆盖了整个亚洲西部地区，并设立了分支机构。在新兴产业领域，2019 年，中国汉能集团与沙特的能源公司 Ajlan & Bros 签订了投资 10 亿美元的薄膜太阳能产业园区建设项目的投资意向协议，启动了汉能薄膜在亚洲西部地区的第一个产业园项目，有效带动了中国与亚洲西部地区在清洁能源和新型能源领域的合作。在商贸服务领域，湖南博深实业集团在阿联酋建设的阿治曼中国城，已成为当地最大、亚洲西部地区第二大的中国商品批发采购交易中心。

第二节　中国对欧洲区域直接投资状况

一、区域投资宏观环境

欧洲中东部位于连接欧亚大陆的关键位置，有着独特的地理位置，是中国与欧洲开展经贸合作的重要纽带。随着"一带一路"建设的深入推进，中国与欧洲中东部的合作潜力和合作前景越发凸显。因此本节以欧洲中东部地区为例，介绍中国对欧洲区域的直接投资状况。

从宏观经济发展来看，近年来，欧洲中东部的经济增长较为缓慢。2020 年区域生产总值为 19 383 亿美元，同比下降 2.05%。《对外投资合作国别（地区）指南：波兰（2020 年版）》《对外投资合作国别（地区）指南：罗马尼亚（2020 年版）》《对外投资合作国别（地区）指南：捷克（2020 年版）》指出，波兰、罗马尼亚、捷克是该区域经济发展水平最高的三个国家，在 2020 年，其 GDP 分别为 5941 亿美元、2487 亿美元及 2435 亿美元。

二、投资规模

中国同欧洲中东部的经贸互动日渐频繁，逐渐成为中国对外经贸合作的新亮点。中国对欧洲中东部的投资规模逐步扩大。欧洲中东部地区作为新兴市场，相对于发达国家和地区，引资意愿更为强烈，成本优势更为明显；作为以欧盟成员为主的区域经济体，相对于大多数"一带一路"共建国家，其在法治水平和政治稳定性方面占有更大优势。这些因素奠定了中国与欧洲中东部地区互利共赢的合作基础，推动中国企业加快对欧洲中东部地区直接投资的进程。

随着"一带一路"建设的深入推进，中国与欧洲中东部地区的投资规模进一步扩大。2013 年以来，中国对欧洲中东部地区直接投资流量突破 1 亿美元大关。2017 年，中国对欧洲中东部地区直接投资流量再创新高，突破 4 亿美元，"辐射效应"显著。2018 年，直接投资流量达到了 2013 年以来的峰值，为 6.66 亿美元（图 10-6）。

从投资存量上看，2019 年末中国对欧洲中东部地区直接投资存量总额达到 23.35 亿美元，但在中国对外直接投资存量总额中的占比不到 1%。可见，中国对欧洲中东部地区的直接投资仍处在"浅水区"。这在一定程度上说明了中国企业对欧洲中东部地区市场的重要性认识仍然不足，双方的投资互动中还存在不少阻碍。因此，以"一带一路"倡议为基础，进一步强化中国同欧洲中东部地区各国的友好合作关系，将有助于进一步开发中国与欧洲中东部地区经贸合作的市场潜力，从而稳步推进中国与欧洲中东部地区直接投资往来。

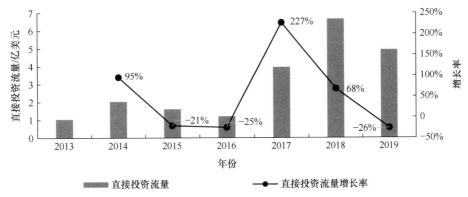

图 10-6 2013—2019 年中国对欧洲中东部地区直接投资流量及增长率变动情况

资料来源：根据 2013—2019 年《中国对外直接投资统计公报》整理

三、重点投资区位

随着"一带一路"倡议的落实及欧洲中东部地区各国的投资环境的持续改善，中国对欧洲中东部地区直接投资的国别分布范围逐步扩大。从 2019 年末中国对欧洲中东部地区的直接投资存量来看，中国对欧洲中东部地区的直接投资区位相对比较集中，表现出地区结构非均衡的特点。从经济区位上看，欧洲中东部地区可以划分为波罗的海三国、巴尔干半岛、维谢格拉德集团与斯洛文尼亚三大板块。

（一）波罗的海三国地位弱化

波罗的海三国主要指爱沙尼亚、拉脱维亚及立陶宛。根据国际货币基金组织的分类，波罗的海三国属于发达国家，是欧洲中东部地区经济发展水平最高的区域。该区域具有良好的投资环境，是连接欧盟和中国之间经贸合作的关键节点。中国对波罗的海三国的直接投资额在中国对欧洲中东部地区直接投资总额中的占比不到 1%，且投资占比近年来有持续下降态势。投资额的下降反映了波罗的海三国与中国的经贸合作日渐弱化，投资合作地位有所下降。

（二）巴尔干半岛占比最高

欧洲中东部的巴尔干半岛地处欧洲大陆东南部，被誉为"欧洲十字路口"，包括阿尔巴尼亚、波黑、保加利亚和北马其顿等 9 个国家。巴尔干半岛拥有得天独厚的地理优势，加上自然资源丰富，长期以来是中国对外直接投资的重要目的地。2019 年，中国对巴尔干半岛的投资总额占欧洲中东部地区投资总额的 51.74%。其中，中国对罗马尼亚的投资较多，对阿尔巴尼亚、波黑等国的投资较少。

（三）维谢格拉德集团与斯洛文尼亚板块发展空间巨大

维谢格拉德集团主要指捷克、斯洛伐克、波兰和匈牙利四国，其与斯洛文尼亚 5 个国家在欧洲中东部地区经济较为发达、工业基础较为雄厚，尤其是其制造业与中国的产业互补性强，双方具有极大的投资合作潜力。除此之外，该区域的对华开放政策和投资环境不断优化,极大地吸引着中国企业加大对其直接投资。例如,波兰针对中国企业推出的"去波兰投资项目"、匈牙利的"向东开放"战略等政策的实施,进一步推动"一带一路"倡议落地。2019年,中国对该区域的直接投资存量占中国对欧洲中东部地区直接投资存量的44.6%,接近一半。在多重有利因素的综合作用下,维谢格拉德集团与斯洛文尼亚5国目前成为中国对欧洲中东部地区直接投资中比重第二大的区域。

四、重点投资行业

　　长期以来,中国与欧洲中东部地区的经贸合作相对较弱。欧洲中东部国家作为"欧洲工厂"更关注与欧洲的经贸合作,而中国作为"世界工厂"也缺乏对欧洲中东部地区的经贸探索,对欧洲中东部地区的投资领域较为单一。随着欧洲中东部地区投资环境的逐步改善和开放水平的持续提升,欧洲中东部地区日渐成为中国企业"走出去"的重要区域。中国大量知名企业,如华为、中兴、联想等进驻欧洲中东部地区,在投资规模、投资领域和投资方式上都达到了历史最高水平,从而进一步发掘了双方经济结构的互补性。近年来,随着双方合作关系的不断加深,中国对欧洲中东部地区的资源禀赋和产业特征有了更为全面的认识,进一步加快了与欧洲中东部地区在更多投资领域的合作。

　　从具体投资行业看,中国在欧洲中东部地区的直接投资由单一化逐步向多元化发展。过去的投资领域主要集中在金融业和通信业,目前逐步扩展到更多的领域,包括基础设施、能源、农业及高新技术制造业等。近年来,双方在基础设施及能源领域合作成效明显,Kostolac煤电厂改造、摩拉瓦运河水电站及匈塞铁路工程等项目顺利开展;在农业领域,由于欧洲中东部地区具有土地资源优势,加上中国对农业投资优惠的融资支持,中国企业对欧洲中东部地区的农业投资增长迅速,投资领域也逐渐扩大。随着双方投资合作领域的逐步扩展,中国企业也加快了化解过剩产能和转型升级的步伐,从而促使中国与欧洲中东部地区在各个领域的投资合作进一步加强。

第三节　中国对非洲区域直接投资状况

一、地区的人口和经济概况

　　非洲是一个面积辽阔、资源丰富、人口众多、具有活力的大陆,占地面积3029万平方公里,可耕地开发率低于三分之一,拥有世界上最重要的53种矿产和稀有资源,人口总数超过11亿且增长较快,劳动力充裕,是世界上发展中国家最密集的大洲。非洲的国家普遍渴望通过加速工业化实现社会发展水平的提升,从而改善人民的生活水平。丰富的劳动力资源及不断加速的城镇化进程,使得非洲近年来经济增长迅速,成了国际投资的新热土。中国作为非洲国家传统友好的兄弟国家,自然成为非洲最为青睐的投资来源国。随着中非之间的合作机制不断深化,近年来,中国与非洲的政治互信和经贸合作基础日渐牢固，投资的广度和深度不断扩展。2020 年，受疫情及全球经济衰退影响，中国对非洲投资下降明显。但从长期看，中非投资合作潜力巨大、合作前景广阔。

二、投资规模

中国的"一带一路"倡议提出后，非洲作为"一带一路"建设的重要落脚点，许多国家纷纷积极对接"一带一路"倡议，以期从"一带一路"建设中受益。自"一带一路"倡议实施以来，中国对非直接投资的最大特征就是从以政府引导的企业投资模式转变为市场主导的多元投资模式。由于模式的转变，这一时期中国企业对非洲的直接投资流量经历了 2014—2016 年连续三年的调整期后，快速回升，金融类直接投资流量和存量于 2018 年分别达到 53.89 亿美元和 443.9 亿美元的峰值（图 10-7），但在 2019 年受到非洲大选影响，中国对非洲直接投资出现下滑。总体而言，这一时期中国对非洲投资呈现稳定发展态势，且投资领域日趋多元，特别是在"一带一路"倡议推动下，中国对非洲投资企业不断增多，从 2013 年的 2955 家增加到 2019 年的 3802 家，民营企业成为中国对非直接投资的主要生力军，表现出较强的市场导向性。

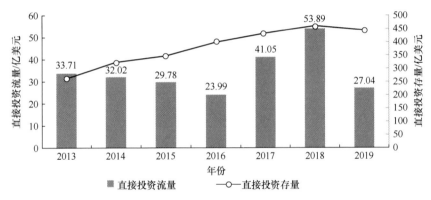

图 10-7　2013—2019 年中国对非金融类直接投资情况
资料来源：根据 2013—2019 年《中国对外直接投资统计公报》整理

三、重点投资区位

一直以来，非洲是中国重要的合作伙伴，中国在非洲的投资国别分布广泛。截至 2019 年，中国对非洲的投资国家数量达到了 52 个，在非洲的直接投资覆盖率为 86.7%。中国企业在非洲设立的境外企业超过 3800 家，占中国境外企业总数的 8.7%。从具体国别看，2019 年末中国对非洲的直接投资主要分布在南非、刚果（金）、安哥拉、赞比亚、埃塞俄比亚、尼日利亚、加纳等国，其中，南非接受的投资量排在首位，其次是刚果（金）和安哥拉（图 10-8）。

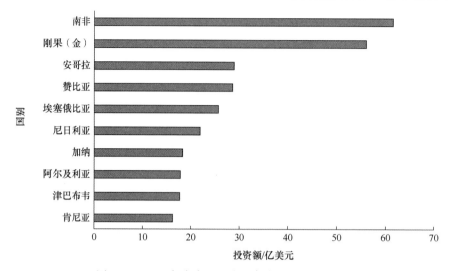

图 10-8　2019 年末中国对非洲直接投资的国别分布

资料来源：根据《2019 年度中国对外直接投资统计公报》整理

四、投资行业

"一带一路"倡议实施以来，虽然中国对非洲直接投资的领域逐步拓宽，但依然存在投资领域和行业相对集中的问题，主要集中在建筑业、采矿业、制造业、金融业、租赁和商务服务业 5 个行业，2017 年，这 5 个行业的投资比重分别为 30.6%、24.8%、12.6%、11.8% 和 5.6%。其中，建筑业位居榜首，采矿业次之，采矿业占比相较于 2018 年提高 2.1 个百分点，增速较快。上述 5 个行业直接投资存量共 379.4 亿美元（图 10-9），占中国对非洲直接投资总存量的比重高达 85.4%，可见，中国对非洲的投资行业集中度较高。此外，非洲是中国对外承包工程中仅次于亚洲之外的主要目的地。2019 年，按照新签合同额排序，中国对非洲承包工程前五大国别市场依次为：尼日利亚（125.6 亿美元）、加纳（42.9 亿美元）、阿尔及利亚（37.3 亿美元）、刚果（金）（35.6 亿美元）、科特迪瓦（34.9 亿美元）。中国对非洲承包工程新签合同额占当年在全球市场新签合同额的 21.5%，区域集中度较高。

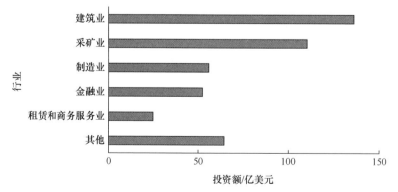

图 10-9　2019 年末中国对非洲直接投资存量的行业分布情况

资料来源：根据《中国对外投资发展报告 2019》整理

本 章 提 要

（1）自"一带一路"倡议提出以来，"一带一路"共建国家响应热烈，越来越多的国家与中国签署了合作备忘录，共建"一带一路"涵盖的地理范围、经济规模不断扩大。

（2）东盟目前是中国对共建"一带一路"国家投资最集中的区域，中国—东盟自由贸易区的建立使其成为世界上最大的由发展中国家组成的自由贸易区。RCEP 的签署，更是进一步推动了中国与东盟的投资合作。

（3）在"一带一路"倡议和上海合作组织等合作平台支持下，中国对亚洲中部的投资整体而言呈现上升态势。中国对哈萨克斯坦的直接投资流量和存量均在亚洲中部五国中占比最大，能源合作是中国与亚洲中部地区投资合作的重点内容。

（4）亚洲南部地区是中国企业对外直接投资的重要目的地。巴基斯坦作为中国的"全天候战略合作伙伴"，双边投资合作密切。

（5）亚洲西部地区是中国外交和对外经济合作的重要节点，双方在经济结构上有非常强的互补优势，能源开发和基础设施建设是双边投资合作的重点领域。

（6）中国对欧洲中东部地区的投资存量目前较少，但长期来看，前景可期。随着"一带一路"建设的深入推进，中国与欧洲中东部地区的合作潜力越发凸显。

思考与探索

　　如何有效地提升"一带一路"共建国家的直接投资？

第十一章 "一带一路"共建国家所面临的风险与挑战

由于"一带一路"建设涉及项目多，投资规模大，存在一些潜在的问题和风险，尤其是新冠疫情在全世界的蔓延，更进一步加大了对外投资项目的风险和压力。东道国是否拥有稳定的政局、稳健的宏观经济基本面、良好的基础设施和投资环境，对投资主体而言十分重要。本章将从"一带一路"宏观视角出发，剖析"一带一路"共建国家的投资环境及中国企业进行直接投资所面临的风险，并为其应对投资风险、迎接挑战提出一些参考意见。

第一节 "一带一路"共建国家国际投资风险

随着地缘政治矛盾日趋复杂，大国竞争愈发激烈，对"一带一路"共建国家的国际投资充满不确定性和风险。主要的风险通常可以概括为政治风险、经济风险、文化风险、营商环境风险和安全风险。

一、政治风险

（一）国际投资保护主义抬头

当前逆全球化思潮抬头的形势下，全球贸易和投资缺乏新的增长动力，一些发达国家出现逆全球化的现象，鼓吹贸易保护主义，使得国际投资形势变得更为严峻复杂。在国际贸易领域，从世界范围来看，近年来国际贸易增速逐渐下降甚至低于经济增长的速度。在国际直接投资方面，多数经济体增长乏力。此外，在国际投资领域，为保护本国的重要产业，部分发达国家以国家安全审查制度为由加强对战略性行业的投资审查，从而阻碍外资进入的现象越来越普遍。例如，2019 年 3 月，欧盟委员会以保障欧盟成员国的安全和公共秩序为由，通过了关于外国投资监管的新法规，加强了对基础设施及涉及敏感技术和公共秩序安全等领域的投资审查。并且，各国对"国家安全"的衡量标准并不统一，导致国家安全审查具有一定的不可预见性，其国内政策解释也不足，安全审查制度需要全面考虑各种标准，阻碍国际投资便利化。

（二）民粹主义泛滥

在新媒体的语境下，政治参与行为更为"碎片化"，网络平台的发达使得民众在参政议政的过程中容易形成极端的观点，进一步煽动民粹主义。国家及企业在进行对外直接投资决策的时候需要更多地考虑民众的舆论压力，从而使得对外投资受到一定程度的抑制。其中一个突出的表现是，一方面，母国的跨国企业基于国外劳动力成本优势而进行的产业外迁，导致本国产业空心化的问题严重，引发本国的民粹主义思潮。这在一定程度上减少了母国的对外投资而加速了部分产业回迁的趋势。另一方面，母国的对外投资也可能受到东道国民众舆论压力的影响。

（三）国际投资规则发展滞后

在全球化的发展进程中，国际投资规则的制定与实践长期滞后于国际投资自身的发展，逆全球化思潮的高涨更是加剧了这一趋势。投资是经济增长的主要动力之一，但当前尚未建立统一的国际投资治理规则，更没有形成统一的多边投资协定。投资规则主要依靠双边关系来推进，但是这种双边关系的投资协定存在协定之间协调性差、谈判成本高昂等弊端。双边投资规则"碎片化"发展问题加剧，不同协定之间的矛盾日益暴露。当前的双边投资规则主要由西方发达国家主导，虽然各自的协定内容大体一致，但是在投资细节上的处理各有特点，各国在双边投资谈判中对协定进行博弈和修订可能导致内容出现较大偏差，这也进一步强化了"意大利面碗"现象[①]。同时，南北国家因经济发展阶段和政治制度的差异，对国际投资规则的理解及对投资治理需求存在重大分歧，加上历史原因导致各自采纳的协定文本存在差异，南北国家之间的国际投资协定多边谈判难以形成共识。此外，一国与不同国家在不同时期签订的投资协定也会出现前后不一致的矛盾。以上现象使国际投资规则错综复杂，缺乏统一性和系统化，不利于"一带一路"多边投资协定的推进，难以形成正式化的区域国际投资规则。

二、经济风险

（一）经济波动较大

东道国的经济增长速率将在较大程度上影响国际直接投资项目的顺利开展和正常收益。一旦东道国的经济波动比较大或者出现经济下滑，国际投资项目将不仅不能获得投资回报，更有可能面临亏损或覆水难收的尴尬境地。"一带一路"共建国家多为发展中国家，且包含多个最不发达国家，整体经济发展水平较低。当冲击来临时，这些国家容易出现经济危机，经济波动较大。例如，泰国的经济在 2009 年出现了负增长，而在 2011 年和 2014 年增速也不超过 1%，而后增速逐步上升，但存在诸多不稳定因素；俄罗斯的 GDP 在 2009 年和 2015 年出现了负增长，而在 2015—2019 年各年增速不超过 2.6%；哈萨克斯坦的经济在 2000—2007 年虽然经历了年均 10%左右的增长，但在 2012 年后其经济增速回落到了 4%左右，其中 2015 年和 2016 年更是下跌到 1%左右。在新冠疫情的影响下，世界上多数国家的经济都普遍放缓，部分国家甚至呈现出负增长的趋势，这将对国际直接投资造成一定程度的冲击。

（二）债务违约风险较高

部分"一带一路"共建国家的政府债务占其 GDP 的比重较高，加上新冠疫情的冲击，部分建设项目存在较大的债务违约风险。总体而言，"一带一路"共建国家的政府债务规模都相对比较大，国内外主流评级机构对其主权评级普遍较低。例如，标准普尔在 2021

---

① "意大利面碗"现象一词源于美国经济学家巴格沃蒂 1995 年出版的《美国贸易政策》一书，指在双边自由贸易协定和区域贸易协定下，各个协议的不同的优惠待遇和原产地规则就像碗里的意大利面条，一根根地绞在一起，纷繁复杂。

年 3 月给予哈萨克斯坦的主权评级是 BBB-/A-3。东道国的债务违约风险较高将妨碍国际直接投资的正常开展和运营。

（三）货币贬值和汇率风险

东道国的货币贬值和汇率风险是影响国际直接投资的重要因素。一方面，货币的对内贬值容易造成通货膨胀，从而增加跨国企业在东道国的采购成本和运营成本。根据国际货币基金组织公布的数据，"一带一路"倡议框架下，与中国合作度排名前 10 位的国家中，通货膨胀率最高的是俄罗斯，其次是哈萨克斯坦，2019 年，这两国的通货膨胀指数分别达到 1691 和 430。越南、巴基斯坦在 2019 年的通货膨胀指数也超过了 200。

另一方面，货币的对外价值波动容易引发国际投资产生交易损失。"一带一路"共建国家中许多国家的货币币值不稳定，汇率波动明显。这将严重影响中国企业"走出去"的信心。例如，2013 年，中国冶金科工股份有限公司和马钢（集团）控股有限公司（以下简称马钢集团）与哈萨克斯坦的 Ferrum Corp. 签署了 100 万吨/年的综合钢厂项目。项目签署时，哈萨克斯坦货币坚戈的汇率大约为 1 美元对 150—200 坚戈，而到 2019 年，汇率变为 1 美元对约 400 坚戈，哈萨克斯坦货币大幅贬值。汇率风险带来的直接后果是项目回收时资产大幅度缩水，项目回报情况大打折扣甚至亏损，从而降低了国际直接投资的积极性。

（四）东道国自身的失业率

东道国的高失业率将导致治安问题，加剧劳动力熟练程度下降问题，从而影响国际投资的劳动力供给质量。一方面，从安全的角度看，高失业率将使东道国的社会治安存在一定的隐患，从而使投资的项目在当地的财产安全和人员的人身安全受到威胁，一定程度上会增加跨国企业的额外支出。另一方面，从劳动力供给质量看，东道国大面积的人员失业将导致多数再就业工人的劳动技能持续弱化，从而增加员工的再学习和培训成本。由此可见，东道国的失业率成为国际直接投资中不可忽视的风险因素。

三、文化风险

（一）宗教文化风险

不同国家及地区的宗教文化不同，不同的宗教信仰和宗教活动容易引发教派之间的纷争，导致社会矛盾激化，从而对国际直接投资产生直接或间接影响。"一带一路"共建国家宗教信仰多样，宗教信仰氛围浓厚，多种古老文明从中诞生，既有佛教、伊斯兰教，也有基督教和印度教。不可否认，宗教在出现及演变的过程中对人类文明的交流互鉴和友好往来功不可没，但宗教文化差异也容易引发国际直接投资的宗教文化风险。比如，由于对东道国的宗教信仰或宗教禁忌缺乏了解而引发市场开发受阻甚至项目整体遭遇失败的风险等。

（二）语言文化风险

语言文化差异容易产生交流的障碍和理解的偏差，导致国际直接投资的沟通成本增加。"一带一路"共建国家语言种类繁多，语言使用情况复杂，所使用的官方语言共有 60 多种,而加上各类地方语言共有 1000 多种。这在很大程度上造成沟通的困难,带来跨国企业沟通中的语言文化风险。一方面,语言的不同可能造成理解的错误或偏差,从而使得信息传递失真,增加沟通成本,制约跨国投资企业的投资进程和正常运营。另一方面,不同的语言信息代表不同的文化认知,不同民族的文化差异将使得语言的传递容易产生分歧,甚至形成对立和矛盾,导致国际直接投资项目遭到东道国的抵制。

四、营商环境风险

(一)政策风险

东道国对外商投资的相关政策一旦发生变化,将对跨国投资企业的经营带来重大影响,导致经营成本增加甚至被国有化。在"一带一路"共建国家中,多数国家的外商投资政策都调整频繁。例如,俄罗斯出台了法律,规定在俄罗斯的企业雇佣本地工人必须达到一定的比例;泰国政府颁布的《外国人经商法》,对外资公司的股份结构做了限定,从而影响了大量在泰国的中资企业;委内瑞拉政府宣布对外国能源企业实施国有化的行为,使得欧美的能源企业瞬间丧失在该国的经营机会。目前,虽然大多数国家的政策相对稳定,但不排除因为政局变动、领导人更迭而导致政策变化的情况,尤其是部分政局不稳定的"一带一路"共建国家,需要引起特别注意。

(二)法律风险

法律风险对于跨国投资企业而言是除政治风险外的主要风险之一。世界各国的法律渊源和法律规定各不相同,跨国经济往来不可避免需要面对因法律的不同规定带来的不确定性。"一带一路"共建国家主要是发展中国家,法律制度相对不完善,跨国企业在进行对外直接投资过程中遭遇法律风险的情况更是屡见不鲜。

不同国家在反垄断、劳工保护、环境保护、国有化、课税、行业准入等方面都有各自的规定,而且通常会随着国际形势和客观情况进行动态调整,从而增加了跨国投资企业在法律上的潜在风险。据统计,在中国的对外直接投资失败的案例中,有 16%是因为法律风险的因素而最终终止投资的。具体而言,一方面,法律风险表现为跨国企业由于没有严格遵守当地法律规定而被迫终止投资。另一方面,表现为跨国企业对当地的劳工法律规定不熟悉而被迫提高用工成本。由此可见,法律风险值得中国跨国投资企业提前关注并做足多种应对预案。

五、安全风险

(一)传统安全风险

世界各国地缘政治错综复杂,风俗习惯和文化禁忌各异,跨国企业在"走出去"的过程中极易遭受社会治安、绑架、偷盗等各类传统风险,从而可能遭遇人员伤亡或财产损失,威胁企业的基本安全。

（二）医疗健康安全风险

"一带一路"共建国家以发展中国家为主，中东和非洲经济相对不太发达，基础设施不够齐备，整体医疗水平较低，企业跨国投资面临的健康安全风险持续走高。在后疫情时代，企业对外直接投资将面临更多的医疗健康风险。

第二节　中国对"一带一路"共建国家投资风险管理

为有效应对"一带一路"共建国家投资活动中存在的各类显性和隐性风险，可以从国家层面和企业层面积极作为，主动预防和管理潜在的风险。从国家层面看，可以通过加强对外投资机制建设、构建金融保险体系、完善文化沟通交流机制等从宏观上为企业保驾护航。从企业层面看，可以从实施本土化战略、开展全面尽职调查、建立企业内部的风险预警机制、提升核心竞争力等方面规避和预防来自东道国的各类风险。

一、国家层面投资风险管理

（一）加强对外投资机制建设

中国企业要顺利参与对"一带一路"共建国家的跨国投资，降低企业投资风险，离不开国家在机制建设层面的保驾护航。第一，加强国家层面的经济外交，增进与"一带一路"共建国家间的战略互信。扎实推进中国和"一带一路"共建国家的双边投资协定，进一步消减贸易壁垒和投资壁垒，推动与"一带一路"共建国家之间的贸易自由化和投资便利化，逐步形成监管互认、执法互助、信息互换的投资基调和良好的营商环境。第二，加强政府部门之间的宏观协调，形成对中国"走出去"企业投资风险的应急磋商、服务保障和分担补偿的工作机制。第三，探索建立对"一带一路"共建国家投资的风险识别和风险防范机制。由于"一带一路"共建国家环境错综复杂，跨国投资企业在进行投资决策时容易出现因信息来源不统一而导致对潜在风险误判的可能。为此，政府可以考虑将风险防范和风险控制的相关条款纳入双边或多边投资协定，帮助企业有效识别风险。

（二）构建金融保险体系

为帮助中国跨国投资企业减少和防范"走出去"的各种风险，必须为投资企业构建一个完善的金融保险体系。一方面，可以从政府层面推进与"一带一路"共建国家的双边或多边金融合作，帮助企业规避汇率波动的风险。例如，通过与"一带一路"共建国家签订本币互换协定，减少企业兑换多种货币的交易次数，从而减少跨国投资企业因汇率风险遭受的经济损失。另一方面，应该有计划、有步骤地推进构建"一带一路"金融担保及保险机制，加快获得"一带一路"共建国家的国家级金融机构支持，与国际银行体系接轨，建立并完善跨国货币金融风险预警与响应机制。同时，支持金融机构加速开发利用远期外汇合约、外汇期权、外币债务等各种金融避险工具，鼓励中国企业与相关金融机构在跨国投资时熟练运用上述金融工具，以帮助跨国投资企业有效防范和应对金融市场波动引发的各种财务风险。

（三）完善文化沟通交流机制

为有效预防和应对中国跨国企业对外直接投资的文化风险，中国政府应重视与"一带一路"共建国家的沟通交流，化解跨国投资企业投资过程中产生的文化冲突，减少跨文化风险。第一，通过与"一带一路"共建国家签订文化合作交流协定，加强文化沟通的顶层设计，为企业疏通与"一带一路"共建国家的文化关系提供制度保障。第二，通过开展与"一带一路"共建国家的多元文化交流，增进相互之间的了解，推进与"一带一路"共建国家形成多元包容的文化体系，减少相互之间的文化摩擦和误解。第三，应重视对"一带一路"共建国家宗教文化的解读分析，帮助企业更加深入了解当地的文化特征，从而提前制定应对策略，减少因宗教禁忌和信仰差异导致的文化矛盾。

二、企业层面投资风险管理

（一）实施本土化战略

本土化经营是提高对外投资企业在东道国市场的适应能力的最佳路径。第一，实施人力资本本土化。跨国投资企业进行境外投资之前，应事先了解东道国的用工比例等相关规定，尽可能雇佣更多当地人员，以使得企业的文化与当地文化更为融合，减少被当地居民抵触的风险。第二，实施采购本土化。通常东道国对外商投资企业的优惠政策都有本地成分要求，跨国投资企业可以通过与当地企业合资的方式，实现原材料或中间产品本地化，一方面可以充分享受东道国的各类福利，另一方面也是规避当地对外资企业排挤的有效途径。第三，灵活运用不同的投资方式避免被国有化的风险。通常，东道国对战略性资源或稀缺资源等敏感性领域的开放有一定的限制，跨国投资企业可以选择不同的出资形式来灵活应对。比如，可以通过债权形式出资，通过购买企业债券或一定股权的方式，减少因直接控股而违反东道国相关规定的风险；对于有技术优势或品牌优势的企业，也可以通过许可经营的方式，把经营权转让给当地企业。

（二）开展全面尽职调查

由于新冠疫情加剧逆全球化情绪，以及地缘政治争端等多重复杂的国际大环境，发达国家对外资纷纷采取严格管控措施，加大审查和监管力度，中国企业在做"走出去"决策时应更加审慎理性，开展全面的尽职调查。第一，在安全防范方面，中资企业针对失业率高或治安环境不好的国家，有必要先对国内的外派人员进行安全防范教育和相关的模拟演练培训。同时，对当地的工地和办公场所安装安全防范设备。第二，在人员安排方面，应事先了解东道国当地的劳动力素质。对于国民受教育程度有限的国家，应考虑更多本国的外派人员安排，尤其是对于一些重要的管理岗位，应事先储备足够的中国员工。同时，跨国企业应加强对当地员工的岗前培训，以使企业进入东道国后能尽快顺利开展各项活动，降低运营成本。

（三）建立企业内部的风险预警机制

风险的提前识别和预警，有利于跨国投资企业合理规避不必要的风险或降低风险的损害程度。跨国投资企业可以通过建立企业内部的风险预警机制，提前预判经营过程面临的各类风险。第一，跨国企业可以通过设立专门的风险管理部门对可能存在的风险进行识别和预判，及时排查各种风险。第二，启动相应的应对预案，以做好减少损失的应对准备。尽可能地通过多方协调，加强企业内部各部门的沟通及企业外部各相关单位的沟通，及时了解风险发生的动态情况，把风险导致的损失降到最低。

（四）提升核心竞争力

企业的核心竞争力是企业生存和发展的关键要素，增加中国企业出海成功率最根本的措施就是要加快中国跨国企业的发展。要在竞争激烈的国际市场环境中降低投资风险，跨国投资企业需要不断提高自身核心竞争力和在全球价值链中的位势。一方面，跨国投资企业应该具有国际化的战略眼光，通过对发达国家先进管理经验和技术的吸收，逐步加强自身品牌的培育，加快产业转型和升级。另一方面，跨国投资企业应不断推进技术创新、品牌营销，强化与境外企业在技术和营销渠道的合作，在了解当地市场的基础上树立自身品牌形象，增强企业文化软实力，注重员工激励和能力素质培养，不断提升企业综合实力。

本 章 提 要

（1）在中国企业对"一带一路"共建国家投资可能遭遇的政治风险方面，国际投资保护主义抬头、民粹主义泛滥、国际投资规则发展滞后等挑战不容忽视。经济风险方面，经济波动较大、债务违约风险较高、货币贬值和汇率风险等问题长期存在。文化风险方面，宗教文化风险、语言文化风险阻碍出海企业的本土化经营。营商环境风险方面，政策风险、法律风险等普遍存在。安全风险方面，传统安全风险与医疗健康安全风险并存。

（2）预防和规避企业跨国投资的风险，可以分别从国家层面和企业层面采取相应措施。从国家层面看，需要加强对外投资机制建设、构建金融保险体系、完善文化沟通交流机制；从企业层面看，应积极实施本土化战略、开展全面尽职调查、建立企业内部的风险预警机制、提升核心竞争力。

思考与探索

如何降低中国企业在"一带一路"共建国家的投资风险？

第十二章　"一带一路"倡议与国际产能合作

中国与"一带一路"共建国家开展国际产能合作意义重大：既有利于发挥各国比较优势，深化分工协作，提高资源在全球的配置效率，又有利于中国将产品"走出去"与投资"走出去"相结合，延伸全球产业链，提升产业链价值。

国际产能合作日益受到"一带一路"共建国家的重视，中国与"一带一路"共建国家取得了令人瞩目的合作成效。从合作区域看，主要覆盖了亚洲、大洋洲、欧洲及非洲等。从合作主体和合作产业看，中国与"一带一路"共建国家合作领域宽泛，几乎涵盖了所有行业，既包括与巴基斯坦、缅甸等能源国家和农业国家在能源、农业等初级产业的合作，也包括与新加坡等工业化国家在高科技产业、金融业、环保行业的产能合作。从投资重点和发展态势看，中国对"一带一路"共建国家投资的重点是基础设施相关领域，尤其是钢铁、能源等行业。除此之外，中国与"一带一路"共建国家在某些领域的产能合作业务增长快速，如批发和零售业、通信技术业等。

本章从国际产能合作的基本内涵、提出背景、特征及发展思路出发，分析总结中国与"一带一路"共建国家开展产能合作的状况，并对产能合作重点领域及其发展战略进行介绍，以利于读者对中国与"一带一路"共建国家开展产能合作的状况有进一步了解。

第一节　国际产能合作基本介绍

产能合作是一国对另一国的产业和能力的输出。当前，全球基础设施建设掀起新热潮，发展中国家工业化、城镇化进程加快。在此背景下，推动国际产能合作，一方面可以让更多发展中国家参与到全球跨国产业体系中，另一方面，有利于中国经济结构和产业结构的调整。了解国际产能合作的基本内涵和提出背景，有利于深入推动中国与"一带一路"共建国家的产能合作。

一、国际产能合作基本内涵

（一）国际产能合作的基本含义

国际产能合作，即国与国之间的产业合作，表现为一国在产业发展过程中结合自身的需要，推动本国与他国的产业在技术、管理经验和制造装备等产能方面的合作。

（二）中国国际产能合作的内涵

国际产能合作是中国对外开放的新模式，有助于中国经济全面融入世界市场。在"一带一路"倡议背景下，国际产能合作可以促进中国产业充分拓展发展空间。一方面，通过与发达国家的产能合作，借鉴和吸收其先进技术和管理经验，有利于提升中国在全球产业链和价值链中的位势；另一方面，通过与发展中国家的产能合作，有效对接亚非拉市场。国际产能合作，不管对于中国还是"一带一路"共建国家而言，都是充分发挥各方产业的比较优势、实现共赢的有效途径。

二、国际产能合作提出的背景

2008 年金融危机以来，全球经济仍未明显恢复，各国纷纷探索通过调整产业拉动本国经济发展的新路径。中国也在此背景下提出了国际产能合作的概念。

（一）"新贸易保护主义"兴起

近年来，以"贸易战"和"科技战"为表现形式的"新贸易保护主义"兴起。新兴经济体的群体性崛起在一定程度上削弱了发达国家在国际上的优势地位。同时，全球经济增长放缓进一步导致部分发达国家国内矛盾集中爆发，提出"制造业回流"的口号，并采取行政命令或税收补贴等方式要求在海外的本国企业回流国内。由此造成发达国家与发展中国家的产业合作受限，经贸合作出现"脱钩"的风险。

（二）中国经济进入转型期

中国经济经过改革开放四十多年的快速发展，目前正处于转型期。在经历了较长时期的粗放型增长以后，部分行业面临转型升级的需求，亟须拓展国际产能合作以吸收优势资源和借鉴国际先进技术。"一带一路"倡议的提出，有助于促进中国与"一带一路"共建国家在产能上的深度合作。

三、国际产能合作特征

中国提出国际产能合作的概念旨在促成合作各国的共同发展，在发展理念上和合作方式上与发达国家历史上出现的产业转移有着较大区别。

（一）国际产能合作体现"平等互利"理念

中国文化向来受儒家思想影响，提倡"平等互利"。"一带一路"倡议以共商共建共享为基本原则，中国注重与"一带一路"共建国家在合作中的平等关系，提出"开放包容、互利共赢"的基本理念。在实践上，中国也始终践行"和平合作、互学互鉴"的发展思路，致力于与"一带一路"共建国家通过产能合作实现互惠互利。

（二）国际产能合作不是单一的产业输出

"一带一路"倡议背景下的国际产能合作，更加注重合作双方产业的全方位对接，体现为覆盖多个环节的、更加系统化的产能合作。中国在构建与"一带一路"共建国家的产能合作关系时，具有提前谋划和长远规划的战略眼光。着眼于双方的长期利益，立足于双方的经济发展实际，发掘彼此的工业发展需求，找准产业发展方向，既寻求与发达国家的高端产能合作，也重视与发展中国家的整体工业体系对接，全方位输出本国优质产能，与发展中国家实现产业的共同发展。

四、国际产能合作发展思路

（一）建立政府层面的国际产能合作机制

政府部门的顶层设计是中国跨国投资企业"走出去"顺利开展国际产能合作的基本保障。国际产能合作涉及的主体不仅是企业，政府在事前的合作协定和制度保障、事中的沟通协调和牵线搭桥、事后的保障助力和监督管理，有助于建立良好的国际产能合作机制。首先，政府部门应做好事前的制度保障工作。积极探索与"一带一路"共建国家的资源互补情况，充分对接合作国的优势资源，在国家层面建立合作框架，通过签订相关的投资协定或产能合作备忘录等形式，建立与伙伴国的产能合作关系。其次，政府部门应积极做好事中的沟通协调工作，规范国际产能合作中的竞争秩序。为促进中国企业在境外顺利开展产能合作，外交和执法等部门应与伙伴国相关部门建立长效的交流机制，促进相关法律法规、执法、司法等层面的对接，切实为企业的国际产能合作过程做好充分的对接管理。最后，政府部门应重点推进国际产能合作的后续保障。通过增加对合作国的合理援助，建立中国在合作国的友好民意基础，增进双方的互信程度，为中国企业"走出去"保驾护航。

（二）充分发挥国有企业和民营企业的特有优势

国有企业和民营企业在参与国际产能合作中各有独特的功能，应充分激发不同主体的积极性。第一，国有企业的规模大，是参与国际产能合作的稳定器。国有企业通常资金实力雄厚，在国际市场上有较强的竞争力和较大的议价能力，能充分发挥其"领头羊"的优势，做好相关产业在"一带一路"共建国家的先期投资和合作工作，主动承担连接中国与合作伙伴国产业链的桥梁角色，引领双方更多企业的产能合作。第二，民营企业数量多，是参与国际产能合作的生力军。民营企业运营灵活，能更好地捕捉市场上的交易机会，往往能获得更低成本的竞争优势。因此，不管是国有企业，还是民营企业，都是国际市场不可或缺的交易主体，都应平等享受相关的优惠政策，这有助于推动中国企业全方位参与国际产能合作。

（三）推进新型全球复合产业链建设

经济全球化背景下，各国经济相互渗透，开展国际产能合作，需要推进全球产业链建设。当前的全球产业链交错庞杂，呈现网状结构。"一带一路"共建国家各自的比较优势不同，处在多个产业链的不同位置中。因此，要顺利开展与"一带一路"共建国家的产能合作，就必须全面评估和分析中国企业在全球价值链和产业链中的竞争优势，推动构建多个产业链交叉发展的工业体系，在保持国内工业整体安全的同时，致力于推进与"一带一路"共建国家产业体系的共同发展。

第二节　中国与"一带一路"共建国家产能合作状况

从实践来看，国际产能合作日益受到"一带一路"共建国家的重视，并且取得了令人瞩目的合作成效。以下重点介绍中国与亚洲、大洋洲、欧洲及非洲的产能合作状况。

一、中国与亚洲产能合作状况

(一)中国与东盟产能合作状况

随着区域价值链的不断重构,传统亚洲东部地区的"雁行模式"的区域产业结构逐渐被打破,特别是 2008 年金融危机之后,全球价值链的重构推动中国与东盟等亚洲国家在区域乃至全球价值链上的相对位势发生了较大的转变,诸多亚洲国家都有着较为明显的产能富余问题,这为彼此进行产能合作提供了机遇。东盟经济体内部的分工合理,其内部产业链结构层次丰富。新加坡已进入工业化后期,在资本与知识密集度相对较高的产业具有优势;印尼等正处在工业化阶段的新兴市场国家,在国内资源丰富行业具有优势。目前中国与东盟的产能合作有两个清晰的特点。

1. 产能合作领域较为集中

中国与东盟的产业合作较为集中,主要聚焦于机械、工程、电力、建材、通信和高铁等基础设施建设领域。东盟国家中有部分国家的经济发展相对比较落后,国内的基础设施建设有较大的提升空间,对基础设施建设有大量的需求。近年来,部分东盟国家通过颁布相应的基础设施发展规划,集中国内财政资金投入国内的基础设施建设。而中国在四十多年的经济高速发展中积累了大量关于基础设施建设的经验,同时在吸收国际先进技术的基础上注重技术创新,在高铁和特高压等多项基建项目中已经处于国际领先地位,完全有能力在基础设施建设上对东盟国家提供相应的设备供应和技术支持。中国与东盟在基础设施建设上的产能合作已经成为双方最为重要的合作领域。

2. 产业园区建设大力推进

在区域价值链重构的背景下,产业园区成为中国与东盟之间产能合作的重要平台,在双方构建开放、可持续、绿色的产能合作中发挥了重要作用。例如,中国和马来西亚合作建立的马中关丹产业园、中国和印尼合作建立的中国印尼综合产业园区青山园区及位于广西崇左市的中泰崇左产业园等工业园区,在双方共同建设下,有效激发了双方企业对现有产能合作的责任感,有利于进一步促进产能合作规模和产业合作领域的扩大,并在这一过程中,促使企业自身不断发展、合作机制不断完善,从而实现合作共赢。

(二)中国与亚洲中部地区产能合作状况

中国与亚洲中部地区的产能合作的特点表现为产业集中度较高,主要偏向基础设施建设和能源行业。近年来,中国与亚洲中部地区产能合作持续深化。中国与乌兹别克斯坦和哈萨克斯坦的产能合作主要包括采矿业、油气开采、交通仓储、建材、工业、农产品加工等领域;中国与塔吉克斯坦产能合作聚焦在有色金属、金属加工和建筑材料等领域;中国与吉尔吉斯斯坦的合作主要集中在能源、矿产品开采、非金属矿产生产、橡胶塑料制品、地质勘探等领域;中国与土库曼斯坦在化工和纺织、交通设施、通信和能源等领域有较好的合作基础。在中国与亚洲中部地区的深入合作中,亚洲中部地区的产业结构不断优化,同时,中国企业的技术创新能力、产品质量和服务水平均得到了有效提升,中国在海外产业布局更加广泛,"去产能"和"产业转移"效果初步显现。

（三）中国与亚洲南部地区产能合作状况

中国与亚洲南部地区的巴基斯坦、马尔代夫等国长期保持着密切的经贸联系，双边的投资合作具备良好的基础。

1. 中巴积极开展基础设施建设合作

中国与巴基斯坦是重要的战略合作伙伴，巴基斯坦不管是民选政府还是军人政权都对华持友好合作态度，双方的政治外交关系堪称世界典范。中巴双方在"一带一路"倡议框架下，共建"中巴经济走廊"。2015年4月，两国领导人一致同意以能源、瓜达尔港建设、交通基础设施、金融合作为重点，构建中巴经济走廊"1+4"经济合作布局。在此规划之下，中国电建集团港航建设有限公司积极承建巴基斯坦卡西姆港的火电项目，共建真纳太阳能工业园，使巴基斯坦电力短缺的局面大幅缓解。此外，包括卡洛特水电站、塔尔煤田Ⅱ区块煤矿在内的多个由中方承建的大型项目已成功移交全面投产。

2. 投资合作逐步机制化

在"一带一路"倡议下，中国与亚洲南部地区各国的自贸协定和经贸协定数量不断增加，投资合作逐步向精细化方向发展。与巴基斯坦合作方面，截至2019年底，中国与巴基斯坦已签署超过10份国家级经贸专项合作文件。2019年4月，双方领导人又签署了中巴自贸协定第二阶段议定书，根据该议定书，两国之间的贸易自由化水平进一步提升，相互之间零关税的产品由35%增加到75%。与马尔代夫合作方面，双方于2017年签署了自由贸易协定，根据该协定，两国之间分阶段实施零关税的产品增加至95%以上，并相互承诺在医疗、金融和旅游等行业开放国内市场。

（四）中国与亚洲西部地区产能合作状况

中国与亚洲西部地区的经贸合作起源较早，目前，中国已与伊朗、伊拉克、沙特和阿联酋等亚洲西部地区国家签订"一带一路"合作协议，与多个国家建立了战略伙伴关系。中国与亚洲西部地区的合作机制不断规范，产能合作领域不断扩展和深化，在能源、港口、铁路、通信等领域具有深厚的合作基础和广阔的合作前景。

多数亚洲西部地区国家石油和天然气储备丰富，是中国石油进口的重要来源地。沙特是我国第一大石油供应国，2022年我国从沙特进口了8748万吨石油，占我国进口石油总量的17.22%，总金额达4323亿元人民币。其他亚洲西部地区国家也是主要依靠能源发展的能源大国，经济结构相对简单，其能源产业与中国的制造业有天然的互补优势，有利于形成平等互利的合作伙伴关系。

二、中国与大洋洲产能合作状况

大洋洲是21世纪海上丝绸之路的重要地缘节点，区域内的大国，如新西兰与中国经贸关系密切。受大洋洲的资源禀赋和生产条件所限，一直以来，大洋洲与中国的产业合作以农产品和矿产品居多，合作领域比较单一。近年来，中国与大洋洲的务实合作助推新西兰等国主动把握中国的发展机遇，不断扩大产能合作范围。

新西兰的人口只有400多万，自身国内市场较小，与中国的合作为新西兰带来了广阔的市场空间。目前,中新的合作领域主要集中在农牧业,尤其是乳制品业。同时,中新在信息技术、金融服务、生物医药和基础设施建设方面都有深厚的合作基础。

三、中国与欧洲产能合作状况

欧洲中东部地区国家是中国开展产能合作的重要区域,近年来,中国与欧洲中东部地区各国的发展战略对接不断加强,产能合作向纵深发展。中国与欧洲中东部国家在2019年建立了领导人会晤机制,双方积极探索涵盖能源、基础设施、商贸物流、制造业等多个领域的产能合作。中国企业在欧洲中东部国家开展的合作项目逐步多元化,包括机械、电信、新能源等行业。尤其是在基础设施建设领域,中国与欧洲中东部国家陆续开展中欧陆海快线、匈塞铁路及三海港区等多个重大项目的合作,双边的海陆交通对接更加便利化,推动双方的贸易合作和投资合作优化升级。截至2020年,中国与欧洲中东部国家的贸易规模突破千亿美元,投资规模累计接近200亿美元。

此外,俄罗斯与中国在产业优势互补方面表现得尤为明显。俄罗斯不仅拥有丰富的石油和天然气,同时也拥有丰富的土地和矿产资源,无论是在军工和航空航天方面,还是在科技方面都达到了世界先进水平。中俄无论在航空航天基础性建设还是在能源、高铁、教育、科技,甚至是文化卫生方面都进行了深入合作。目前,中俄更加重视对高新技术产业的合作投资,有效利用各自的生产要素优势的互补性。中蒙俄经济走廊推进中国和俄罗斯进一步合作,在重大基础性建设和通道建设等方面起到了非常大的促进作用。

四、中国与非洲产能合作状况

在"一带一路"合作框架下,中非合作持续推进。目前,中国已经成为非洲最大的贸易伙伴国,非洲也成了中国重要的进口来源国,双方在产能合作方面不断孕育新的增长点和契合点。中非合作论坛和中非合作备忘录的签署,进一步加强了中非双方在公路、铁路和港口建设等基础设施领域的合作。随着合作的深化,中非之间的产能合作呈现出一些明显的特点。

(一)基础设施建设成为合作重点

中非之间在铁路、公路、通信、水资源和电力开发等领域有着巨大的产能合作空间。非洲多数国家经济相对落后,基础设施不完善,基础设施建设成为改善非洲民生条件、实现非洲经济发展的重要抓手。近年来,中国企业在安哥拉等非洲国家建设了大量的高速公路、港口、市政道路等,有效地改善了非洲人民的交通出行;中国在坦桑尼亚等国投建的移动通信、互联网等设施,有效地提高了当地的通信质量,同时也降低了通信资费;中方企业在赤道几内亚承建的电力项目,有效地改善了电力供应状况,缓解了当地的电力危机。此外,中国还力所能及地对非洲当地的公共福利措施提供不附加任何政治条件的帮助,使中国的发展成果惠及更多的非洲人民。

(二)能源合作潜力巨大

能源和矿产资源开发是非洲经济增长的重要动力源。非洲已探明的油气储量丰富,其中，原油储量在 2020 年已探明数量达到 1258 亿桶。非洲多数国家的能源储量规模巨大，但目前开采规模仍较小，这为中国油气企业拓展与非洲的产能合作提供了广阔空间，双方合作潜力巨大。2020 年，安哥拉已经成为中国十大进口原油国之一，进口量达 4178.59 万吨。此外，中方在开展与非洲的能源和矿产资源合作时，注重帮助非洲国家建立相关的上下游产业链和配套设施，使非洲国家的经济发展逐步摆脱资源依赖。例如，在开发刚果（金）的铜钴矿的同时，中方企业建设了配套的公路、医院等多个公共设施项目。中非之间的能源合作有效地发挥了非洲的资源优势，同时也进一步优化了中国的产业结构，近年来，双方在该领域的合作步入了快车道。

第三节 "一带一路"共建国家投资重点行业

中国与"一带一路"共建国家合作领域宽泛，投资产业众多。中国对"一带一路"共建国家的投资领域涵盖了许多重要行业，主要投资重点是基础设施相关领域，特别是钢铁、能源等行业。此外，中国与"一带一路"共建国家在批发和零售业、通信技术业的产能合作也快速增长。

一、钢铁国际产能合作

（一）合作概况

钢铁行业属于重工业，是国民经济的基础行业，其发展水平通常代表一个国家的综合国力。随着中国国民经济的快速发展，中国钢铁工业取得了跨越式发展，特别是粗钢工业的产能和技术水平得到不断提升，在装备制造与供应、工程建筑、运营维护等领域建立了世界上最为完整的现代钢铁工业体系，并具备产能输出的国际竞争优势，是中国与"一带一路"共建国家进行投资合作的重点行业之一。近年来，中国钢铁企业与"一带一路"共建国家的产能合作热情高涨，中国钢铁企业的影响力与日俱增。第一，中国钢铁产品在"一带一路"共建国家的需求量大幅上升。一方面，多数"一带一路"共建国家亟须完善国内的基础设施建设；另一方面，全球产业的梯度转移，使得亚洲中部、东南部和南部等区域成为拉动钢铁需求的新增长点和中国钢铁产能输出的重要目的地。第二，中国钢铁企业纷纷在"一带一路"共建国家投资设厂，开启钢铁国际产能合作新阶段。亚洲东南部和中部的铁矿石与煤炭资源储量丰富，昆明钢铁控股有限公司与越南钢铁总公司共建越中钢铁厂，铣铁和钢坯的年产量都达到 50 万吨以上。中国冶金科工股份有限公司、马钢集团等中国钢铁企业在哈萨克斯坦等地也建立了钢铁生产基地和合作项目。随着"一带一路"建设的持续推进和中国钢铁企业在海外的投资经验越来越丰富，中国与"一带一路"共建国家的钢铁产能合作将保持较长时期的增长。

（二）合作发展战略

中国注重加强政府统筹协调，有序推进"一带一路"共建国家的钢铁产能合作布局。第一，不断加大钢铁国际产能合作的政策扶持力度。例如，国务院于 2015 年发布的《关于推进国际产能和装备制造合作的指导意见》，引导中国产业优势与国际需求相结合，加大政策支持力度，鼓励中国企业向外拓展产业发展空间。第二，逐步推出钢铁国际产能合作的配套支持措施。2017 年，国家发展改革委批准成立"中国钢铁行业国际产能合作企业联盟"，统筹指导钢铁行业有序地开展对外投资合作，健全对钢铁行业国际产能合作的服务保障体系。第三，注重共创共享理念，重视钢铁产能合作相关方的核心诉求。在中国河钢集团有限公司与塞尔维亚斯梅代雷沃钢厂的合作项目上，中方充分考虑塞尔维亚政府旨在寻找长期合作伙伴以保障当地就业、拉动塞尔维亚经济可持续发展的核心诉求，在与对方谈判中充分重视并做出适当承诺，这有利于提升中国钢铁行业在国际上的形象，从而有利于进一步扩大中国与"一带一路"共建国家的钢铁产能合作。

二、能源国际产能合作

（一）合作概况

欧亚大陆是世界能源的主要储藏地，也是能源消费市场的核心地带，加大与"一带一路"共建国家的能源合作成为中国国际产能合作的新亮点。

中国与"一带一路"共建国家能源合作的规模不断拓展，能源合作成果丰硕。中国与俄罗斯及亚洲中部五国开展关于油气的全产业链合作；与东盟多国开展清洁能源合作；与阿联酋共建光热光伏混合项目，为迪拜带来绿色清洁能源；与几内亚合作投资卡雷塔水电站，为当地居民带来万家灯火；与欧盟各国携手开发清洁能源，加强在能源技术领域的合作，与匈牙利的考波什堡光伏电站项目顺利实施，每年相对减少排放二氧化碳 12 万吨。

（二）合作发展战略

随着国际能源合作体系日趋完善，中国在国际能源舞台中的影响力不断提升。第一，中国注重与合作伙伴国共同开展能源产业规划管理。中国能源企业高标准建设与伙伴国相适应的能源项目，注重当地的就业和民生，促进当地技术进步，以实现优势互补、共享发展红利的目的，这有利于推动能源合作项目的可持续发展。第二，建设国际化的能源交易平台，充分发挥能源行业组织的协调作用。利用能源行业组织的各项资源，引入更多的能源供应主体，多措并举推动中国与"一带一路"共建国家的能源合作。第三，构建"一带一路"共建国家能源合作机制。各国在能源合作过程中，由于各自的政治经济法律等环境不同，能源战略与政治目的和经济目标可能出现冲突，从而导致能源地缘政治格局复杂。中国作为能源消费大国，应依托"一带一路"倡议，充分发挥其在全球能源治理体系中的积极作用，推动国际能源合作在"人类命运共同体"的框架下务实开展。

三、批发和零售业国际产能合作

（一）合作概况

批发和零售业在经济发展中起着决定经济增速、经济效益的重要作用，是全球经济竞争最为激烈的一个行业。随着中国经济的快速增长及"一带一路"建设的持续推进，中国的批发和零售业"走出去"的频率越来越高。批发和零售业一直以来都是中国对外直接投资的重要行业。从投资方式看，中国的批发和零售业对外投资方式以绿地投资为主。从投资存量看，中国的批发和零售业对外直接投资多年持续增加，2018年，位居中国各行业对外直接投资存量第二位，占比超过10%；从投资流量看，中国的批发和零售业在"一带一路"共建国家近年来增长迅猛，2018年，中国批发和零售业对"一带一路"共建国家整体投资金额达到37.1亿美元，位居中国各行业对"一带一路"共建国家直接投资流量第四位，占比30.3%。2013—2018年，中国批发和零售业对"一带一路"共建国家的投资金额持续增长。投资流量从2013年到2018年增长了1.65倍。2015年到2018年每年的投资流量增长率分别为53.0%、5.4%、24.5%、37.9%（图12-1）。由此可见，中国对"一带一路"共建国家在批发和零售业的投资实现了快速增长。

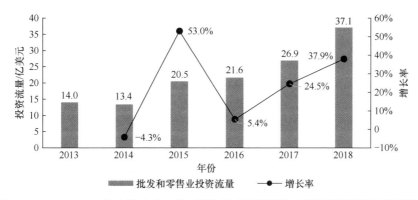

图12-1 2013—2018年中国对"一带一路"共建国家批发和零售业投资流量及增长率

（二）合作发展战略

在推动中国企业"走出去"的背景下，国家充分重视批发和零售业的牵引作用。第一，鼓励借助国际市场的力量培育壮大中国的批发和零售企业。引导中国的批发和零售企业充分利用国内外两种资源、两个市场，通过重组、合并等方式参与国际产能合作，提升中国企业的市场份额和国际竞争力。第二，推进中国的批发和零售业的产业标准与国际标准对接。通过整体布局和灵活的投资计划，鼓励中国批发和零售企业集群式参与国际合作，引进现代零售商业技术，逐步实现国内的行业标准与国际标准对接，推动中国批发和零售业高质量参与"一带一路"共建国家产能合作。

四、通信技术业国际产能合作

（一）合作概况

中国通信技术行业正处于迅猛发展阶段，在数字化应用方面具有比较优势。目前，中国已经培养壮大了一批全球知名的通信技术企业。在通信运营商方面，中国移动、中国电信和中国联通位列国内前三，已跻身世界500强企业；在通信设备制造方面，华为和中兴已经成长为世界一流企业，服务100多个国家；在互联网服务方面，阿里巴巴、腾讯等企业的业务在国际市场的份额越来越高；在通信工程建设方面，中国通信服务股份有限公司的业务覆盖了 60 多个国家和地区。

随着"一带一路"倡议的实施，中国的通信技术企业"走出去"的步伐进一步加快。在"一带一路"共建国家的网络建设方面，中国移动累计已投资 85 亿元；中国联通对"一带一路"共建国家投资 6.65 亿元人民币，主要涉及海缆、传输、数据、信息化等内容；华为已经成长为全球第一大通信设备公司。此外，长飞光纤光缆股份有限公司、烽火通信科技股份有限公司、亨通集团有限公司、富通集团有限公司、中天科技集团有限公司等光纤光缆企业正加大力度实施"走出去"战略。其中，中天科技集团有限公司在"一带一路"共建国家中设置了 32 个海外代表处，销售范围包括 60 多个"一带一路"共建国家，在"一带一路"共建国家的销售额占其整体海外销售额的 70% 以上。可以预见，随着中国与"一带一路"共建国家在通信技术业的产能合作进一步深化，中国通信技术企业的国际影响力将快速提升。

（二）合作发展战略

通信技术行业关乎一国高科技领域的安全和发展，国家在政策上大力支持中国通信技术产业"走出去"以实现其发展壮大。第一，发起"一带一路"数字经济合作倡议，为中国通信技术行业"走出去"提供机制保障。发展和加强跨境电子商务，不断提升跨境电商贸易便利化和投资自由化水平。第二，关注和引导中国通信技术企业进行国际产能合作的区位选择。由于许多"一带一路"共建国家通信基础设施落后，加上宗教信仰不同等社会文化差异，中国通信技术业的国际产能合作必须全方位考察投资目的地的地理环境，充分利用政策支持，发挥自身产能竞争优势，运用先进的营销策略，树立良好的品牌形象，方能在国际产能合作中立于不败之地。

本 章 提 要

（1）国际产能合作表现为，一国在产业发展过程中结合自身的需要，推动本国与他国的产业在技术、管理经验和制造装备等产能方面的合作，充分利用他国的比较优势，以实现提高本国产业基础、推动本国产业升级的目标。

（2）中国自步入经济"新常态"以来，由于东南亚等国家的劳动力成本较低，中国逐渐丧失劳动力成本低的优势，中国经济的发展开始由依托低劳动力成本转向依托产业转型升级，从而推动中国对外开展国际产能合作。

（3）在"一带一路"倡议背景下，国际产能合作可以促进中国产业充分拓展发展空间。一方面，通过与发达国家的产能合作，借鉴和吸收其先进技术和管理经验，提升中国在全球产业链和价值链中的地位；另一方面，通过与发展中国家的产能合作，有效对接亚非拉市场，能提升中国在全球产业分工中的参与度和话语权。

（4）中国提出国际产能合作的概念旨在促成合作各国的共同发展。一是在发展理念上，中国注重与"一带一路"共建国家在合作中的平等关系，践行"开放包容、互利共赢"的基本理念。二是在合作方式上，"一带一路"倡议背景下的国际产能合作，更加注重合作双方产业的全方位对接，体现为覆盖多个环节且更加系统化的产能合作。

（5）"一带一路"共建国家国际产能合作有三个主要路径，一是建立政府层面的国际产能合作机制；二是充分发挥国有企业和民营企业的特有优势；三是推进新型全球复合产业链建设。

（6）政府部门的顶层设计是中国跨国投资企业"走出去"顺利开展国际产能合作的基本保障。国际产能合作涉及的主体不仅是企业，政府在事前的合作协定和制度保障、事中的沟通协调和牵线搭桥、事后的保障助力和监督管理，有助于建立良好的国际产能合作机制。

（7）中国与"一带一路"共建国家的产能合作领域广泛，但主要集中于钢铁、能源、批发和零售业及通信技术业等领域。

（8）批发和零售业在经济发展中起着决定经济增速、经济效益的重要作用，是全球经济竞争最为激烈的行业。随着中国经济的快速增长及"一带一路"倡议的持续推进，中国的批发和零售业"走出去"的频率越来越高。

（9）中国的通信技术行业正处于迅猛发展阶段，在数字化应用方面具有比较优势。目前，中国已经培养壮大了一批全球知名的通信技术企业。

思考与探索

"一带一路"共建国家国际产能合作对中国产业转型升级起着什么样的作用？如何进一步推动中国与"一带一路"共建国家在战略性产业方面的国际产能合作？

第十三章 "一带一路"国际投资协定与国际投资争端解决机制

"一带一路"建设对于带动世界各国摒弃社会制度差异、超越意识形态纷争具有重要意义，其是最大限度实现发展理念的、对接政策法规及机制体制的、具有人类命运共同体属性的可行路径。"一带一路"倡议的实现依托于双边、区域和多边协定的多维度合作机制，后者为对外投资企业和投资东道国及母国之间的争端解决机制提供了多方位规定补充及实践经验，对企业进入和退出东道国的交易合作起着关键性指导作用。本章主要对国际投资双边协定、区域协定和多边协定进行介绍，着重分析中国与"一带一路"共建国家签订双边协定、区域协定和多边协定的概况，并对国际投资争端解决机制进行详细介绍。

第一节 双边投资协定

双边投资协定作为现今评判相关国家经贸投资环境的重要指标之一，已成为两个建立紧密双边经济合作关系的大国间不可或缺的重要法律协定。了解双边投资协定的概念和类型有助于更好地理解中国与"一带一路"共建国家签订的双边投资协定。

一、双边投资协定概念

双边投资协定是在资本输出国和资本输入国之间达成的一种具有法律效力的常规性私人跨国投资的安全协定文本，为私人国际投资提供法律意义上的保护，同时也起着鼓励、支持和促进国际私人投资的作用。目前，从全球范围内来看，经贸投资活动频繁的大国之间都签署了双边投资协定，双边投资协定是国际投资活动中的约定双方权利和义务的普遍方式。

二、双边投资协定类型

主流观点通常将双边投资协定分为三种类型，分别是友好通商航海条约、促进与保护投资协定和双边税收协定。

（一）友好通商航海条约

1. 友好通商航海条约概念

友好通商航海条约是相较于其他两种协定而言相对初级的经济友好条约。在双方具有友好政治互信和尊重平等主权的基础之上，两国之间具有经济互助发展的意愿和诉求，愿意进一步促进双边通商合作而签订的法律性条约，该条约的主要目的是保护、鼓励和支持两国在航海商贸合作上的便利化。签订条约的双方国家在友好政治关系的基础上加强双方国民在商贸往来上的安全性，对于国民进行跨国通商贸易提供更多的国家支持。

2. 友好通商航海条约的发展

友好通商航海条约在二战前后经历了巨大的性质转变。在二战之前，基于各国之间的经济往来主要集中于贸易合作，而投资往来稀少，所以友好通商航海条约更多的是侧重于对经济贸易合作的保护，而航海保护是其中的核心板块。在当时，友好通商航海条约为以航运经济为主的协约国民众进行跨国交易提供了具有法律保障意义的规范框架，在保护航海贸易的同时，对于发展其他形式的经济合作起到了极大的促进作用。

在二战之后，随着跨国贸易的日趋成熟，经济合作中的投资合作异军突起，成为世界各国之间进行经济交往的重要组成部分，友好通商航海条约的内容也随之更新。原本的仅覆盖航海贸易的协约条文已不再适应现实经济发展的需要，由此产生的矛盾也催生了条约的更新和补充，但原有基于贸易出台的协约很难全面准确地指导投资活动的开展，所以对于出台新的针对投资活动的协约呼声高涨。

（二）促进与保护投资协定

1. 促进与保护投资协定概念

经贸投资活动在经济全球化的浪潮中愈发活跃，原有的双边投资协定已不能满足投资活动日益频繁的需求，促进与保护投资协定应运而生。促进与保护投资协定的侧重点是对于投资协约国之间的投资活动进行国家层面法律意义上的保护，其中有关关税的内容是该协定的重点。

双边投资自由化的概念在促进与保护投资协定中被明确提出。其中，对于自由化水平的评判指标——关税而言，关税水平越低代表自由化程度越高，反之亦然。非关税措施和其他的经贸投资壁垒的减少也对投资自由化水平的提升有显著的促进作用。促进与保护投资协定的内容多是关于关税减免、分配、执行等方面的法规，非关税等其他投资保护措施起到补充作用。但是，由于各国之间对于关税指标的界定范围、统计方式和划分体制的不同，对于关税及非关税的度量和定量工作进行得十分困难。例如，发展中国家和发达国家关于名义关税和实际关税的概念界定和测度标准差异较大，且对于非关税措施的度量更难推进，所以在有关关税的数据收集和整理方面的工作阻碍了促进与保护投资协定的谈判、协商和出台，关于促进与保护投资协定的可行性的质疑也不绝于耳。

2. 促进与保护投资协定的发展

跨国投资活动在二战之后迅速发展，战后经济的复苏由西方发达国家主导，同时极大的正外部效应使得亚洲东部地区的国家成为大量过剩资本寻求海外增值的重要市场，二战后发达国家的跨国投资诉求激增，在这一背景下，单靠友好通商航海条约难以保障国际投资的顺利开展。于是，自 20 世纪 50 年代开始，美国和以美国马歇尔计划资本支撑的欧洲开始了新一轮的经济全球化，投资成为各国快速积聚财富的重要途径。欧洲国家通过协商对原有的友好通商航海条约中关于保护外国投资的法律条文进行了重点更新和补充，补充的范例来源和参照模板就是美国的"投资保证协定"，有关投资保险、代位赔偿、争端解决机制等相关条文的更新补充均带有美国式投资的影子，此次修订极大地提高了促进与保护投资协定的具体性、程序性和规范性，使之兼具友好通商航海条约和老版促进与保护投资协定的功能属性，对于支持、鼓励和促进国际投资的深化发展起到了重要作用。

（三）双边税收协定

1. 双边税收协定概念

双边税收协定是指在两个主权独立的国家之间签订的有关税收分配、减免和执行的协定。双边税收协定是当今国际社会中较为普遍且规范的协定方式。对于为何是双边协定而非多边协定占据主流地位，究其原因，首先在于各国税制差异巨大，其次在于文化背景、产业发展状况、政治状况和历史传统等因素，使得协定谈判的推进和共识的达成十分困难，在多边框架下的协定推进则是难上加难。所以基于两国政治互信和经济互通关系上的双边协定成了主流的投资协定形式。

2. 双边税收协定的发展

二战成了世界经济格局和秩序发生重要变革的转折点，双边税收协定也在战后经济加快复苏的浪潮中有了新的发展。关税主体覆盖范围日益扩大，税收协定涉及的种类日益多元，税收协定在国际经贸投资中的地位也越来越高。自1973年由英国和瑞典签署的第一个双边税收协定开始，双边税收协定所涉及的范围就从遗产继承税开始，逐步演化到稳定和保障主权国家之间的税收。到20世纪，《经济合作与发展组织关于避免所得和财产双重征税的协定范本》和《联合国发达国家与发展中国家间避免双重征税协定范本》的出台标志着双边税收协定已成为国际组织承认的、在国际社会经济交往中具有主导地位的协定范式。国家间双边税收协定的内容更加丰富，也更加适应时代发展。

随着经济全球化不断深化，全球化发展带来的国际税收问题层出不穷，各国为应对来自经济全球化带来的税收挑战，亟须更新双边税收协定机制和跨国合作模式。应用和承认双边税收协定的国家和地区越来越多，同时双边税收协定的内容也更加丰富，更具针对性的双边税收协定也不断增多，如有关税务情报交换、税务行政辅助的双边税收协定随之衍生，双边投资协定的细分度呈现日益提高的趋势。

三、中国与"一带一路"共建国家签订双边投资协定概况

"一带一路"倡议自2013年正式提出以来，得到了国内外的广泛关注和积极响应。随着"一带一路"建设的不断深入，其所取得的成就越发令人瞩目。中国对外投资规模持续扩大，为相关国家创造的本地就业机会数以万计，中国的发展为世界各国的发展带来了新的历史机遇。

（一）双边税收协定概况

"一带一路"倡议发起以来，中国加快了与"一带一路"共建国家有关税收协定的谈判进程。2017年国家税务总局印发《关于进一步做好税收服务"一带一路"建设工作的通知》，要求落实中国签署的国际双边税收协定、推进"一带一路"共建国家税收信息

研究工作等，更好地为"一带一路"建设提供税收服务。双边税收协定的落实，为相关企业带来了实惠。例如，税收协定中的"利息条款"，有助于资金融通，提升投资活跃度。此外，双边协定的互惠性，能大幅度为境外纳税人在中国减免税收提供便利。

（二）双边林业合作协议概况

生态保护是中国可持续发展的必由之路，也是世界可持续发展的必由之路。"一带一路"共建国家林业发展需求较大，而中国在人工造林方面拥有的世界领先的经验，促使中国与"一带一路"共建国家在推行林业保护机制方面务实合作，取得了显著成效。截至2019年7月，中国已与56个"一带一路"共建国家签署双边林业合作协议，利用多种形式加强对"一带一路"共建国家林业管理与技术人员的培训，对林业企业境外投资开展培训和宣传，并加强在林业犯罪、林业保护方面的联合执法。此外，中国企业与多个国家的企业进行林业领域的合作，既包括森林资源培育、木材和林产品加工等，还延伸至林业机械、林业科技等产业。

第二节　区域投资协定

目前国际上尚未有生效的国际多边投资协定，而双边投资协定仅限于两个国家之间，区域投资协定便自然而然地成为解决多个国家之间的投资问题的一种形式。在大国博弈格局变革导致经济全球化遭遇挑战的时代背景下，区域经济一体化俨然成为一种趋势，这更凸显了区域投资协定在协调和处理国际投资事务中的重要性。

一、区域投资协定概念

区域投资协定是指两个或两个以上的国家，或者不同关税地区之间，为了消除成员间的各种投资壁垒，规范彼此之间投资合作关系而缔结的国际条约。区域投资协定与双边投资协定的最大差异在于协定主体数量的不同，前者囊括的地理空间更大，协定覆盖领域更广。当然，达成共识的概率也相应地更低，且在达成协定之后的贯彻落实阶段也存在极大的不确定性。但是，区域投资协定也是成功磋商和解决区域内部共性问题的绝好途径，经济投资自由化、便利化，投资待遇的标准化、透明化和公正化，争端解决机制的程序化，商业保护的可信度及知识产权保护的规范化等问题都更容易在区域化磋商中得到有效解决，因此区域投资协定是面对区域经贸合作不稳定性冲突的有益探索和有效防范方式。

二、中国与"一带一路"共建国家签订区域投资协定概况

中国始终坚持开放、包容、平等的国际合作理念，深入推进同"一带一路"共建国家的合作。其中，中国在"一带一路"合作框架下同拉美和加勒比国家共同体（以下简称拉共体）、东盟和非盟等区域组织的合作走深走实，充分发挥了区域合作的共商共建共享精神。

（一）中国与拉共体的"一带一路"建设区域投资合作

拉共体是西半球最大的区域性政治组织。拉共体成员国由拉美及加勒比地区的 33 个国家组成，其成立是拉美区域经济一体化进程启航的标志。目前，拉共体已成为拉美地区各国开展对外对话合作的重要载体。

在拉美地区，"一带一路"建设对于促进拉美国家补齐基础设施短板，降低经营和运输成本具有显著的积极意义。中国与拉美地区在"一带一路"合作机制下构建了中国-拉共体论坛。2015 年 1 月，中国与拉共体成功举行了中国-拉共体论坛首届部长级会议。双方在友好协商和平等共识的基础上签署了三个文件，分别是《中国-拉共体论坛首届部长级会议北京宣言》《中国-拉共体论坛机制设置和运行规则》《中国与拉美和加勒比国家合作规划（2015—2019）》（以下简称《规划》）。其中《规划》在政治、经济和外交等多个领域做出了有关合作的具体战略部署，充分发挥了"一带一路"倡议与拉美区域一体化有效对接的巨大优势。在中国与拉美多国就"一带一路"建设深度合作基础日益坚实的背景下，中国和拉共体的合作框架也日益完善。2015 年 4 月，在巴西作为创始成员国加入亚投行后，2017 年，拉美地区的 5 个国家也陆续申请并加入亚投行，分别是秘鲁、委内瑞拉、玻利维亚、阿根廷、厄瓜多尔。与此同时，随着拉美地区各个国家和组织的不断加入，中拉在投资方面的合作渐入佳境。中国在拉美地区投资企业数量不断增加，拉美也成为中国海外投资的第二大目的地。

（二）中国与东盟的"一带一路"建设区域投资合作

东盟是亚洲地区区域一体化发展较为成功的典型。东盟包含了越南、印尼、马来西亚等在内的 10 个成员国，其于 2009 年签订、2012 年生效的《东盟全面投资协定》标志着东盟区域投资一体化进程进入跨越式发展阶段。

东盟与"一带一路"建设的关系源远流长。在地理上，东盟与中国山海相连，早在 2000 多年前，东盟国家所在的地区就是古代海上丝绸之路的重要组成部分。随着中国与东盟之间的联系日益紧密，"一带一路"建设为中国与东盟的金融合作提供了更加广阔的前景和空间。

目前中国与东盟推进"一带一路"建设的区域投资合作机制主要是基于 2009 年中国与东盟签订的中国—东盟自由贸易区《投资协议》（以下简称《协议》）。《协议》共由 27 个条款组成，对投资者国民待遇、最惠国待遇及投资法规透明度等内容进行了详细阐述，力图为《协议》各缔约方的投资者创造一个自由公正、便利透明的投资环境。在《协议》的机制助推下，中国与东盟的区域投资合作关系进入黄金发展期，成效显著，为"一带一路"建设在东盟的发展奠定了坚实基础。值得注意的是，在新冠疫情全球蔓延期间，中国和东盟之间的贸易投资不降反升，逆势增长，体现出中国同东盟之间经济关系的健康强韧。

（三）中国与非盟的"一带一路"建设区域投资合作

非盟是一个囊括 55 个非洲会员国的联盟，是集政治、经济和军事于一体的全非洲性的政治实体，其建立目标是要效仿欧盟，推进非洲一体化发展。非洲作为共建"一带一路"的重要地区，中国一直很重视与其在推动"一带一路"建设中的区域合作。自 2011 年以来，中国与非洲的贸易活动频繁，中国是非洲最大的贸易伙伴国和主要的投资来源国之一。中国与非盟推进"一带一路"建设的区域投资合作主要是基于中非合作论坛框架，但这些合作多以双边形式为主。经过中国与非盟在"一带一路"倡议框架下对区域投资合作机制建设做出的努力，中国与非盟终于在 2020 年 12 月签署了《中华人民共和国政府与非洲联盟关于共同推进"一带一路"建设的合作规划》（以下简称《合作规划》）。中国与非盟签署的此份《合作规划》意义深远，这是第一份中国同区域性国家组织签署的共建"一带一路"合作文件，中国和非盟双方代表围绕"五通"领域的互利合作进行了深入的协商并取得了务实性的成果，双方明确了具体的建设项目和重点的合作项目，也达成了有关项目的建设启动时间和推进路线计划。《合作规划》的签署有力地推动了"一带一路"建设同非盟《2063 年议程》的对接，这不仅有利于中国和非盟的经济发展，同时也为全球合作提供了新范式和新机遇。

第三节　多边投资协定

依靠双边投资协定或区域投资协定建立起来的国际投资架构，存在着明显的缺陷。随着个别国家经济利益的变化，缔约方随时可能予以废止，其代表的国际投资关系往往缺乏稳定性。同时，一个国家通常与多个国家分别达成双边投资协定，缺乏制定规则的规模效应，从而使国际投资的谈判成本高昂且效率低下。由此，国际上需要一个能够协调各主要国家之间利益的多边投资协定。

一、多边投资协定概念

多边协定指两个以上国家共同签订的涉及各国利害关系的国际文书。在多边协定的基础上，OECD 着手起草并组织了有关投资的国际协定，即《多边投资协定》的谈判。《多边投资协定》自 1995 年起开始启动谈判，但在历经 3 年的多方协商后最终被搁置。尽管该协定未能生效，但是其对于国际社会进行投资保护的制度框架探索具有重要的启发意义。《多边投资协定》的主要内容包括三个板块，分别是投资保护、投资自由化和争端解决。该协定的主要目标是要扫除国际投资的障碍，促进经济资源的最优配置，从而促进经济增长、就业和提高生活水平。

二、多边投资协定提出的背景

随着 20 世纪 90 年代经济全球化进入新高潮，跨国企业地位不断上升，国际投资规模不断扩大，发展速度与国际贸易呈并肩之势。在此背景下，跨国投资主体，特别是来自发达国家的跨国公司希望通过制定多边层面统一的投资规则，以期削减投资目的国的投资壁垒。自此，建立一套具有广泛一般性的全球多边投资规则的呼声日益高涨。事实上，自乌拉圭回合以来，WTO 一直希望能在 WTO 框架下建立一个广泛的一般化的国际多边投资规则，其提出的《与贸易有关的投资措施协议》（Agreement on Trade-Related Investment Measures，TRIMs）便是旨在促进国际投资便利化和自由化的代表。其中关于投资范围、国民待遇和数量限制、磋商与争端解决等条款，为后来双边和诸边投资协定的制定提供了可供参考的法律文本。

然而，《与贸易有关的投资措施协议》未能有效解决发达国家和发展中国家之间有关利益诉求的分歧，因此导致实际的谈判停滞并陷入僵局。在此背景之下，由 OECD 牵头，在 1995 年到 1998 年进行了一次缔结综合性多边投资条约的新尝试，此次尝试便有了《多边投资协定》草案的出台。《多边投资协定》草案以市场开放为最终目标，以保护投资和推进投资自由化为实施路径，成为国际社会谋求投资全球化发展的一次有益尝试。但由于各国的经济发展差异、政治体制差异和文化理念不同，这份协定因各方始终无法达成共识最终被搁置。虽然该草案未正式成为具有法律效力的法案，但是其所做出的许多有益尝试，为统一多边投资规则奠定了一定基础。

三、中国参与多边协定概况

在参与多边经贸合作和达成多边协定方面，中国同"一带一路"共建国家开展了形式多样的金融实践。其中极具代表性的当属亚投行。多边开发性金融机构的建立为"一带一路"共建国家间的合作提供着强劲的投融资支持。

2016 年 6 月，在上海合作组织塔什干峰会召开期间，习近平主席与俄罗斯总统普京、蒙古国总统额勒贝格道尔吉共同见证了《建设中蒙俄经济走廊规划纲要》的签署，此份纲要的签署标志着"一带一路"倡议框架下的第一个多边合作规划纲要正式启动实施，中国在多边合作机制下的朋友圈越来越大。2019 年 11 月，"一带一路"税收征管合作机制多边磋商成功举行，本次磋商以"税收信息化"为主题，主要围绕第一届"一带一路"税收征管合作论坛通过的乌镇行动计划、税收征管能力促进联盟建设及筹备第二届"一带一路"税收征管合作论坛等议题达成了多项共识。

第四节　国际投资争端解决机制

在国际投资活动中，投资国与东道国的跨国投资行为导致的各类争议成为国际投资争端的主要表现形式。从投资主体上看，国际投资争端主要表现为母国投资者与东道国投资者之间的争端、投资者与东道国之间的争端、投资国与东道国之间的争端。基于此，为保护跨境投资中双方当事人的合法权益、维护主权国家之间正常的经济交往秩序，妥善解决国际投资争端是国际投资活动重要的善后机制。

一、国际投资争端解决机制的内涵

国际投资争端解决机制作为国际投资法的重要组成部分，是用以调整国际直接投资活动中各主体之间产生的与投资相关争端的机制，旨在改进投资主体关系、优化投资环境、促进投资健康稳定发展。

国际投资法的发展经历了漫长的"被认可"阶段，具有法律效力的投资保护概念直到 20 世纪 50 年代才被国际法律所接纳。在国际投资法的形成和发展过程中，各国就投资争端的解决方式进行了多种探索，有依托东道国法院的，也有诉诸外交机构的，甚至有想要通过武力解决的，但是在缺乏完备法律保障设施和秩序的情况下，国际投资争端很难使得各方达成共识。国际投资争端的主体包括个人与国家、国家与国家等，不同国家的公民之间的争端解决、不同的问题解决都需要采取不同的做法。其中较为常见的是个人投资者与东道国之间的争端解决机制，这也是现有研究的主要关注点。

二、国际投资争端解决机制的分类

根据国际投资争端的主体不同，国际投资争端解决机制可以大致分为三类。

（一）国家之间的投资争端解决机制

国家之间的投资争端主要是指母国与东道国之间有关投资活动的争端。争端产生原因大多源于对双边或区域投资协定规则解释存在分歧，也有源于私人投资活动争端演化成国家之间争端的情况。主权国家之间的投资争端解决机制是最早发展起来的争端解决机制。早在 1959 年巴基斯坦同联邦德国签订的《保护与促进投资条约》，便规定了国家之间的仲裁适用法律。

（二）不同国籍国民之间的投资争端解决机制

属于不同主权国家的国民之间的投资争端主要存在于私人部门，其争端解决机制多建立在投资合同中有关争端解决的条款，常见的解决方法包括协商、仲裁和司法程序。实际操作中，仲裁和司法程序的适用法律可以由双方当事人自由约定。

（三）一国与他国国民之间的投资争端解决机制

一国与他国国民之间的投资争端解决称为投资者-国家争端解决（investor-state dispute settlement，ISDS），主要是指外国投资者与东道国之间的争端解决。其发生场景是当投资国所属公民进行海外投资时，东道国对其投资活动行使管理权和监督权。由于争端的一方是外国私人投资者，一方是具有主权的投资输入国，双方缺乏平等的法律地位，因此相较于国家与国家之间，国家与个体投资者之间的争端解决机制更为复杂，由此也成为国际争端解决机制研究关注的重点领域。

20 世纪 70 年代，ISDS 机制开始被引入双边投资协定中。例如，英国和新加坡于 1975 年在双边投资协定中规定，缔约国同另一缔约国国民或公司在缔约国境内产生的任何法律争端可以通过《华盛顿公约》仲裁予以解决。这样，ISDS 机制创新性地在条约中引入了具有约束力的同意仲裁条款，引发了东道国责任的根本改变。

三、国际投资争端解决机制的机构及发展重点

1. ICSID

20 世纪 60 年代，随着外国投资者地位的提高，跨国公司对其在东道国获得有效的司法保护的需求日益膨胀，ICSID 在世界银行体系下得以建立。

世界银行是推行国际投资争端解决机制的重要机构，对于争端解决机制的出台、运

行和维护具有重要意义。1965 年 3 月 18 日，世界银行执行董事会正式通过了《解决一国与他国国民间投资争端国际公约》（《华盛顿公约》），1966 年 10 月正式生效。

经过半个多世纪的发展，ISDS 机制已经形成了相对可接受的模式，在投资管制与投资保护中不断寻求着平衡。目前，以 ICSID 为代表的 ISDS 机制已成为世界范围内各国解决投资争端的首选方式。

2. 国际投资争端解决机制发展重点

透明度成为国际投资争端解决机制发展的重点。国际投资争端解决机制的外部透明度是国际社会关注的重点。外部透明度更加关注投资者和投资东道国获取投资相关信息的途径，通过提升投资信息的传播度进而影响投资国和东道国的行为，从而对其进行行为预测。例如，世界银行、国际货币基金组织等国际组织正式通过提供公共投资信息或者构建中介投资联系点的方式向潜在的投资国或投资者提供有关信息。因为更加公开透明的东道国投资互惠政策更有助于稳健型投资关系的建立。

四、"一带一路"共建国家国际投资争端解决机制

随着"一带一路"倡议的深入推进，中国与"一带一路"共建国家的经贸投资往来日益密切。考虑到各国文化差异明显、法律水平参差不齐、投资风险难以掌控，建立"一带一路"倡议下的投资争端解决机制的现实意义重大。与此同时，国际社会传统的 ISDS 机制正处于变革的浪潮之中，ICSID、欧盟、USMCA 等机制为"一带一路"倡议下投资争端解决机制的构建提供了许多难能可贵的实践经验。因此，"一带一路"倡议下投资争端解决机制的构建应当从试点先行，优化国内投资法治环境；尊重他国意愿，确保争端解决方式多元化；承担大国责任，推进国际 ISDS 机制改革。"一带一路"倡议是国际经济持续长远发展的助推剂，"一带一路"建设工作的顺利开展离不开具体制度乃至全面机制体系的完善构建。世界发展正经历百年未有之大变局，国际投资合作频繁，"一带一路"共建国家更应该顺应潮流加快发展，国际投资争端解决机制则充当了保驾护航的重要角色。当前，国际投资争端案件增多，建立一个成熟的争端解决机制，公正高效地解决投资争端，使得投资者的合法权益与东道国的公共利益得到公平保护，在理论和现实上都有重要意义。"一带一路"共建国家经济发展水平多样化、政治形势复杂、法律水平参差不齐和当前逆全球化思潮使争端解决更具挑战性。

本 章 提 要

（1）双边投资协定作为评判相关国家经贸投资环境的重要指标之一，已成为两个建立紧密双边经济合作关系的大国间不可或缺的重要法律协定。其主要包括友好通商航海条约、促进与保护投资协定和双边税收协定。

（2）区域投资协定是指两个或两个以上的国家，或者不同关税地区之间，为了消除成员间的各种投资壁垒，规范彼此之间投资合作关系而缔结的国际条约。区域投资协定与双边投资协定的最大差异在于协定主体数量的不同，前者囊括的地理空间更大，协定覆盖领域更广。

（3）多边协定指两个以上国家共同签订的涉及各国利害关系的国际文书。在多边协定的基础上，OECD 着手起草并组织了有关投资的国际协定，即《多边投资协定》的谈判。

（4）一国与他国国民之间的投资争端解决称为投资者-国家争端解决，主要是指外国投资者与东道国之间的争端解决。目前，以 ICSID 为主要代表的 ISDS 机制成为各国解决投资争端的首选方式。

思考与探索

国际社会对现有国际投资争端解决机制的主要关注点是什么？针对现有机制的不足，有什么建议？

第十四章 "一带一路"倡议机制创新

"一带一路"倡议是中国向世界提供的国际性公共平台,旨在同各国分享中国改革开放的发展成果,切实改善和提高"一带一路"共建国家人民的生活水平。因此,"一带一路"倡议也衍生出了一些创新性机制,能更好地为"一带一路"共建国家人民服务,其中包括亚投行、丝路基金等一些"一带一路"倡议背景下的特色性产物。同时,还出现了针对"一带一路"建设的第三方市场合作及跨国合作的境外经贸合作园区,这些都是"一带一路"建设过程中的丰硕果实。本章主要介绍亚投行的创设背景、成立过程、机构设置等,丝路基金的成立过程、机构设置、业务领域等,第三方市场合作的创新模式及境外经贸合作区状况,以期更好地了解"一带一路"倡议的机制创新。

第一节 亚 投 行

亚投行是在中国主导下所建立的多边金融机构,旨在解决"一带一路"共建国家在基础设施建设方面遇到的资金难题。因此,对亚投行而言,其核心业务就是为"一带一路"共建国家的基础设施建设提供相应的金融服务,并以此为切入点,推动亚洲国家整体发展,实现经济一体化。

一、亚投行创设背景

根据联合国统计,截至 2022 年,亚洲是世界上人口数量最多的地区,该地区的人口总量占世界总人口 61%。当前,亚洲地区不仅人口众多,而且还非常具有经济发展活力,但是在美好前景的背后,也仍有许多国家的基础设施建设处于落后状态。以越南为例,当前越南在交通运输方面还是以公路为主,其铁路运输的设备陈旧,截至 2022 年其铁路客运量不足其总客运量的 1%。因此,亚洲经济要想迎来更大的发展,整体相对落后的基础设施建设是迫在眉睫的难题。对于中国而言,作为新兴市场国家的代表,作为亚洲乃至全球基础设施建设强国,她希望承担起大国责任,希望能够同其他国家一道解决许多亚洲国家在提升基础设施建设水平方面遇到的资金缺口问题,向基础设施落后的国家提供一定的资金和技术支持,以此达到共同推动亚洲经济向好发展的目标。

虽然现存的世界银行、国际货币基金组织等国际性组织对落后国家发展提供了一定的支持与帮助,但是这些支持与帮助通常附带高门槛甚至政治条件,表现出较强的发达国家主导的意志,新兴市场国家、欠发达国家和地区在这些组织中的话语权不足,不能更好地为自己发声,导致需要帮助的国家难以获得资金支持,不利于这些国家发展。因此,亚洲地区需要携手建立起切实为自身利益服务的金融机构,提升自身在世界舞台上的制度性话语权,亚投行应运而生。

二、亚投行成立过程

2013 年 10 月，习近平在印尼进行访问期间，首次提出了筹建亚投行的倡议，希望能同其他亚洲国家携手解决"资金"这个横亘在许多国家推动基础设施建设道路上的"拦路虎"，从而实现区域内的互联互通[①]。随后，李克强在东南亚访问期间，也提出了这一倡议。

在经历了五轮多边磋商会议之后，包括中国、新加坡、印度、尼泊尔等 21 个国家最终于 2014 年 10 月 24 日正式签署了《筹建亚投行备忘录》，成为亚投行首批意向创始成员国。到了 2015 年 4 月，有意愿成为亚投行创始成员国的国家由最初的 21 个增加至 57 个，并且这些国家不再局限于亚洲，而是遍及五个大洲。2015 年 6 月 29 日，50 个意向创始成员国正式签署《亚投行协定》[②]，包括中国、韩国、新西兰及英国在内的 17 个意向创始成员国正式批准《亚投行协定》，这标志着亚投行的正式成立。截至 2020 年 7 月底，亚投行的成员数量已达到了 103 个。[③]

三、亚投行机构设置

理事会是亚投行的最高权力部门，享有亚投行全部事务的决策权[④]和该银行的一切权力。同时，为了充分保障所有成员的参与度，让决策尽可能地公平公正，切实做到让所有成员均能为自己的利益发声，理事会应由各成员自己所委派的理事和副理事（各 1 名）组成，但是，除理事缺席之外，副理事不具有投票资格。

如果把理事会看作一个人的"大脑"，其主要功能就是进行决策和部署，那么董事会就是执行"大脑"命令的部分，将指导银行业务作为自身的本职工作，享有《亚投行协定》中明文规定的一切权力[⑤]。在董事会成员的组成方面，应该根据权重占比问题，分为亚洲区域内和其他区域两个部分，其中亚洲区域内应选派 9 名代表，其他区域选派 3 名代表，共 12 名代表来组成董事会。但是，理事会成员不再有资格担任董事会成员，而董事会主席由亚投行的行长来兼任。具体的亚投行组织结构图见图 14-1。

---

① 习近平在印度尼西亚国会的演讲（全文），https://www.gov.cn/ldhd/2013-10/03/content_2500118.htm?eqid=fc92b6bc000307220000003646096f3[2022-12-12]。

② 另外 7 个国家由于当时未通过国内审批程序，但共同见证了签约仪式，这 7 个国家分别是：菲律宾、丹麦、科威特、马来西亚、波兰、南非和泰国。

③ 数据来源：中央纪委国家监委网站。

④ 除了吸收新成员和确定新成员加入条件、增加或减少银行法定股本、中止成员资格、选举银行董事、选举行长以及中止或解除行长职务、决定银行的储备资金及净收益的配置及分配、修订《亚投行协定》、决定终止银行业务并分配银行资产等权力外，理事会可将其他部分或全部权力授予董事会，并且对于授予董事会的所有权力，理事会均保留其执行决策的权力。

⑤ 董事会的主要权力和职责包括：理事会的准备工作；制定银行的政策，并以不低于成员总投票权 3/4 的多数，对银行主要业务和财务政策进行决策，就向行长下放相关权力做出决定；常态化监督银行管理与业务运营活动，并根据透明、公开、独立和问责的原则，建立以此为目的的监督机制；批准银行战略、年度计划和预算；视情况成立专门委员会；提交每个财年的经审计账目，由理事会批准等。

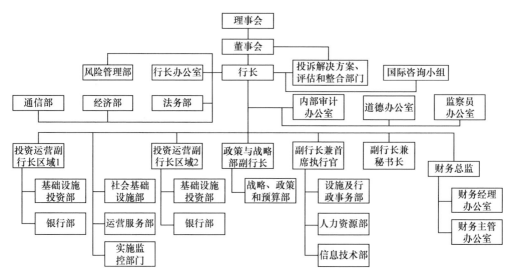

图 14-1　亚投行组织结构图

四、亚投行法定股本与投票权

法定股本象征着一个公司或机构的资金规模和实力。就亚投行而言，根据《亚投行协定》，其法定股本达到了 1000 亿美元，并且，这一法定股本被分成了 100 万股，由成员认缴。对于亚洲区域内的成员，它们所认缴的股本占到了总股本的 3/4，则其他区域的成员认缴 1/4 的股本，各成员的认缴比例是按照其 GDP 进行加权计算的[①]。但是，银行的法定股本是可以进行变动的，若想增加法定股本，只要理事会超多数票同意即可。同样，各成员也可以按照自己的意愿缴付股本，无须根据权重计算出的股本进行缴付。在具体认缴方面，各成员可分多次缴清各自所认定的份额，无须一次性缴付。特别是对于欠发达经济体，更是做出了具体的规定：这些经济体分 5 次缴清认定的股本。[②]

五、亚投行宗旨职能

基础设施建设落后是横亘在许多发展中国家经济提升过程中的一大障碍，而由于资金不足，这些国家无法改善和提高本国的基础设施建设水平。为此，亚投行更多的是扮演资金提供者的角色，解决"一带一路"共建国家在推动基础设施建设过程中遇到的资金难题，在改善一国基础设施建设落后局面、实现亚洲区域内互联互通的同时又在一定程度上促进了该国的经济增长，更好地推动亚洲经济一体化进程。

在中国的主导下，亚投行的建立不仅是提升发展中国家在世界舞台上话语权的重要环节，更是对现有国际体制的完善。这一机制的创新与完善不仅对亚洲经济发展有正向的促进作用，更能够推动世界经济的稳步提升。亚投行与其他国际金融机构的比较见表 14-1。

---

① 其中，按市场汇率计算的 GDP 占 60%的权重，按购买力平价计算的 GDP 占 40%的权重。

② 关于 5 次缴清股本的规定：第一次缴付应在《亚投行协定》生效后 30 日之内完成，或在协定的批准书、接受书或核准书递交之日或之前缴付，以后发生者为准；第二次缴付在协定生效期满 1 年内完成；其余三次将相继在上一次到期 1 年内完成。

表 14-1　亚投行与其他国际金融机构比较

项目	亚投行	亚洲开发银行	世界银行	国际货币基金组织
主导国家及持股比例	中国持股 30.8% 印度持股 8.6% 俄罗斯持股 6.8%	美国持股 15.6% 日本持股 15.6% 中国持股 6.4%	美国持股 15.85% 日本持股 6.84% 中国持股 4.42%	美国持股 17% 中国持股 3.7% 欧盟持股 32%
总部位置	中国北京	菲律宾马尼拉	美国华盛顿	美国华盛顿
成立时间	2015 年	1966 年	1945 年	1945 年
法定资本额	1000 亿美元	1750 亿美元	1806 亿美元	2049 亿美元
设立目的	为亚洲国家提供基础设施建设所需资金	为亚太地区发展中国家或地区经济发展筹集与提供资金	消除贫困、为发展中国家资本项目提供贷款	监督各国财政,并为陷入财政困境的国家提供资金援助与技术支持
目前成员数	103	67	188	188

资料来源:根据各大机构官网 2021 年 8 月底发布的最新资料及数据整理所得

第二节　丝　路　基　金

丝路基金是"一带一路"建设推进中的一个投融资平台,是"一带一路"共建国家在合作发展过程中的投融资平台,更是体现了中国希望能将自己的改革开放成果同"一带一路"共建国家分享的支持平台,旨在利用中国资金直接对"一带一路"共建国家提供帮助。

一、丝路基金成立过程

自"一带一路"倡议提出以来,如何针对"一带一路"倡议制定相应的投融资机制,从而切实解决"一带一路"共建国家遇到的发展难题,逐渐得到中国有关政府部门的高度关注。2014 年 11 月 4 日,习近平在中央财经领导小组第八次会议上提出,要以创新思维办好亚洲基础设施投资银行和丝路基金,设立丝路基金是要利用我国资金实力直接支持"一带一路"建设[①]。由此,丝路基金开始进入大众视野。2014 年 11 月 8 日,习近平在"加强互联互通伙伴关系"东道主伙伴对话会上,宣布中国将出资 400 亿美元成立丝路基金。[②]丝路基金的建立不仅是为了解决"一带一路"共建国家在基础设施建设领域遇到的投融资问题,还是为了解决"一带一路"共建国家在资源开发和产能、金融合作方面遇到的资金难题。2014 年 12 月 29 日,丝路基金有限责任公司正式成立,注册资本达 615.25 亿元(约 100 亿美元)。[③]

---

①《习近平主持召开中央财经领导小组第八次会议 李克强等出席》,https://www.gov.cn/xinwen/2014-11/06/content_2776021.htm?from=androidqq[2022-12-12]。

②《海外各界高度关注习近平主席在加强互联互通伙伴关系对话会上的讲话》,https://www.gov.cn/xinwen/2014-11/10/content_2776826.htm[2022-12-12]。

③ 丝路基金由外汇储备、中国投资有限责任公司、中国进出口银行、国家开发银行共同出资。

二、丝路基金机构设置

虽然亚投行有理事会，但是丝路基金并未设立理事会，董事会是其最高决策部门，共有 11 名董事[①]，待名单确定之后需上报国务院进行备案。董事会需设立董事长一职，同时也作为公司的法定代表人，该人选由股东提名，过半数股权的股东进行提名之后再由董事会进行聘任。除董事会外，还需设立监事会，由职工代表监事和股东代表监事组成，共 6 名成员。其中，职工代表监事不得少于 2 人。待代表监事确定后需由全体监事共同选举 1 位主席，过半数同意即可。由总经理对管理层进行管理，其选举和聘任方式与董事长聘任方式相同。此外，丝路基金还设立了投资委员会，其主要归管理层进行管理。[②]

三、丝路基金业务领域

正如前文所述，丝路基金的业务范围不仅包括基础设施建设领域，还包括资源开发及产能、金融合作等。首先，丝路基金注重对"一带一路"共建国家的基础设施建设项目进行规划，并为其提供技术支持，投资方式较为多元化，包括股权、债务和基金投资及资产委托管理等。其次，丝路基金除重视传统能源领域的投资合作外，还十分关注新能源（包括可再生能源、清洁能源等）领域的投资合作，希望各国能够关注可持续发展问题，并推动各国在此方面的合作。再次，丝路基金关注产能合作，推动中国优势产能的海外发展，并且让中国的产能同国外的需求相结合，形成一个优势互补的共赢局面。最后，丝路基金是一个真正意义上的金融服务平台，是"一带一路"共建国家进行投融资合作的国际化大舞台，在现有的国际金融框架下，更加专业地服务于"一带一路"共建国家。

四、丝路基金宗旨职能

丝路基金是中长期开发投资机构，以"开放包容，互利共赢"为旗帜，以"使命、创新、卓越、共赢"为企业文化，切实为"一带一路"共建国家提供投融资服务。丝路基金希望能够通过提供以股本投资为主的多种创新型投资工具，同国内外企业和相关金融机构一起实现中国与"一带一路"共建国家在基础设施方面的互联互通、在资源开发方面的可持续发展、在产能合作方面的供需结合，创造与"一带一路"共建国家共赢的和谐美好局面。

第三节　第三方市场合作

虽然"一带一路"倡议建设成果丰硕，但其在推进过程中也遇到了许多难题。部分发

[①] 根据公司章程，外交部、国家发展改革委、财政部、商务部、中国人民银行、国家外汇管理局、中国投资有限责任公司、国家开发银行、中国进出口银行各委派 1 名代表作为董事。此外，还另有 1 名公司高管董事和 1 名职工代表董事。

[②] 投资委员会相当于丝路基金的投资决策机构，主要负责对公司投资业务进行审议、决策，具体包括审议公司资产配置策略及投资策略、拟投资事项、投资退出事项、其他投资事项等。

展中国家存在的一些问题逐渐成为障碍性因素，如资金不足、技术相对落后、人力资本缺失等，使得中国同"一带一路"共建国家的合作难以顺利进行。在此背景下，中国创造性地提出了"第三方市场合作"的概念。

一、第三方市场合作的定义

"第三方市场合作"就是指包括金融企业在内的中国企业同相关的国外企业在第三国进行投资的一种合作方式。该种合作旨在通过中国联合一些拥有雄厚资金或先进技术的国家在第三国投资，以此来促进第三国的经济增长，并在这一合作框架下，做到优势互补、互利共赢。

该概念首次出现在中国同法国签订的《中法关于第三方市场合作的联合声明》当中，随后中国又同多个国家签订了相关的协议或声明。截至 2019 年 6 月，中国已同 14 个国家（如澳大利亚和意大利等）共同建立了第三方市场合作机制[①]，在政府的推动下，该机构为各国企业之间的合作搭建了一个国际化大舞台，真正做到了将政府的意向和企业的意愿相结合。

二、"一带一路"倡议框架下的国际合作新模式

在"一带一路"共建国家中，新加坡是接受中国对外直接投资最多的国家。2019 年，中国对新加坡的直接投资达到了 48.3 亿美元。[②]因此，中新两国投资合作方式的多元化必将拓展中新合作领域，这对于维护和加深两国贸易往来、推动整个亚洲地区经济的发展具有重要意义。

2018 年 4 月，中国和新加坡正式签署了《中华人民共和国国家发展和改革委员会与新加坡共和国贸易及工业部关于开展第三方市场合作的谅解备忘录》。次年 4 月，两国又在原有协议的基础上进行了升级，共同签署了《中华人民共和国国家发展和改革委员会与新加坡共和国贸易及工业部关于加强中新第三方市场合作实施框架的谅解备忘录》。

第四节 境外经贸合作区

境外经贸合作区是指在中国政府的支持和鼓励下，中国企业在其他国家和地区投资建设的产业园区，或者同东道国的企业共同投资建设的产业园区。一般而言，这些跨境产业园区有属于自己的主导性产业，且基础设施完善，同时也具备了相应的公共服务体系。因此，东道国企业或他国企业可以入园建设投资，以推动自身企业向好发展。总之，建设境外经贸合作区有利于推动双边或多边合作，同时，能够有效降低东道国的失业率，增加东道国的财富收入，刺激当地的经济增长。

---

① 数据来源：国家发展改革委发布的《第三方市场合作指南和案例》。
② 数据来源：商务部、国家统计局、国家外汇管理局联合发布的《2019 年度中国对外直接投资统计公报》。

一、总体建设进展

自 2006 年起，中国政府开始鼓励中国企业加入境外经贸合作区的建设当中。通过这样一个跨境产业园，为中国企业同海外企业的合作提供新的国际化平台，从而形成新的产业集群，为东道国的经济发展创造新的增长点。现如今，共同建设跨境产业园已经成为中方同其他国家和地区深入合作的重要方式，是中国企业更好融入东道国市场的重要手段，是全方位促进国际合作的重要模式。尤其是在"一带一路"共建国家建设领域，境外经贸合作区已经成为"一带一路"倡议版图中不可或缺的组成部分。据商务部统计，截至 2019 年底，分布在"一带一路"共建国家的合作产业园的投资额达到了 361 亿美元，带动了中国价值 182 亿美元的货物出口。与此同时，共建国家的合作产业园还为东道国创造了 35 亿美元的税收收入，增加了 32 万个就业岗位，形成了共赢的局面。

二、主要产业园区建设状况

（一）中国-白俄罗斯工业园

中国-白俄罗斯工业园（以下简称中白工业园）坐落于白俄罗斯的首都明斯克，是中国在海外面积最大、合作层次最高的经贸合作区，园区总面积达 112 平方公里。中白工业园由中国和白俄罗斯两国元首亲自倡导，两国政府大力支持推动，中国机械工业集团有限公司和招商局集团两大央企主导开发运营。中白工业园不单单是工业园区，而是以产业为主，集医疗、教育等于一体的产城融合发展的国际产业新城。

截至 2020 年底，园区占地面积达 8.5 平方公里的"七通一平"①基础设施建设项目已基本完成，这也意味着中白工业园完全具备了进行全面招商引资的基本条件。据统计，园区居民企业累计达 68 家，这些企业不仅来自中国、白俄罗斯，还来自美国、立陶宛及奥地利等欧美国家。

（二）中国-阿曼（杜库姆）产业园

中国-阿曼（杜库姆）产业园（以下简称中阿产业园），该园区位于阿曼的杜库姆经济特区，占地面积达 11.72 平方公里。该产业园区主要分为三个部分：8.09 平方公里的重工业园、3.53 平方公里的轻工业综合区及 0.1 平方公里的五星级酒店旅游区。具体来看，中阿产业园区内的产业包括：重工业领域的石油化工产业、天然气产业及建筑材料产业等；轻工业领域的电子商务产业、物流产业等。同时，该园区内还有学校和医院等生活服务产业。此外，为吸引企业入驻，中阿产业园持续加大优惠力度，如免征园区内企业 30 年的税收、不对企业在贸易和外汇转移方面的资金进行管制、中国投资者可设立 100%的独资公司等，这些政策的出台无疑加大了中阿产业园的吸引力度。

中阿产业园作为国际产能合作领域的示范区之一，在带动阿曼经济发展的同时，也是中国政府推动宁夏企业"走出去"的重要举措，是建设更加开放的宁夏的关键一环。

---

① "七通一平"是指基本建设中前期工作的道路通、给水通、电通、排水通、热力通、电信通、燃气通及土地平整等的基础建设。

（三）马中关丹产业园

马中关丹产业园是中国和马来西亚共同建立的产业园区，该产业园位于马来西亚彭亨州首府关丹市，规划占地面积为 12 平方公里，主要划分为产业区、物流区、居住区及综合服务区。马中关丹产业园与马来西亚东海岸地区的第一大港关东港相邻近，且距离关东机场也不过 40 公里的距离，地理位置优越，物流服务配套齐备。

马中关丹产业园以钢铁工业、金属工业、石油化工工业及装备制造、清洁能源和可再生能源业等工业为主，还包括了电子信息产业等相关的现代服务业。为了提高马中关丹产业园的吸引力度，园区还制定了相应的优惠政策，对各类税收实施减免政策。例如，园区内所有企业可获得经营所得税 15 年减免优惠；在园区内工作的高管、高级技工可以享受 15%的个人所得税税率优惠等。

作为中国在马投资建立的第一个国家级产业园，马中关丹产业园的战略地位不言而喻。该产业园不仅为中方与马方提供了一个新的合作平台，更是中国加深同东盟国家往来的重要舞台。

（四）中埃·泰达苏伊士经贸合作区

中埃·泰达苏伊士经贸合作区地处埃及境内的苏伊士湾西北经济区，该合作区于 2008 年正式成立，占地面积达 7.34 平方公里。该合作区位于埃及苏伊士省苏赫奈泉港，距离首都开罗 120 多公里，地理位置优越，物流交通十分便捷，是"一带一路"与"苏伊士运河走廊经济带"的重要节点区域。

在主导产业方面，中埃·泰达苏伊士经贸合作区以化工、纺织和建材、工程机械、电工电气及金属加工业等为主，同时引入先进技术和现代服务产业，以此来打造包含产业园、居民区、商业区、金融及物流区在内的现代工业化新城。依靠埃及相对稳定的政局和良好的投资环境，越来越多的企业开始进入中埃·泰达苏伊士经贸合作区。截至 2020 年 6 月，共有 96 家企业入驻该园区，累计投资额超过 12 亿美元。这些企业为埃及创造了约 1.7 亿美元的税收，直接为近 4000 个当地人解决了就业问题，由产业带动的就业人数更是超过了 3 万。其中，广东志高空调有限公司等超过 20 多家中国企业也入驻了该合作区。

本 章 提 要

（1）"一带一路"建设在深入发展的进程中，在中国政府的主导下，进行了相应的机制创新以更好地顺应时代发展，其中也诞生了相关的优秀成果，如亚投行、丝路基金等。这些机制的出现为"一带一路"共建国家的发展创造了更为稳定的制度环境，同时也在一定程度上解决了"一带一路"共建国家在发展过程中遇到的资金难题和技术瓶颈问题，为最终实现"多方共赢"的局面提供了动力源。

（2）"一带一路"共建国家中有部分相对落后的发展中国家，这些国家的基础设施建设落后，却没有相应的资金和技术去改变这一状况，而仅靠中国的力量也难以很好改善这一局面。为此，中国首创性地提出了"第三方市场合作"的概念，希望能够将中国的优势产业同其他国家的优势产业相结合，共同投资于第三国，在共同推动第三国发展的同时，实现优势互补、互利共赢。

（3）境外经贸合作区为各国之间的合作搭建了一个国际化的大舞台。目前，在中国政府的支持下，"一带一路"共建国家中已出现了多个中国的境外经贸合作区，以及和东道国合作建立的产业园区。通过这样一种方式，推动中国优质企业"走出去"以满足东道国的需求，促进当地经济发展。从这个角度出发，可以认为境外经贸合作区的建设具有极高的现实意义。

思考与探索

中国在"一带一路"共建国家建立境外经贸合作区的主要障碍有哪些？

第三篇

案例篇

第十五章　中国企业对外投资经典案例

在经济全球化背景下，"一带一路"倡议加快推进。中国与"一带一路"共建国家的经贸往来日益频繁，投资活动也在各国之间如火如荼地进行。了解中国企业对外投资的真实案例，掌握中国企业对于国际投资地区、行业和企业的选择偏向及其基本特征，熟悉中国的著名投资母公司和被投资公司的发展状况及对外投资并购过程，认知不同地区不同国家的中国企业对外投资存在的差异和特性，有助于积累国际投资领域的经验。本章将梳理和剖析中国在"一带一路"共建国家的重点投资区域的一些经典案例，通过对这些投资案例的延伸性分析，介绍中国企业在全球范围内的对外投资情况。

第一节　中国企业在亚洲投资经典案例

一、中国企业在东南亚地区投资经典案例

东南亚国家，毗邻中国，凭借其独特的地理位置，自古以来就是中国重要的贸易合作伙伴。自"一带一路"倡议提出以来，东南亚国家纷纷加入"一带一路"建设的朋友圈中，中国同东南亚国家的经贸合作关系不断深化发展，东南亚地区成为"一带一路"建设中不可或缺的一部分。2019年，中国对"一带一路"共建国家的投资主要集中在东南亚国家，其中，仅中国对新加坡的投资流量就达到了48.3亿美元，达到了中国对"一带一路"共建国家投资总额的25.8%。在此时代背景下，中国企业乘着"一带一路"倡议的"东风"，将东南亚地区作为一片投资热土，积极推动自身同东南亚国家在多领域的合作。近年来，中国对东南亚国家的投资领域呈现出多元化的发展趋势，覆盖了制造业、租赁和商务服务业、批发和零售业及科学研究和技术服务业等多个行业，努力实现全方位的有效合作。具体而言，在中国企业对东南亚国家的投资当中，不得不提阿里巴巴并购东南亚最大电商平台之一的Lazada（来赞达）和吉利控股并购马来西亚最大汽车品牌宝腾这两件跨国并购案例。

（一）阿里巴巴并购 Lazada

随着互联网市场经济的兴起，中国互联网产业也得到迅速发展，不仅在国内市场站稳脚跟，也通过跨国并购的方式进军海外市场。阿里巴巴作为中国最大的互联网企业之一，其对于东南亚最大电商平台之一的Lazada的跨国并购，对中国互联网企业掌握东南亚市场份额，拓展海外业务具有重大战略意义。

1. 阿里巴巴发展概况

1999年，阿里巴巴在中国杭州成立。其创立的初衷就是希望能够建立网上平台以便

利企业之间的商务往来。2003 年 5 月，"淘宝网"正式建立，标志着中国零售商企业同个体消费者的线下交易逐渐向线上转移，顾客对顾客电子商务（consumer to consumer，C2C）平台拉开其发展的帷幕。目前，"淘宝网"已成为中国最大的电子商务平台之一。2004 年，为满足消费者更大的购物需求，"支付宝"问世了。这是阿里巴巴自主研发的第三方支付平台，旨在让人们获得更加便捷的支付方式。如今，在大街小巷，随处可见"支付宝"二维码的身影，它开始成为中国人生活中不可或缺的一部分。2008 年 4 月，阿里巴巴在不断对电商模式深入探索之后，"天猫"开始进入大众视野，其旨在为追求高质量产品和极致服务的消费者提供高品质购物服务。2010 年 3 月，为跻身于团购市场，阿里巴巴开通了"聚划算"业务板块。2010 年 4 月，阿里巴巴积极推动自身融入全球化浪潮，"全球速卖通"平台的运行进一步推动了阿里巴巴的跨境电商之旅。2014 年 2 月，"天猫国际"这一进口电商平台的创建为中国国内消费者购买进口商品带来了利好。近年来，阿里巴巴的业务范围不断扩大。在物流行业蓬勃发展的今天，"菜鸟网络"具有不可阻挡的发展势头，丰富和完善了中国的物流及供应链。与此同时，"蚂蚁金服"也成了阿里巴巴提供金融服务的重要平台。

阿里巴巴集团发展至今，已成为互联网行业的巨头，其公司业务范围涉及电子商务、服务支持及金融等多个方面，并通过资本运作，不断扩大自身的行业布局。不仅如此，雄厚的资金实力也为其跨国并购案的成功实现提供了强有力的物质基础。

2. Lazada 发展概况

2012 年，在德国企业 Rocket Internet 的领导下，Lazada 正式创立。自成立以来，Lazada 的业务范围几乎遍及整个东南亚，是东南亚地区最大的在线购物网站之一。其实，Lazada 在创立之初主要是以亚马逊为原型，以期建立起属于自身的存货、仓库和物流网络，努力将 Lazada 打造成为自营垂直型网络零售商。而在支付领域，Lazada 创建了 Hello Pay 这一第三方支付平台。在物流领域，随着 Lazada 平台上的消费者数量不断增多，Lazada 不断优化自身的物流服务网络。截至 2015 年底，Lazada 在东南亚地区建设的物流中心达到了 10 个，中转站达到了 84 个，分发中心达到了 6 个，遍布 250 个东南亚国家的城市和区域。[①]

总之，Lazada 也立志成为能够为东南亚国家提供全方位电子商务服务的一站式购物平台，其在东南亚地区的地位举足轻重，并且极具发展潜力。因此，若中国互联网企业进入东南亚市场，Lazada 将成为其极大的竞争对手。

3. 阿里巴巴对 Lazada 的并购过程

不可否认，Lazada 众多的商品种类、便捷的支付方式及便利化的物流网络等为东南亚国家的人民带去了贴心的服务，从而推动着 Lazada 自身的迅速发展和在东南亚市场的份额不断扩大。但是，2014 年 Rocket Internet 内部运营所出现的问题为 Lazada 的未来发展带来了不小挑战。同年，阿里巴巴在纽约证券交易所成功上市，其宣称要推动阿里巴巴的国际化运营。由此，Lazada 所遭遇的危机对于阿里巴巴进军东南亚市场而言无疑是一大发展机遇。同时，国家政策更是为阿里巴巴并购 Lazada 提供了强有力的支持。近年

---

① 数据来源：根据 Lazada 官网公布的数据整理所得。

来，在电子商务蓬勃发展的大环境下，政府多次提出要推动电商"走出去"，并以"一带一路"倡议为依托，希望加强中国与"一带一路"共建国家在电子商务领域的合作。

对于 Lazada 而言，其自身最大的特质就是能够将先进的商业模式与自身特质相结合，并将其内部化。虽然 Lazada 在东南亚市场已培养了一批忠实客户，但随着市场竞争强度不断加大，自身优势逐渐丧失，未来发展受到阻碍。在此情形之下，Rocket Internet 与阿里巴巴达成并购协议，出售了 Lazada 的股份，将自身的发展目标开始转向欧洲市场。

阿里巴巴对 Lazada 的跨国并购是一种横向跨国并购，即全额出资以获得 Lazada 的绝对控制权，从而 Lazada 也就成了阿里巴巴旗下的一个东南亚子公司。具体来看，阿里巴巴对 Lazada 的并购主要分为了三个步骤。首先，在 2016 年 4 月，阿里巴巴向 Lazada 提出并购协议，期望能够用 10 亿美元获得 Lazada 51% 的股份。同年，阿里巴巴借此协议成为 Lazada 最大的控股股东，由此拓展了其在东南亚的业务渠道。其次，到了 2017 年，阿里巴巴继续收购 Lazada 的股份，耗费 10 亿美元从 Lazada 小股东手中再次购得 32% 的股份，由此阿里巴巴手握 83% 的 Lazada 股份。最后，阿里巴巴以 20 亿美元获得了 Lazada 100% 的控股权。[①]在并购后期，并购双方在技术、资源、物流服务等方面进行了整合，进一步扩大了双方创造价值的空间，也推动了阿里巴巴在东南亚国家业务的深入发展。

4. 经验与启示

阿里巴巴作为中国互联网行业的龙头企业，其通过跨国并购的方式获取海外企业优质资源，推动自身跻身海外市场，抢占海外市场份额，给其他互联网企业的国际投资活动提供了现实案例。同时，在"一带一路"倡议的背景下，以阿里巴巴为代表的一众中国企业也应借着这股"东风"，积极"走出去"同各国开展密切合作，巩固并不断深化中国同东南亚国家友好的经贸合作伙伴关系。

第一，对于跨境电商而言，物流运输能否得到妥善处理是他们面临的一大挑战，而"一带一路"倡议所提出的"设施联通"能够较好地解决跨境电商在物流服务方面所遭受的瓶颈制约。一方面，孟中印缅经济走廊的建设为中国同东南亚国家之间的跨境运输提供了很好的渠道；另一方面，在物流服务领域，以阿里巴巴为例，其将旗下先进的"菜鸟网络"与 Lazada 传统单一的 Lazada Express 相整合，努力改善东南亚国家物流领域较为落后的局面，为阿里巴巴在东南亚地区电子商务的发展提供了强有力的物流支撑。

第二，"一带一路"倡议不仅可以实现"设施联通"，还能够有效地实现资源的优化整合。"一带一路"倡议为中国企业"走出去"提供了重大机遇。阿里巴巴能够很好地抓住此次机遇，将东南亚国家作为推动阿里巴巴国际化进程的新起点，推动自身融入东南亚市场当中。通过横向跨国并购，阿里巴巴免去了因绿地投资所需的大量资金投入，也避免了同其他竞争者的激烈竞争，在一定程度上降低了自身对外直接投资的风险。同时，通过此次并购，阿里巴巴能够很好地整合 Lazada 自身所积累的客户资本及用户流量，即以较低的成本获取了大量的市场份额，在相对较短时间内扩大了阿里巴巴的海外市场规模。

第三，"一带一路"倡议的提出并不是为了让"一带一路"共建国家关起门来做生

---

① 数据来源：根据阿里巴巴官网公布的数据整理得到。

意，而是实现各国之间在经贸方面的良性互动。在阿里巴巴并购 Lazada 的案例中，阿里巴巴通过并购 Lazada 能够以较低成本较快进入东南亚市场，并迅速占领一定的市场份额。与此同时，阿里巴巴所掌握的先进物流技术服务也能够很好地改善东南亚国家物流发展相对滞后的局面，极大地改善了东南亚人民的生活，为他们提供了方便。

（二）吉利控股并购马来西亚宝腾

马来西亚作为东盟的重要成员国，推动中马两国之间友好的贸易往来是"一带一路"建设深度发展的重要一环。近年来，中马两国之间的经贸合作不断深化，在"一带一路"倡议背景下，中国赴马投资的热潮也不断高涨。据统计，在 2011—2019 年，中国对马来西亚的直接投资流量从最初的 0.95 亿美元增长至 11.10 亿美元。[①]而吉利控股作为中国汽车行业的领军品牌对马来西亚宝腾控股有限公司（以下简称宝腾）的并购，可以说是中国企业赴东南亚投资的又一代表性案例。

1. 吉利控股发展概况

1986 年，吉利控股开始创业。最初的吉利并不是现在大家所熟知的汽车品牌，它最开始靠生产电冰箱的配件发家，随后又开始了电冰箱、建材及摩托车的相关生产，1997 年正式进入汽车行业。由此，在李书福的带领下，吉利控股从原先的"两轮"摩托制造商摇身一变成为"四轮"汽车制造商，李书福也被冠以"汽车狂人"的称号。截至 2023 年吉利控股的市值约为 160 亿美元，员工人数超 12 万，仅研发设计人员就超 2 万。[②]

纵观吉利控股的发展历程，大致可分为四个阶段。首先，吉利控股靠生产低端汽车起步。在 20 世纪 90 年代和 21 世纪初，中国的汽车行业大部分被国外汽车品牌或者是合资品牌所垄断。因此，倘若吉利控股想要以自身当时的技术抢占高端汽车市场份额几乎不可能。所以，低端汽车市场就成为吉利控股的切入口，"造中国人买得起的汽车"也就成了当时吉利控股的口号。其次，到了 2007 年，吉利控股进入了战略转型期。在这一时期，打低价战略不再成为吉利控股的首选，其开始逐步转向品质生产，宣称要"造中国人买得起的好车"。再次，在 2009 年吉利控股完成了对沃尔沃的收购之后，吉利控股借此成功打入全球豪华汽车市场。借助沃尔沃，吉利控股掌握了有关汽车制造的高端技术，并利用沃尔沃进一步抢占欧美市场份额。最后，2017 年，吉利控股推出全新的领克系列，该品牌融合了欧洲先进理念和国际领先技术。在中国市场推出之后，吉利控股又将其打入欧洲市场，并计划打入美国市场。由此，领克品牌的创建势必推动吉利控股全球销售份额的提升。

2. 宝腾发展概况

1983 年，时任马来西亚首相的马哈蒂尔创建了马来西亚本土汽车品牌"宝腾"，该汽车品牌也是马来西亚 DRB-HICOM 集团的一个子品牌。这一汽车品牌自诞生以来就被赋予了特殊的意义，被马来西亚人民视为该国工业计划的象征和经济增长的代表，并逐步发展成为马来西亚最大的汽车品牌。到了 1996 年，宝腾被英国国际化公司 Lotus 收购，自此，宝腾实现了从开发到生产的一体化。2001 年是宝腾的发展巅峰，当时马来西亚所

---

① 数据来源：商务部、国家统计局、国家外汇管理局联合发布的《2019 年度中国对外直接投资统计公报》。

② 数据来源：吉利控股官网。

销售的汽车中，有一半以上是宝腾汽车。但是，随着日本品牌汽车进入东南亚市场，宝腾可以说是遇到了劲敌，因此宝腾的顾客流失量较大。那时的宝腾依靠政府贷款才得以在汽车市场存活。因此，宝腾需要为自己寻找到长期合作伙伴以转危为机。

3. 吉利控股对宝腾的并购过程

面对自身市场份额的缩水，宝腾自 2012 年起开始寻求合作伙伴，也正是从这时开始吉利控股和宝腾有了些许接触，但双方真正进行深入交流还应从 2014 年开始算起，也就是"一带一路"倡议提出的次年。2014 年 4 月双方签署合作意向，互相表示希望能够推动东盟国家同中国之间的经贸合作。在之后的两年时间里，双方一直在进行谈判交涉。到了 2016 年 6 月，吉利控股同宝腾基本达成共识。此时，马来西亚政府表示要通过招投标的方式，在全球范围内为宝腾寻找合作伙伴。最终，吉利控股以公平竞争的方式，击败其他投标者，实现了对宝腾的收购。2017 年 5 月，吉利控股同 DRB-HICOM 集团共同发布公告，表示吉利控股收购宝腾近 49.9% 的股份，同时收购豪华汽车品牌 Lotus 超 50% 的股份。

4. 经验与启示

在"一带一路"倡议框架下，政府大力扶持企业进军海外市场，中国企业对海外市场的投资规模也呈现出日益扩大的发展态势。此次吉利控股对宝腾的收购，体现了双方企业"各取所需"，宝腾需要吉利控股的技术和资金支持渡过难关，吉利控股则需要借助"宝腾"这张名片打入东南亚市场。该案例是中国企业通过对"一带一路"共建国家的投资来确立自身品牌海外市场地位的典型代表。在"一带一路"倡议的推动下，东南亚国家作为"一带一路"的共建国家，又是中国的邻近区域，日后必将继续成为中国企业对外投资的热土，吉利控股对宝腾的收购对于其他中国企业进军东南亚市场也具有重要的借鉴意义。

第一，中马两国需加强两国政府在外交方面的工作。在吉利控股同宝腾交涉之初，并没有得到马来西亚人民和当地政府的支持，出现了不少马来西亚人民抵制的声音。但是，经过双方不懈的努力及积极的交涉，双方企业得到了中马两国政府的支持，双方的合作以成功签约而告终。马来西亚作为中国在"一带一路"共建国家中重要的合作伙伴，近年来，双方在基础设施建设、旅游、文化、农产品等方面均建立起了一定的友好合作关系。为此，中马两国应加强沟通，为双边贸易往来创造良好且稳定的政治环境，而这也是吉利控股赴马投资的关键因素。

第二，中方应提升"一带一路"共建国家对中国企业的文化认同。东南亚国家之所以成为中国企业投资热土，除了其天然的地理优势之外，其在文化方面同中华传统文化的相似之处也是重要的催化剂。拥有文化认同感，能够让当地人民增强对中国企业的接受度，减少中国企业进军东南亚市场的壁垒。这正是"一带一路"倡议所倡导的"民心相通"，即文化资源整合促进了"民心相通"。

第三，中方应致力于加强与"一带一路"共建国家的企业战略整合。在吉利控股并购宝腾这一跨国并购案例中，可以清楚地看到这是一场技术同市场的交易。吉利控股以自身积累的技术经验和强大的资金实力换取宝腾在东南亚的市场份额，推动吉利控股实现全球化的战略布局。因此，中国企业在走出国门时，也应做到同当地企业实现资源的战略优化和整合，真正融入当地市场，推动自身品牌的全球化。

　　总之，在"一带一路"倡议的推动下，不仅是像阿里巴巴、吉利控股这样的行业巨头能够走出国门，一众新兴企业也能够把握机会，向海外市场进军，通过同海外优质资源的整合，提升双方发展的整体水平与实力。

二、中国企业在亚洲中部地区投资经典案例

　　亚洲中部地区，作为中国向西行进的第一站，作为亚欧大陆核心区域，其在中国协同其他国家共同推进"一带一路"建设中的战略地位不言而喻。可以认为，中国在倡导和建设丝绸之路经济带的过程中离不开同亚洲中部国家建立友好伙伴关系，其是丝绸之路经济带建设中的重要通道。近年来，中国高度重视同亚洲中部国家的合作，双方的合作领域日趋多元化，从能源、交通扩展到金融等领域，合作关系日益密切。随着"一带一路"建设的深入推进，中国同亚洲中部之间的合作必将走深走实，逐步实现多层次、全方位的合作，尤其是在能源合作领域。因此，无论是从地理优势来看，还是资源优势来看，中国和亚洲中部五国在能源领域的合作都有较大的潜力。

　　（一）洲际油气收购哈萨克斯坦马腾石油

　　众所周知，民营企业进行海外油气投资往往伴随着较高的风险。但是近年来，国家积极倡导民营资本进军海外油气市场，一系列扶持政策由此出台，尤其是"一带一路"倡议给予了民营企业投资海外油气市场的勇气和信心，洲际油气股份有限公司（以下简称洲际油气）收购马腾石油股份有限公司（以下简称马腾石油）就是其中一个典型案例。

1. 洲际油气发展概况

　　洲际油气原名海南正和实业集团股份有限公司、海南华侨投资股份有限公司、海南侨联企业股份有限公司，成立于 1984 年，并于 1996 年在上海证券交易所成功上市。最初的洲际油气并非从事石油及相关行业，而是一家房地产公司，其经营范围主要包括商业房产的销售及出租。到了 2014 年，洲际油气的主营业务发生转变，由最初的房地产相关业务为主转向以石油开采及相关产品的生产和销售为主，而标志这一转变的事件就是洲际油气收购马腾石油。收购之后，洲际油气逐步实现了石油与能源领域生产及销售的一体化，包括上游产业的开采、中游产业的石油化工产品的生产再到下游产业的销售。不仅如此，洲际油气始终致力于对石油与天然气相关的新技术的研发和其他新能源的探索。自转型之后，洲际油气在石油和天然气的勘探与开发领域中发挥着自身优势，为此也获得了不小成就。2014 年，洲际油气在中国跨境投资并购金哨奖评选中荣获"最佳'一带一路'实践奖"。2018 年，洲际油气又获得了"一带一路"投资并购十佳金哨奖。由此可见，洲际油气以"一带一路"倡议为依托，不断推动自身的跨国投资，并取得了些许成绩。

2. 马腾石油发展概况

　　马腾石油是哈萨克斯坦一家石油公司，该公司共拥有哈萨克斯坦境内的三个在产油田的 100% 开采权，分别是马亭油田、东科阿尔纳油田和卡拉阿尔纳油田。值得注意的是，这三个在产油田均位于哈萨克斯坦滨里海盆地，是国际上公认的油气资源丰富但开

采程度低的区域。

3. 洲际油气对马腾石油的收购过程

一项收购案能否顺利进行，时机往往是关键，而洲际油气就能够在"好时机"中转危为机。2014 年，正值油价持续低迷期，在这一时期，资本闻风而动，欲以低价并购的兴致高涨。换句话说，在这种情形下，意在扩张自身战略版图的公司相对而言可以以最为实惠的价格购买到更好的资产，从而实现低买高卖这样一种性价比较高的交易。因此，2014 年 12 月 16 日，洲际油气以超 5 亿美元的收购价收购了马腾石油 95% 的股权。[①]正是由于此次收购行动，洲际油气获得了进入国际能源市场的门票，使得自身国际化发展的进程迅速加快，此后，洲际油气的业务转变实现重大突破，为自己创造了新的利润增长点。

4. 经验与启示

能源领域一直是中哈两国合作的重点，而石油和天然气更是双方合作规模最大的项目。此次洲际油气收购马腾石油，推动中国民营企业走出国门，为中国和哈萨克斯坦区域经济合作交往提供了良好范式。通过收购优质油田，洲际油气能够很好地形成规模经济，由此在占据哈萨克斯坦市场的同时，能向更多海外市场扩展和延伸。

哈萨克斯坦作为发展水平最高的亚洲中部国家，由于相对稳定的政治局势和较为强劲的经济发展势头，一直都是中国重要的合作伙伴。《对外投资合作国别（地区）指南：哈萨克斯坦（2020 年版）》指出，此次中国洲际油气对哈萨克斯坦马腾石油的收购对促进中哈两国在能源领域深入合作意义重大，是中哈友好合作关系进一步发展的又一标志性事件。可以说此次收购案体现了中哈双方互惠互利，对推动日后中国企业赴亚洲中部地区投资意义重大。

值得一提的是，"一带一路"倡议的最初蓝图是习近平主席在访问哈萨克斯坦时所提出的，丝绸之路经济带的提出是对中哈既往经贸合作关系的巩固，将有力推动未来中哈合作关系深入发展。中哈两国应牢牢抓住丝绸之路经济带建设的良好契机，敦促各方企业"引进来""走出去"，巩固并加强双边友好合作关系。同时，以此为范例，推动中国同其他亚洲中部国家的互惠合作，在倡导并遵循"一带一路"倡议共商共建共享原则的同时，共同实现中国与亚洲中部地区经济的繁荣发展，共享中国改革开放成果。

（二）中国黄金集团库鲁-捷盖列克铜金矿项目

亚洲中部矿产资源丰富，同时在地理位置上与中国接壤，素来是中国贸易交往的重要伙伴。吉尔吉斯斯坦，作为亚洲中部五国之一，一直在矿产领域同中国保持着密切的联系。中国黄金集团有限公司（以下简称中国黄金集团）作为"一带一路"倡议的先行者，努力推动自身同"一带一路"共建国家的跨国合作，库鲁-捷盖列克铜金矿项目便是中吉两国在黄金领域合作的标志性事件，该项目的落成深化了两国的合作往来，对于两国的经济发展起到了积极的推动作用。

---

① 数据来源：新华网。

1. 中国黄金集团概况

中国黄金集团拥有多年的发展历程，其前身是中国黄金总公司（成立于1979年），成立之初主要同其他部门（包括中国人民解放军基建工程兵黄金指挥部和冶金工业部黄金管理局）联合办公，共同对中国黄金的勘探、生产建设及相关科研工作进行管理。到了2003年，经国务院批准后，中国黄金集团正式组建而成。2017年，公司进行转型，由最初的全民所有制企业改建为公司制企业，成为中国黄金领域唯一一家中央企业。此后，中国黄金集团深耕于黄金产业，不断推动自身在黄金领域的进步，一跃成为行业巨头，成为中国最大的黄金企业。

自成立以来，中国黄金集团不断巩固和深化自己的主营业务领域，包括地质勘探、矿山开采、选矿冶炼和对贵金属及其相关产品进行精炼、加工及贸易，设立全国唯一一所国家级的黄金研究院，从事相应的科研开发和工程建设的工作，形成了一条完整的产业链。中国黄金集团始终以国际标准要求自己，努力向国际一流黄金水平看齐。作为中国黄金领域的龙头企业，中国黄金集团为中国黄金事业做出了不小贡献。

而凯奇-恰拉特封闭式股份公司（以下简称凯奇-恰拉特公司）于2012年被中国黄金集团正式并购，这一并购案例也成了中国黄金集团第一个成功"走出去"的项目，凯奇-恰拉特公司也就成为中国黄金集团为响应国家"一带一路"倡议所建立的第一家海外子公司。凯奇-恰拉特公司是一家成立于1987年的吉尔吉斯斯坦矿业公司，拥有库鲁-捷盖列克矿区100%的开采权。中国对凯奇-恰拉特公司的收购也正式开启了中国对库鲁-捷盖列克铜金矿的开发之旅。

2. 吉尔吉斯斯坦及库鲁-捷盖列克矿区概况

吉尔吉斯斯坦全称为吉尔吉斯斯坦共和国，是中国的邻国。同其他亚洲中部国家一样，吉尔吉斯斯坦拥有较为丰富的矿产资源，几乎囊括了元素周期表中的所有元素，现已探明的矿产资源就包括了黄金、锑、钨、铁、汞和一些稀有金属。其中，吉尔吉斯斯坦在2020年黄金储备量达到了2149吨[①]，金矿资源位居独联体国家第二的水平。但是，相较于吉尔吉斯斯坦十分可观的黄金资源，吉尔吉斯斯坦的经济发展水平相对落后，农牧业为该国的主导产业，且其工业基础相对薄弱，出口产品中多为未经开发的原材料。

1963年，当时的苏联地质部发现了库鲁-捷盖列克矿区，并经过长达16年的系统探矿工作后，确定该矿区为大型铜金矿矿床。但随着1991年苏联解体，专业勘探队伍撤出，独立后的吉尔吉斯斯坦缺乏资金和技术继续开发该矿床。直至1998年9月17日凯奇-恰拉特公司成立，吉尔吉斯斯坦才得以继续对该矿区开采。

3. 库鲁-捷盖列克铜金矿项目简介

2012年，中国黄金集团进入吉尔吉斯斯坦市场，在并购了吉尔吉斯斯坦凯奇-恰拉特公司之后，又并购了库鲁-捷盖列克铜金矿，获得了该矿区的开采权，在反复论证后，确定建设一座日处理矿石量6000吨、年处理量为180万吨的大型采选矿山。2014年7月，库鲁-捷盖列克铜金矿项目正式立项。2014年12月，库鲁-捷盖列克铜金矿项目全

---

① 数据来源：《对外投资合作国别（地区）指南：吉尔吉斯斯坦（2020年版）》。

面展开；2019 年 8 月，库鲁-捷盖列克铜金矿项目投产正式启动。作为中国黄金集团为响应国家"一带一路"倡议在海外建立的第一家子公司，凯奇-恰拉特公司除了进行对库鲁-捷盖列克铜金矿的开采工作，还对当地的经济、基础设施建设做出了积极贡献。库鲁-捷盖列克铜金矿的投产，必将为中吉两国人民带来丰收的硕果。

4. 经验与启示

作为丝绸之路经济带的重要组成部分、中国的友好邻邦，亚洲中部国家成为许多中国企业在资源能源领域投资的第一站。而中国黄金集团作为中国黄金行业的知名品牌，也引领着中国企业同"一带一路"共建国家寻求合作。从中国黄金集团的库鲁-捷盖列克铜金矿项目来看，中国与亚洲中部地区的采矿业合作具有高度互补性。

吉尔吉斯斯坦虽然拥有丰富的自然资源能源，但是其经济发展水平相对落后，这也在一定程度上阻碍了吉尔吉斯斯坦对于相应资源的勘探、开采与生产。从中国的角度来看，通过改革开放的进一步深入发展，中国的经济得到了迅猛发展，中国的经济、科技等实力有所提升。中国黄金集团历史悠久，在矿业领域积累了多年的开采与研发经验，培养了技术精湛的团队，并且掌握了相应的技术。因此中国黄金集团和吉尔吉斯斯坦铜金矿项目的结合就是完美的"黄金"搭档。一方面，吉方给中方提供了富饶的资源能源；另一方面，中方给吉方在资源能源的勘探和生产方面带去了充足的资金和先进的技术支撑。库鲁-捷盖列克铜金矿的投产，必将形成吉尔吉斯斯坦新的经济增长点，这也会给中国黄金集团带来新的利润增长点。

以"一带一路"倡议为依托，以一系列"走出去"的相关政策为支撑，中国企业愿意走出国门以及敢于走出国门和勤于走出国门的热情高涨。对于资源能源领域等高质量资产的投资方兴未艾。在过去，由于矿产资源领域在投资过程中存在着较大的风险，中国企业尤其是民营企业在对外投资中有所犹豫。但是，"一带一路"倡议的深化发展，为中国企业的对外投资创造了稳定的投资环境。不仅如此，如中国黄金集团一般的企业在能源投资领域创造了良好的口碑，越来越多与"一带一路"共建国家相关的经典投资案例的出现，为中国企业"走出去"提振了信心。由此，中国企业在亚洲中部地区资源能源领域的投资，让越来越多的中国企业看到了可期的投资前景。

三、中国企业在亚洲南部地区投资经典案例

亚洲南部地区，与中国毗邻，人口众多，于中国而言拥有巨大的市场潜力。近年来，在中国政府"走出去"战略的号召下，在丝路基金和亚投行的支持下，越来越多的中国企业奔赴亚洲南部地区开展投资活动，推动着中国同亚洲南部国家之间的贸易快速增长。在中国同亚洲南部国家的合作中，我们可以看到一种较强的互补性，即亚洲南部地区拥有较大的市场，但其在资金实力、基础设施建设等方面存在不足，而在基础设施建设方面，中国则积累了大量经验。由此，基础设施建设领域就成为中国企业赴亚洲南部地区投资的热门行业，而中国机械进出口（集团）有限公司（以下简称中机进出口集团）在孟加拉国的燃煤电站项目和巴基斯坦的燃煤电站项目就是其中的经典案例。

（一）中机进出口集团投资孟加拉国帕亚拉燃煤电站项目

1. 中机进出口集团发展概况

1950 年，中机进出口集团正式成立。在成立之初，中机进出口集团的定位是大型国有外贸公司，主要从事机电产品相关的进出口贸易，同时承包一定的国际工程。1988 年，中机进出口集团加入中国通用技术（集团）控股有限责任公司，成为其全资子公司。自 2004—2008 年，在全球最大国际承包商排行榜中，中机进出口集团连续十年入围全球前 225 名。在中机进出口集团的发展历程中，中机进出口集团积极参与到中国经济建设的各个环节，在机电相关产品的贸易中发挥着至关重要的作用，为中国工业体系的建设和完善做出了不可磨灭的贡献。随着中机进出口集团的营业额不断扩大，其经营范围不断扩展，经营项目不断增加。目前，在能源领域、交通业、轻工业及建材方面，中机进出口集团都已占据了一定的市场，在不断巩固发展国际贸易和国际工程承包业务的同时，还在汽车营销领域培养了自己的优势，积累了大量的经验，并在国际市场上获得了良好的口碑信誉和资金基础。因此，中机进出口集团在参与孟加拉国电站建设项目中具有较强的比较优势。

2. 孟加拉国电力投资概况

孟加拉国，地处亚洲南部，拥有丰富的自然资源，包括超 3000 亿立方米的天然气储备量和丰富的煤炭储量，火力发电资源供给充足。但是，因缺少技术、人才及资金，孟加拉国基础设施建设落后，一直是其经济发展的一大障碍。据世界银行统计，2013 年孟加拉国人均能源使用量仅为全球平均水平的 12%，全国通电率仅为 61.5%，供电能力严重不足，但电网损耗率却远高于世界平均水平。孟加拉国政府为加大电力供给，降低电力能源的浪费，出台了一系列的针对电力产业发展的优惠政策，吸引和鼓励外资和私人资本投资电力行业，以期引进电力发展所需的资金和技术。其中 2012 年 8 月，孟加拉国政府颁布关于政府与社会资本合作（public-private partnership，PPP）的相关法规，为政府和企业在产业发展和市场振兴中的合作提供了明确和透明的程序框架。PPP 管理局负责全国 PPP 项目投资人的选择和管理，并在全球范围内招募合作伙伴。值得一提的是，PPP 管理局是总理办公室直属部门，这就足以说明孟加拉国政府对此次政企合作的重视程度。外国投资者可以通过建设-运营-转让（build-operate-transfer，BOT）、PPP 等方式参与孟加拉国基础设施建设，并享受国民待遇。PPP 项目主要涉及电力、道路、学校等基础设施。目前，孟加拉国 PPP 管理局已与日本、新加坡、韩国、阿联酋的有关部门签署政府间 PPP 合作谅解备忘录。在孟加拉国从事 PPP 合作的外国企业主要来自中国、日本、韩国、新加坡等国。经过不断努力，孟加拉国电力供给能力大幅提升，截至 2019 年，可测得全国通电率上升至 92.2%，超过世界平均水平。

3. 中机进出口集团投资孟加拉国新能源项目简介

帕亚拉 2×660 兆瓦超超临界燃煤电站（以下简称帕亚拉燃煤电站）位于孟加拉国南部博杜阿卡利县，是"一带一路"建设重点项目。该项目是由中机进出口集团和孟加拉国西北电力公司合资成立的孟中电力公司主导运行，中机进出口集团和孟加拉国西北电力公司各占 50%的股份。大型跨国基础设施建设投资项目具有投资金额较大、建设周期长及风险较高等特点，而中机进出口集团作为骨干央企的子公司，拥有较强的综合实力和资金实力。2014 年，中机进出口集团同孟方达成合作意向，决定建设 1320 兆瓦的帕亚拉燃煤电站项目，目前帕亚拉燃煤电站已成为孟方最大的电站，为孟加拉国人民在一定程度上解决了用电相对紧缺的问题。

为了该项目的顺利开展，2014 年 7 月，中机进出口集团同中国电建集团福建省电力勘测设计院有限公司（以下简称福建设计院）探讨关于地质钻探、测量工作、水文现象等方面的相关事宜。2014 年 8 月，中机进出口集团正式委托福建设计院推进科研工作。福建设计院委托福建省交通规划设计院有限公司共同对码头的可行性进行分析。最终，帕亚拉燃煤电站项目于 2016 年 10 月开工建设，并于 2020 年 1 月 13 日正式投入运营。

4. 帕亚拉燃煤电站项目经验与启示

自 1975 年建交以来，中孟两国始终致力于建设双边友好合作关系，持续推动两国关系健康发展。"一带一路"倡议开启了中孟两国跨国合作的新篇章。该倡议的提出为中孟两国关系的建设创建了良好的国际环境，带来了更好的政策支持。目前，双方不断拓展合作范围，努力形成全方位合作的局面。

电力作为中国政府支持企业"走出去"的大力扶持领域，相关的电力项目持续得到政府的关注与支持。[①]中国作为新兴经济体的代表和"一带一路"倡议的发起国，始终关切"一带一路"共建国家的发展问题，愿意同"一带一路"共建国家共同分享中国改革开放的发展成果。自改革开放以来，中国的经济得到迅猛发展，在技术、科技及人才培养方面都有了飞跃式的进步。尤其是在基础设施建设领域，中国已拥有了一定娴熟的技艺及合作紧密的团队，能够很好地帮助"一带一路"共建国家推动其基础设施建设。而孟加拉国在电力供应方面还相对落后，没有较强的经济、科技等方面的实力去提升自身基础设施建设水平，这也就成为孟方进一步发展的瓶颈。因此，此次中孟两国的通力合作既能够很好地改善孟方基础设施，又能够推动中国企业走出国门，从而创造双赢局面。

正如中国政府始终倡导的，"一带一路"倡议并不是关起门来搞小圈子，我们始终秉持共商共享共建原则，始终期望能够给"一带一路"共建国家的人民带去民生福祉。在未来，中国应积极同"一带一路"共建国家开展合作，做到优势互补，互惠互利。

（二）中国电建投资巴基斯坦卡西姆港燃煤电站项目

近年来，巴基斯坦虽然经济发展势头较猛，在亚洲南部国家中，其经济实力仅次于印度。然而，巴基斯坦在电力供应方面仍存在发展瓶颈，这也将进一步制约巴基斯坦经济的稳步提升。因此，电力行业一直是中国企业对巴基斯坦基础设施建设投资的重点领域。其中较为典型的投资案例为中国电力建设集团有限公司（以下简称中国电建）投资建设巴基斯坦卡西姆港燃煤电站。

---

① 2015 年 5 月，国务院发布《国务院关于推进国际产能和装备制造合作的指导意见》（国发〔2015〕30 号），提出"大力开发和实施境外电力项目，提升国际市场竞争力。加大电力'走出去'力度，积极开拓有关国家火电和水电市场，鼓励以多种方式参与重大电力项目合作，扩大国产火电、水电装备和技术出口规模"，以及"在继续发挥传统工程承包优势的同时，充分发挥我资金、技术优势，积极开展'工程承包+融资'、'工程承包+融资+运营'等合作，有条件的项目鼓励采用 BOT、PPP 等方式，大力开拓国际市场，开展装备制造合作"。

1. 中国电建发展概况

中国电建作为国有企业，在各巨头中央企业中也享有举足轻重的地位，中国电建受国务院国有资产监督管理委员会直接管理，是全球清洁低碳能源、水资源与环境建设领域的引领者，是全球基础设施互联互通的骨干力量，更是服务"一带一路"建设的龙头企业。其主营业务包括向海内外客户提供投资融资、规划设计、管理运营全产业链一体化集成服务。作为最早进入巴基斯坦市场的企业之一和中巴经济走廊建设的主力军，中国电建在巴基斯坦电力、可再生能源及基础设施领域已签订多个工程承包合同，合同总金额高达几十亿美元，带动机电出口规模日益扩大，其中水电项目占比最大，超过 50%。

2. 巴基斯坦电力发展概况

巴基斯坦人口众多，煤炭资源、水能资源和风能资源丰富，但和其他亚洲南部国家一样，基础设施落后是该国经济发展的重要制约因素之一。据世界银行统计，2014 年巴基斯坦人均能源使用量仅为世界平均水平的 24%，全国通电率仅为 71.25%。巴基斯坦电网相对老旧，与周边国家互联互通程度不高。近年来随着国内发电状况逐步改善，输配电成为制约国家电力系统的瓶颈。中巴经济走廊早期收获项目中能源项目占很大比重。目前，萨希瓦尔电站、吉姆普尔风电和大沃风电等一批新能源项目投产发电，大大缓解了巴基斯坦能源供给紧张局面。

为加快国内基础设施建设，早在 20 世纪 90 年代，巴基斯坦就成为接收 PPP 模式的发展中国家之一。PPP 模式的发展为巴基斯坦电力、电信、港口及社会服务等公共基础设施领域的发展发挥了积极作用。经过十几年的发展，巴基斯坦 PPP 项目管理体制及组织架构已较为健全。2016 年 5 月，巴基斯坦联邦政府出台了《公私合营（PPP）模式管理法案》，为 PPP 投资模式制定了较为清晰的法律框架和管理体制，梳理了政府、企业、消费者之间的权益和义务，形成了较为规范的 PPP 管理模式。而后根据巴基斯坦《2030年远景规划》，政府将加快推动 PPP、BOT 等模式在电力设施建设上的运用，并通过私有化等措施提高水电和电网管理部门工作效率，升级更新输电网络。

3. 巴基斯坦卡西姆港燃煤电站项目简介

巴基斯坦卡西姆港燃煤电站项目是中巴经济走廊的重点项目之一。卡西姆港燃煤电站工程始建于 2015 年 6 月，由中国电建投资建设并承担桩基工程。同时，该项目也是中巴经济走廊签署后的首个能源项目。

卡西姆港燃煤电站项目是中国电建在巴基斯坦最大的海外投资项目，也是巴基斯坦引入的第一个大型火电投资项目。该项目自 2017 年 12 月底正式运营并投入发电作业以来，对巴基斯坦在调整电力与能源结构及其供需矛盾、促进基础设施转型升级、提供更多就业岗位以改善民生等方面都做出了积极贡献。在技术方面，海水淡化、烟气脱硫等环保技术被广泛地应用于卡西姆港燃煤电站项目，是巴基斯坦火电技术的巅峰之作。在推动政策形成方面，中国电建积极推动项目商务运作、税务筹划和融资保险等工作，促进巴方新修订的电力政策和《实施协议》（Implementation Agreement，IA）及《购电协议》（Power Purchase Agreement，PPA）获得批准，不仅为电站的顺利建设奠定了基础，更为中资企业后续到巴基斯坦投资火电项目铺平了道路。

4. 卡西姆港燃煤电站项目经验与启示

在能源投资领域，因其投资规模大、耗时长、风险高的特点，所以在中国企业奔赴海外投资基础设施建设的行列中，国有企业是主力军。在建设过程中，中国电建发挥其在电力建设方面的先进经验，为中国企业开拓海外电力基础设施建设市场发挥了示范效应。

第一，项目前期准备充分。中国电建与巴基斯坦的合作一度因为巴方行政审批时长过长、社会安全不确定性较大、行政办公效率过低而陷入停滞状态，但中方始终保持积极跟进态度，主动与巴基斯坦国家输配电公司、卡西姆港务局等多方机构斡旋，并就税务豁免、不可抗力等关键事宜进行了深入谈判。最终经过中巴双方的不懈努力，投资协议成功签署。

第二，严格细化过程管控。卡西姆港燃煤电站项目属于 PPP 项目。在实施过程中，中国电建高度重视工作责任，监督体系、管理制度及应急体系等的建立和执行，现场监督检查和管理措施的运用。在进度方面，明晰主线，建立一级网络进度计划，围绕关键线路阶段性抓重点工作，初期狠抓设计进度和采购招标进度，中期主抓设备监造、验收和发运，有效保证现场施工进度按期完成并略有提前。

第三，创新产业链发展模式。卡西姆港发电有限公司（中国电建集团海外投资有限公司的子公司）作为巴基斯坦的国家重点企业，牵涉国内外多方股东利益和权力分配，在多方股东协议和母公司规章制度等的框架下，积极探索境外投资合作模式，充分发挥了业主、设计、监理、施工、运营"五位一体"的平台引领作用和全产业链一体化集成优势。

第四，本土化战略与差异化管理并行。卡西姆港燃煤电站项目无论在建设期间还是在营运期间，都大量雇佣巴基斯坦当地居民，对当地雇员进行技术和管理能力培训，并实施本土化经营，为当地创造了大量就业机会，改善了当地民生。

四、中国企业在亚洲西部地区投资经典案例

亚洲西部地区位于亚欧非的交会处，成为中国"一带一路"倡议上的重要节点，对中国企业深入欧洲、非洲等市场腹地具有战略意义。亚洲西部地区凭借丰富的石油和天然气等能源储备在世界格局中占据重要地位。自"一带一路"倡议提出以来，中国与亚洲西部地区的经贸和投资合作关系不断深入，产能合作不断加强。2013—2018 年，亚洲西部地区总共吸引中国直接投资达 106 亿美元，其中阿联酋、土耳其所占投资比重较高。因此，中国企业紧抓"一带一路"倡议的先行发展战略契机，结合与亚洲西部地区的互补优势，加强双边能源合作，掀起了对该地区的能源投资的热潮。其中，具有代表意义的是中国石油对阿联酋阿布扎比陆上石油公司（ADCO）陆上油田开发项目的投资。

（一）中国石油发展概况

1988 年 9 月，中国石油天然气总公司成立，后发展成由中央直接管理的特大型国有企业——中国石油。中国石油的主要业务集中在石油开采、天然气勘探、炼油、化工以及能源装备制造等领域。截至 2021 年 3 月，中国石油旗下已拥有大庆油田、辽河油田和

克拉玛依油田等 12 个国内油气田的持有权，其在国内油气开发领域扮演着十分重要的角色。2013 年之后，随着"一带一路"倡议赢得亚洲西部地区的积极反响，中国石油作为中国能源公司的代表也得以借助战略发展的机遇，实现了集团海外市场的扩张，并在短短几年内实现了国际业务质的转变。目前中国石油的石油和天然气业务已经在亚洲中部地区、亚洲西部、非洲、美洲和亚太地区全面铺开，并与全球 35 个国家和地区达成了战略合作。2020 年，在《财富》世界 500 强企业中，中国石油位居第四位，在"一带一路"共建国家投资的中国企业 100 强榜单中排名第三位。

中国石油自 1993 年以来积极参与亚洲西部地区油气合作与开发，特别是依托"一带一路"倡议与"一带一路"共建国家开展了广泛的油气项目合作，实现了国际业务规模的不断扩大。截至 2022 年，中国石油已将石油和天然气项目扩展到 20 个"一带一路"共建国家，合作项目扩展到 53 个，投资额累计超过 550 亿美元。例如，2016 年 4 月，中国石油在伊朗阿扎德甘油田投资的原油项目正式实现投产经营。2017 年 7 月，中国石油联合法国道达尔公司及当地伙伴，就投资伊朗国家石油公司的南帕斯 11 期天然气项目达成合作协议。2017 年 2 月，中国石油获得阿布扎比 ADCO 陆上油田开发项目联合开发权益，该案例也是中国石油在亚洲西部地区具有代表性的投资项目。未来随着中国对外开放的格局越来越大，中国石油将进一步深化在亚洲西部地区、亚洲中部地区、非洲的能源投资。

（二）阿布扎比陆上石油公司简介

阿布扎比陆上石油公司成立于 1973 年，是一家由阿布扎比酋长国控股，由壳牌公司、bp 公司、中国石油、法国道达尔公司等多家外资石油公司参股的石油勘探和生产公司。该公司是阿布扎比国家石油公司旗下主要公司之一，石油产量占阿布扎比酋长国石油总产量的 48% 左右，与阿布扎比海洋石油公司、扎库姆油田公司两家公司共同占据了阿联酋大部分的石油产量。

（三）中国石油投资阿布扎比 ADCO 陆上油田开发项目历程

2017 年 2 月 20 日，中国石油联合中国华信能源有限公司共同收购阿布扎比陆上石油公司 12% 的股份，同时购买了阿布扎比 ADCO 陆上油田开发项目 8% 的权益，共同投资金额达到 26.88 亿美元，这是迄今为止中国能源企业在亚洲西部地区实现的战略投资之一，也是在"一带一路"倡议框架下，中国企业成功"走出去"的典型案例。

2019 年 2 月 17 日，阿布扎比政府为阿布扎比 ADCO 陆上油田开发项目公开招标，与此同时，阿布扎比国家石油公司获得了该项目的主要控制权，约合 60%，其余份额由其他中标的石油公司持有，主要有 bp 公司、道达尔公司、中国石油等，合作期限为 40 年。项目所在地区位于鲁卜哈利盆地，具体包括 14 个油田，该地区石油储备量丰富。2019 年 4 月 3 日，于阿布扎比 ADCO 陆上油田开发项目开采的首船 100 万桶权益油运返回中国，这意味着该项目启动一个月后便快速投入生产运营。

中国石油除了获得阿布扎比 ADCO 陆上油田开发项目的经营权外，还取得了阿布扎比陆上石油公司 8% 的股份，通过这种间接投资方式中国石油与该公司的合作越来越深入。在此项目基础上，2018年7月19日，中国石油还带动其旗下子公司中国石油集团东方地球物理勘探有限责任公司与阿布扎比国家石油公司签署了并购三维地震反射波勘探业务的合作协议，合作金额高达108亿元人民币，通过该协议中国石油集团东方地球物理勘探有限责任公司可凭借三维采集技术开采更多尚未开发的油气资源。

（四）阿布扎比ADCO陆上油田开发项目经验与启示

亚洲西部地区作为"一带一路"倡议的重要战略区域，不仅在国际能源格局中举足轻重，而且为中国石油企业走上国际化发展道路，挖掘海外能源市场提供了重要机遇。亚洲西部地区地处欧洲、亚洲、非洲的交会地带，借助发达的港口货运能力，其成为连接三地货物贸易和直接投资的重要交通枢纽，也成为"一带一路"倡议具有前瞻意义的支撑点。"一带一路"倡议加强了企业出海能力，为以中国石油为代表的能源化工类企业创造了扩大海外市场的机遇窗口。在"一带一路"倡议合作框架下，中国石油对伙伴关系国家的累计投资额高达550亿美元，给东道国带来了近200亿美元的税收收入。中国石油实现了与亚洲西部地区从规则机制的对接到资金的融通，再到油气项目的拓展及基础设施的不断完善，这是中国能源企业善于利用自身发展优势实现企业转型升级的典范，也是中国与"一带一路"共建国家孵化的重要成果。

第一，从制度对接上看，"一带一路"倡议推动不同国家制度的融合发展，通过规则机制先行的方式打通合作交流过程中的堵点，规避双边法律体系迥异而造成的投资风险。

第二，从融资支撑的角度看，以中国石油为代表的能源企业能够顺利在"一带一路"共建国家斥巨资进行投资发展很大程度上得益于"一带一路"倡议的资金池的支持。丝路基金、亚投行在基础设施和能源开发上提供的相关贷款融资和股权投资支持，为中国石油后续能源合作的开展开辟了道路。

第三，从合作空间上来看，"一带一路"倡议发展机遇促进了中国与亚洲西部地区的双向融合。以亚洲西部为代表的能源腹地为中国石油提供了石油和天然气资源，为中国能源安全的储备添砖加瓦。作为回应，以中国铁路、基础通信、电力设施为驱动力的优势产业极大地推动了当地的基础设施建设。这一进一出的互动模式在结合了双方的产能优势的基础上实现了中国与亚洲西部国家的经济互联互通发展。

与此同时，中国石油在进行跨国投资的过程中在法律制度、地缘政治、投资环境等方面遇到了一些问题。部分亚洲西部地区在投资规则和经贸法律上的规定仍不完善，外国投资企业在当地的权益无法得到全面的保障，特别是在企业开办、合同执行、贷款申请及破产保护等方面办理流程复杂，为中国企业对外直接投资带来了诸多不便；在地缘政治层面，部分亚洲西部国家政局长期处于不稳定状态，由种族矛盾及恐怖主义引发的社会秩序紊乱甚至军事武装可能会中断正在合作开采的石油项目，使得斥巨资推进的合作最后无功而返；在投资环境层面，尽管"一带一路"共建国家油气资源丰富，存在很大的出口需求，但是部分国家存在基础设施不完善、设备装置亟待升级改造、技术支撑不足、资金来源匮乏等问题，这些问题也是中国石油企业在对外直接投资中亟待解决的问题。

随着中国石油与"一带一路"共建国家对外合作规模的不断扩大，在海外能源市场方面的投资取得了一些成功经验，也为其他想要扩展海外市场的石油企业提供了一些启示。

一是从政治层面巩固"一带一路"共建国家能源伙伴关系，进一步为企业融入国际市场扫清制度障碍。一方面，东道国政局稳定是投资发展的首要前提，中国在发展"一带一路"共建国家的能源伙伴关系的同时要加强双边的政治互信，联合当地政府打击当地恐怖主义对合作项目的破坏。另一方面，当今，两国法律体系及各项指标标准的差异是阻碍中国企业"走出去"开展对外合作的主要障碍之一，因此要加强双边国家的规则制度、法律法规对接，形成求同存异的合作交流机制，完善因法律监管不到位而造成的政治壁垒，切实保障企业投资者在合作项目开展、基础设施建设、能源运输安全方面的权益。

二是中国企业想要融入当地市场，并占有一定市场份额，就要从被投资国的利益角度出发，完善当地基础设施配套建设，为当地经济建设和民生就业带来福祉。以中国石油为例，中国石油之所以能够在19个"一带一路"共建国家合作近50个油气项目，很大程度上得益于其不仅满足了当地想要通过石油出口拉动本国经济的需求，还提升了当地基础设施的配套能力，促进了当地就业发展，赢得了合作伙伴的信任与肯定。因此，中国石油企业想要进一步实现国际化战略，要注重以服务当地油气产业化为前提，以改善能源基础设施和交通基础设施为双重发力点，特别是要加快油气运输管道的建设与安全维护及推进港口、铁路、公路等运输网络的互联互通，努力带动当地经济建设和居民就业，树立良好的国际品牌形象。

三是深挖与"一带一路"共建国家在能源合作领域的发展空间。一方面，随着中国企业与"一带一路"共建国家的能源合作不断推进，在加强与相关国家的交通基础设施、石化资源联合开发的基础上，可以进一步加强与石油相关产业的合作，如石油炼制业、石油化工、化工制品和化肥行业等，推动双边的石油产业融合向高端和深度迈进。另一方面，中国石油企业持续在国际产能合作上取得新成果，并且建立起一批成功的合作案例及合作示范区，这有助于我们以此来辐射到欧盟、非洲及有更多合作潜力的地区，将石油化工能源的布局铺得更广、更深。

第二节　中国企业在欧洲投资经典案例

放眼当前世界经济发展格局，国与国之间通过发挥各自的资源优势特点，建立起较强的地缘经济联系，实现了地区间的有效资源配置。欧洲地域辽阔，部分国家交通基础设施相对薄弱，一直以来吸引的中国企业投资相对不活跃。但随着以上地区的投资环境不断改善，公民权利、企业权利的保障不断提高，以及中国与欧洲的双边关系进一步发展，中国企业在该地区的利益将得到更好的保护，必将有更多的中国企业到欧洲进行投资经营。

作为"一带一路"线路上的重要一环，俄罗斯拥有丰富的自然资源和能源资源，与中国工业系统的互补性强。特别是近年来俄罗斯在基础设施建设、能源建设和环境建设方面的需求不断扩大，与中国加强对外投资和丰富能源储备的战略安排不谋而合，中俄能源合作亦随之愈加紧密。在"一带一路"倡议的背景下，作为中国"走出去"骨干企业，天狼星控股集团有限公司（以下简称天狼星集团）在俄罗斯的投资活动越发活跃，在当地影响力不断提升，是中国中小型民营企业"走出去"的成功典范。其中，天狼星集团在阿斯特拉罕州建设的 15 兆瓦光伏电站项目已于 2017 年竣工入网发电。天狼星集团投资俄罗斯阿斯特拉罕州光伏电站项目是中国光伏产能输出的优秀典型。

一、天狼星集团发展概况

天狼星集团是一家总部位于中国北京的年轻企业。集团以能源、创新科技、区位资源为三大核心优势，是一家专注于对俄罗斯合作，在俄罗斯境内进行投资的民营企业，业务涉及电力、能源、科技、生物医药、跨境电商等领域。具体包括：俄罗斯及独联体国家成套发电设备出口、工程总承包、光伏发电项目投资合作；俄罗斯远东石油天然气勘探开发、天然气管道运输和深加工一体化项目投资建设合作；高寒、高温、高原汽车测试场地服务，技术与第三方测试服务，汽车设计与大数据服务；俄罗斯商品跨境电商平台服务，仓储、物流、分销配送服务和产业基地合作。其子公司黑龙江天狼星能源工程有限公司是第一家实施大型成套发电设备对俄及独联体国家出口的民营企业，中国第一家参与俄可再生能源计划并投资建设光伏组件厂的民营企业，第一次将中国设计、中国建设带入俄罗斯并实施设计-采购-施工总承包（engineering-procurement-construction，EPC）模式。2017 年 9 月，随着设在伏尔加河下游的阿斯特拉罕州首座 15 兆瓦的太阳能电站正式启动，天狼星集团成为该地区太阳能市场上的第二大规模集团。由于项目进展顺利，且效应符合合作双方利益诉求，天狼星集团随后继续在俄罗斯的萨马拉州、波多利斯克等地进行太阳能发电厂、太阳能单晶硅切片厂等相关领域投资，并已获得俄罗斯电力批发市场主体资格。

二、俄罗斯太阳能电力产业发展概况

俄罗斯领土广袤，比任何其他国家都能获得更多的光照，很多地区昼夜太阳光辐射平均达到每平方米约 5 千瓦时。丰富的光电资源，使得绿色能源发展起步较晚的俄罗斯能快速发展清洁能源。作为全球第五大电力生产国，俄罗斯拥有高度平衡的电力结构，且极其重视可再生能源项目建设。此外，近年来俄罗斯大力发展低碳能源。《2035 年前俄联邦能源战略草案》指出，俄罗斯要在 2024 年前新增 1.52 吉瓦太阳能装机，并在未来十年继续扩增 1.18 吉瓦。

三、天狼星集团阿斯特拉罕州光伏电站项目概况

随着俄罗斯大力扶持可再生能源发展，天狼星集团投资的阿斯特拉罕州光伏电站项目作为中国企业对俄罗斯投资的第一个可再生能源发电项目，其所在的阿斯特拉罕州提供了诸多扶持政策的优惠。该项目所属的公司在政策扶持下共持有 335 兆瓦的光伏电站建设运营权益。该项目主要由两个核心部分组成：一是该项目产生的全部电力需由市场以高价购买，协定购买时间为 15 年；二是电力企业需按照俄罗斯的政策标准建设光伏电站工程并由俄罗斯政府持有 50%以上的施工项目股份。因此，该项目极具经济效益。项目融资方为中国建设银行俄罗斯分行，总投资 3500 万美元。

四、民营企业对俄罗斯能源投资的启示

《对外投资合作国别（地区）指南：俄罗斯（2020 年版）》指出，与油气项目投资不同，中国在俄罗斯清洁能源项目投资规模相对较小，且得到了东道国政策扶持，投资风险较低。天狼星集团作为一家中小型跨国企业，其利用自身优势，在俄罗斯能源市场实施多元化发展战略，对中国企业走进俄罗斯具有一定的借鉴意义。

首先，天狼星集团深刻把握当前时代的发展背景和战略机遇，紧跟"一带一路"倡议发展规划，在"一带一路"倡议发展蓝图的引领下，摸索出中国海外投资的民营企业方案。其次，有效发挥民营企业高效灵活的优势特点，采用产业投资和金融服务相结合的投资模式为中国企业海外输出提供有力资金保证。最后，天狼星集团在深刻了解俄罗斯能源发展战略的同时，实施多元化发展战略，从技术到投资与产能合作，再到精细化生产加工基地建设，全方位渗透，力争抢占新一轮海外能源开发的制高点。

第三节　中国企业在美洲投资经典案例

拉丁美洲凭借着石油、铁矿石等自然资源优势，是中国除了亚洲以外，最大的投资目的地。近年来中拉之间的合作势头日趋良好、投资关系不断深入，这离不开"一带一路"倡议的推动。尽管拉丁美洲一开始并不在"一带一路"范围中，但随着拉美国家表现出积极参与的兴趣，2017 年之后，中国的"一带一路"的合作范围逐渐延伸到巴拿马、乌拉圭、智利、秘鲁等国家，双方国家展开了密切的合作。其中，2020 年 11 月 13 日，国家电网收购了智利的电力公司 Compañía General de Electricidad S. A.（以下简称 CGE）96.04%股权，这项跨国投资是近年来中国企业在拉丁美洲地区践行"一带一路"倡议的典型代表，对分析中国对拉丁美洲的投资特征具有重要借鉴意义。

一、国家电网收购智利 CGE 项目

（一）国家电网发展概况

国家电网是由中央政府于 2002 年创办并控股的大型国有电网企业，注册资本8295 亿元。国家电网作为国家电力能源的领导者，其主要业务领域包括投资建设运营电网、"一带一路"建设、以电工装备制造为代表的产业发展、金融投资。截至2021 年，国家电网为中国 26 个省区市提供电力和能源服务，为超过 88%国土面积的人口与地区服务，服务超过 11 亿人口。2020 年，国家电网在《财富》世界 500 强企业中名列第三。

自 2004 年开始推行全球化发展战略以来，国家电网通过从电工装备出口逐步转变为海外项目投资的方式完成了全球化发展战略的转型升级，海外投资不断取得新成果，其投资运营的项目遍布澳大利亚、意大利、葡萄牙、希腊、巴西、菲律宾、阿曼、智利等国家和地区，逐渐发展成为全球最大的电力能源企业。国家电网早期投资主要通过对外

出口电工装备开展对外合作。2008 年 6 月，国家电网成立统筹规划国际电力能源投资的国网国际发展有限公司，该公司的成立标志着国家电网的国际化经营战略进入系统发展阶段。2012 年 5 月 28 日，国家电网用超 9 亿美元的收购价，收购了巴西 7 个输电特许经营项目 100% 的股权。"一带一路"倡议提出来后，国家电网用实际行动践行着"一带一路"倡议。

（二）智利公司 CGE 简介

1905 年 2 月 21 日，主营配电和输送电力的电力能源公司 CGE 成立。经过多年发展，CGE 从主要为中心城区提供发电和配电服务，发展至能源分配和运输为一体的综合电力供应商。2010 年后，从进入哥伦比亚的液化气分销市场开始，CGE 进入了全球扩张时期。后经过一系列重组，CGE 在智利及周边市场的龙头地位不断得到巩固。当前，CGE 作为智利第一大配电公司和第二大输电公司，为智利大部分地区提供配电服务，拥有 45% 的配电市场份额。

（三）国家电网收购智利 CGE 项目简介

自 20 世纪 70 年代智利与中国建立外交关系以来，双向投资稳步发展，特别是 2018 年智利加入"一带一路"建设队伍后，越来越多的中国企业进入智利市场开展海外投资。2019 年中国向智利投资了高达 60 572 亿美元。从投资领域来看，中国对智利的投资主要集中在采矿业、电网及交通通信等基础设施行业，其中对电网的投资比重位列第二。国家电网对智利 CGE 公司的投资案例具有典型代表意义。

国家电网对于智利 CGE 项目的投资于 2018 年正式启动，经过耗时两年的谈判后，于 2020 年 11 月 13 日，国家电网与西班牙能源集团（Naturgy Energy Group）就收购后者所持有的 CGE 96.04% 的股权达成了共识，收购金额约合人民币 200.95 亿元。其间，受到新冠疫情的冲击，双方合作主要依靠线上沟通协调和线下尽职调查的方式推进，实现 400 余个问题对接和 1.4 万份数据文件研读，为项目顺利推进付出了诸多努力。截至 2018 年，智利 CGE 项目是国家电网对智利海外投资中单笔投资金额第二大的投资项目。交易达成后，国家电网将持有智利输电线路 4609 公里，配电线路 81 649 公里。国家电网加强对智利布局的意义不仅是挖掘智利电力产业的投资潜力，更是开发拉丁美洲的电力能源产业，并在此基础上形成辐射效应，将合作范围扩展到更多拉美国家。

（四）国家电网收购智利 CGE 项目经验与启示

近年来，拉丁美洲国家面临着制造业衰退、基础设施老旧的发展局面，在此背景下，中国于 2017 年正式提出拉丁美洲是 21 世纪海上丝绸之路的自然延伸。拉丁美洲国家对能源基础设施需求的不断提升，为推动中拉能源资源的产业合作提供了持续动力。截至 2021 年，共有 19 个拉美国家同中国签订双边合作协议，约占 34 个拉丁美洲国家和地区的 56%。而国家电网在海外电力能源投资业务的成功经验和遇到的风险可为其他电力企业海外布局提供一定启示。

首先，投资模式多元化推动中国电力企业"走出去"。从投资方式来看，跨国并购和特许经营是中国企业对拉美地区开展投资的主要合作形式，其中跨国并购在中国对外直接投资中占据主导地位。从投资主体来看，尽管民营企业对拉美地区的投资比重在不断提升，但国有企业仍在智利占有投资主体地位。具体而言，国家电网作为国企，通过并购获得 CGE 的经营权，在电网建设工程上采取 EPC 模式和 BOT 模式的同时，还积极推动工程的整合打包和项目的本地化经营，并带动中国国内一批电网工程建设相关设备出口，进而推动中国电力企业的产业链和价值链向全球延伸。

其次，技术标准一体化提升了"走出去"企业的国际竞争力。技术标准一体化是指企业在国际合作中，将技术优势转化为标准优势，推动中拉的技术标准互认及中国技术标准的国际化发展，加速推进双方技术标准的协同发展。

最后，在拉美地区投资的中国企业需要重视投资风险预判，保障海外投资安全。

二、华为海洋承建巴布亚新几内亚海底光缆项目

巴布亚新几内亚（以下简称巴新）是一个处于南太平洋地区的多岛屿国家，其经济发展水平相对落后，处于全球经济发展的"外围"地带，而通信技术的不发达就是阻碍其经济实力提升的重要因素之一。该地区主要采用的是成本相对较高的卫星、微波等传输网络，通信设施较为落后，通信效率较为低下。而华为海洋网络有限公司（以下简称华为海洋），依托母公司华为的技术和资金优势，能够很好地承建巴新的海底光缆项目，为巴新带去可观的经济和社会效应。

（一）华为海洋发展概况

华为海洋，成立于 2008 年，总部位于中国天津，是华为与英国全球海事系统有限公司联合成立的合资公司。作为一家国际化的技术型公司，华为海洋的主营业务范围包括：在全球范围内提供海底光缆通信网络建设服务，并为海底光缆运营商提供有关海底光缆系统的解决和处理方案（如项目管理、工程实施等）。背靠华为在技术链和资金链上的优势，在短短的十几年的时间里，华为海洋迅速占领了海底光缆建设的全球市场，在海底通信领域赢得了自己的话语权。

华为成立于 1987 年，现已成为中国乃至全球通信领域的佼佼者。华为一直秉持初衷，致力于信息与通信基础设施建设和作为智能终端的提供商。通过多年的积累，华为已成为全球通信领域的领军品牌，掌握着领先的核心技术，其业务范围遍布世界。

英国全球海事系统有限公司作为一家经营时间超过百年的大型集团，主要从事海上工程相关工作，在海底光缆建设方面更是独领风骚。经过历史的沉淀，全球海事系统有限公司现已拥有全球范围内规模最大的海底光缆船队，同时拥有大量与海底光缆网络建设相关的设备。

综上，在集中了华为和全球海事系统有限公司在海洋基础设施上的优势的基础上，华为海洋在海底光缆建设领域有着得天独厚的优势。

（二）巴新通信业发展概况

巴新坐落于太平洋的西南部，属于南太平洋岛国，共有岛屿 600 余个①。巴新拥有丰富的资源能源，包括高储量的铜矿和金矿资源及丰富的石油、天然气资源。但是，巴新的经济发展不平衡，且发展相对落后，农业是巴新的主导产业。巴新通信设施落后，通信行业基础薄弱，但随着国家基础设施建设的逐步推进，实现了互联网的快速发展。据世界银行统计，2019 年，巴新互联网用户为 117 万，每百人中 14.7 人接入互联网，每百万人拥有安全互联网服务器仅 57 台，不足全球平均水平的千分之五。

当前，巴新的移动互联网宽带迎来了井喷式的发展势头，市场用户数量不断猛增，移动 4G 数据网络也逐渐在全国各地铺开。全球移动通信系统协会报告显示，截至 2018 年，巴新智能手机持有率约为 22%，预估该数据将于 2025 年达到 63%，市场潜力巨大。然而巴新当前仍普遍面临传输、接入和国际出口资源不足的困境，其中卫星和海底光缆带宽租赁费用高昂。为解决这一问题，降低出口带宽批发价格，巴新当前正积极引进国际通信工程建设公司，加快通信基础设施建设。

（三）华为海洋承建巴新海底光缆项目简介

对于巴新这样一个多岛屿的国家而言，海洋将各个岛屿所分隔，再加上信息和通信设施的落后，严重阻碍了巴新经济的进一步提升。而海底光缆的建设，能够很好地解决各个岛屿之间通信不便的问题，更好地为巴新国内经济高速发展和相应业务所服务。

巴新的海底光缆项目是指巴新政府所制定的巴新国家骨干网建设项目，旨在改善巴新落后的通信局面，建设成本相对较低、传输相对高效的通信网络。2016 年，华为海洋正式宣布承建巴新海底光缆项目，表示愿同巴新国企 DataCo 一道为巴新铺设海底光缆。

根据华为海洋的规划，巴新海底光缆全长约为 5457 千米②，能够将巴新沿海的 14 个城市连接起来。不仅如此，在实现国内通信设施联通的同时，此次海底光缆项目还将巴新同印尼的查亚普拉相连，使得巴新与全球光缆网络相连通。此次项目建成后，将为巴新至少 55% 的人口所服务，预期到 2026 年能够实现为巴新提供超过 70% 宽带的目标。

（四）巴新海底光缆项目经验与启示

"一带一路"倡议的提出点燃了中国企业对外投资的热情，2017 年，国务院宣布将南太平洋岛国纳入"一带一路"的南线，这使得中国企业不再将自己的目光仅仅放在邻近的东南亚地区，南太平洋的众多岛国也进入了中国企业的视野范围。而巴新，作为距离亚洲最近的南太平洋岛国，其在"一带一路"建设范围中的战略地位日益凸显。

近年来，中国不断加强同巴新的合作，不断加大对巴新的对外援助规模，从教育到

---

① 数据来源：外交部官网。

② 数据来源：华为官网。

医疗再到基础设施建设，中国政府身体力行，用实际行动告诉巴新人民中国对于同巴新建立友好经贸合作关系的诚意，努力化解因海洋之隔所带来的文化、习俗差异，化解国外舆论对中国的刻板印象，以此来为中国企业赴巴新投资创造良好的合作环境。此次华为海洋承建巴新海底光缆项目，一方面利用自己的先进技术改善了巴新通信落后的局面，另一方面拓展了华为的海外市场，与此同时还进一步深化了中国与巴新之间的关系，为中国与巴新的合作翻开了新篇章。

第四节　中国企业在非洲投资经典案例

非洲作为拥有丰富的石油、矿产资源及廉价劳动力的地区，近年来吸引了一批中国投资者进入，投资规模逐步扩大。然而，截至 2019 年，中国对非洲的直接投资存量为 443.9 亿美元，仅占总对外投资存量的 2%。尽管中国对非洲的直接投资额相较其他大洲较少，但伴随"一带一路"范围拓展到非洲大陆地区，中国对非洲的投资迎来了高速的增长，投资领域也越来越广。从 2013 年到 2019 年，投资领域也从重点关注铁矿石资源转为建筑、铁矿石、制造业、金融业的并行发展态势。其中铁路网络建设作为非洲国家经济发展的刚需，是中国对非洲投资重要领域之一。本节选取中国铁建股份有限公司（以下简称中铁建）投资建设的尼日利亚阿布贾-伊塔克佩铁路及瓦里港项目作为中国企业在非洲地区投资的经典案例进行简要介绍。这是一项 39 亿美元的铁路和港口合作项目，该合作项目是中铁建设集团有限公司在国际业务版块上的又一战略布局，也是"一带一路"倡议在非洲大陆上的精准落地。

一、中铁建发展概况

2007 年 11 月 5 日，中铁建于北京成立。作为一家特大型的国有建筑企业，其在铁路建设、公路建设、城际轨道交通建设等领域具有行业领先地位。随着中国铁路运输的高速发展及中国企业"走出去"的步伐逐渐加快，中铁建凭借国际业务版块的不断扩张迅速成为中国乃至世界上最具有影响力的铁路公司之一。2020 年，根据《财富》世界 500 强企业排名，中铁建位列第 54 位，在全球 220 家最大承包商排名中位列第 3 位。[①]

2013 年，在"一带一路"倡议的号召下，中铁建以铁路建设、港口开发和建筑施工等重大项目工程为依托，积极参与建设了多个非洲基础设施建设项目，其中包括位于安哥拉的本格拉铁路项目、尼日利亚的阿卡铁路和拉伊铁路、阿尔及利亚高速公路等一大批具有战略意义的标志性建筑工程，为中铁建的国际化运营奠定了雄厚基础。2018 年，中铁建提出"外海优先"发展战略，积极抢抓利用"一带一路"建设的机遇，构建起"3+5+N"的海外经营发展体系，成为中国铁路走向全球的亮丽名片。其中，非洲成为中铁建拓展海外市场最主要的阵地之一，截至 2020 年，中铁建已在非洲的将近 50 个国家展开海外业务，累计建成铁路超过 10 000 公里。

---

① 资料来源：中铁建官网。

二、尼日利亚阿布贾-伊塔克佩铁路及瓦里港简介

历史上,尼日利亚早期铁路网络建设很大程度上是由英国在当地的殖民统治时期建立起来的,随着尼日利亚完成国家独立后,经济的快速发展和人口的激增使得原有的铁路网络不堪重负。由于缺乏先进技术和资金支持,尼日利亚的铁路发展较为落后,铁路的方位布局较为单一。尼日利亚的铁路网络主要连接南北两边,呈现"H"形分布,在国内的 36 个州中,只有 19 个州有铁路相通,滞后的铁路交通网络严重地制约了尼日利亚的经济发展。

阿布贾-伊塔克佩铁路是指从尼日利亚首都阿布贾到伊塔克佩的一条全程 249 公里的铁路线,该铁路从北向南延伸,其建成后将成为尼日利亚最长的铁路线,途经尼日利亚规模最大、纯度最高的伊塔克佩铁矿石产区。该条线路的通车能极大地便利首都阿布贾至伊塔克佩的货物运输及人员往来。此外,从伊塔克佩一路南下可至尼日利亚的瓦里港,一旦阿布贾-伊塔克佩铁路建成,会极大地促进尼日利亚铁矿石等自然资源的海外出口,进而带动瓦里港的建设和发展,这也是中铁建选择投资尼日利亚阿布贾-伊塔克佩铁路和瓦里港的重要原因。

三、中铁建投资阿布贾-伊塔克佩铁路及瓦里港项目概况

当前中国对非洲铁路基础设施的投资模式主要有三种:BOT、EPC 和 PPP 模式。其中对尼日利亚的铁路投资模式以 EPC 和 PPP 模式为主。然而,尽管 EPC 模式具有工期较短、风险较小的优势,但其也有合作深度不足的劣势。近年来,PPP 模式作为一种长期的公私合营模式,成为中国企业与东道国政府加深合作关系的主流模式。2019 年 10月,中铁建与尼日利亚政府签署阿布贾-伊塔克佩铁路及瓦里港建设合作项目协议,这是中国与尼日利亚合作的第一个 PPP 模式的铁路协议。协议中规定,阿布贾-伊塔克佩铁路及瓦里港项目的设计规划和施工建设由中铁建主持负责,项目资金15%来自尼日利亚政府,10%来自中铁建,其余 75%的资金将由中资银行完成融资。融资过程由中铁建向阿布贾联邦运输部总部提供银行的履约保证金,并给予主权担保。项目建成后,中铁建拥有 30 年的铁路和港口运营权,合作到期后将铁路和港口移交给尼日利亚政府。

四、中国铁路公司对非洲投资的经验启示

中国凭借先进的铁路技术优势和建设成本优势,依托信息化发展,研发出一系列高质量、高效率的铁路系统,为欠发达经济体和缺乏自主修建铁路系统的发展中国家提供了中国方案。与此同时,中国铁路公司紧紧跟随"一带一路"倡议,为"一带一路"共建国家提供了有力的铁路基础设施网络。中国与尼日利亚铁路基础设施建设的合作,为双方贸易和投资的往来开辟了便利通道。对于尼日利亚来说,中国铁路公司通过技术扶持、资金支持推动了尼方的铁路网络的建设发展,提高了各主要城市之间的货物运输能力,增加了铁路交通对周边地区的辐射作用,为实现国家经济高速运转提供了源源动力。对于中国来说,中国铁路基础设施越来越多地走出国门,为中国铁路公司开辟海外市场积累了许多实践经验。此外,中国铁路公司在尼日利亚的合作项目取得重大成果,有利

于提升中国企业在当地的市场竞争力和国际影响力，推动中国企业在非洲开拓更广阔的市场。

然而，中国铁路公司在"走出去"的过程中也面临着诸多的问题与挑战。一是东道国政府的腐败和政权的频繁更迭常常导致合作项目中断或延迟。一方面，可能存在铁路基础建设资金被政府高官挪用的风险，导致建设资金链断裂，一些合作项目被迫中断。另一方面，根据《对外投资合作国别（地区）指南：尼日利亚（2020年版）》，尼日利亚实行每四年一换届的选举制度，当地政府人员频繁调动导致项目交接不畅，延长了中国企业的投资周期，增加了不必要的投资成本。二是土地征用问题导致合作项目延期。尽管尼日利亚的《土地使用法》为中国企业修建新铁路，征用居民用地提供了法律依据，但是由于当地政府采用酋长制，且酋长的权力较大，造成了中国企业在土地征用上有时受到当地酋长的阻碍。三是中国铁路工程的实施标准和尼日利亚的认可标准存在差异。由于尼日利亚对工程实施的技术管理和质量把控的能力有限，所以在标准认定上往往依赖英国或欧洲的第三方咨询机构。而中欧之间对于铁路工程的认定标准往往存在差异，且欧方对中方的标准和规范存在排斥心理，使得中方不得不遵循欧方的规范标准，导致中国在遵循工程实施标准中处于被动地位。

随着"一带一路"倡议的覆盖范围越来越广，中非之间的铁路合作广度和深度不断拓展，如何使中国企业对非洲铁路工程的投资更加顺利，为非洲当地带来便利的铁路交通的同时，维护中国企业的合作权益是一个亟待关注的问题。首先，加强中非之间的政治和战略互信是推动中非铁路合作的制度保障。中非应该继续深入推进"一带一路"建设，本着求同存异的原则处理合作过程中遇到的问题。其次，企业在投资之前应做好充分的当地调研和风险评估工作。在了解非洲当地基本政策的基础上，加大对当地文化特性及社会背景的研究，在考虑投资经济效益的同时要注重合作项目的可实施性。再次，还需不断完善海外项目的风险预警机制，对可能出现的风险做出提前预判，对出现的问题制定多种方案，以提高应对各种风险的能力。最后，推动中国企业对非洲铁路投资的合作模式转变和升级。虽然EPC模式具有合作周期短、风险小的优势，但是不利于深化中国铁路企业与非洲的合作，不利于增加中国企业在当地的话语权。因此，今后中国铁路企业和非洲国家开展铁路项目工程合作时可灵活采用BOT和PPP的模式，在承接铁路基础设施项目的基础上，继续参与项目后续的运营和管理，推动中国的工程标准、管理理念在当地深入发展，提升中国企业在国际化运营方面的竞争力。

参 考 文 献

白洁，苏庆义. 2019. CPTPP 的规则、影响及中国对策：基于和 TPP 对比的分析[J]. 国际经济评论，（1）：6，58-76.

陈建安. 2016. 国际直接投资与跨国公司的全球经营[M]. 上海：复旦大学出版社.

陈颂，卢晨. 2017. 不同投资方式的 OFDI 逆向技术溢出效应研究[J]. 国际商务（对外经济贸易大学学报），（6）：86-97.

陈伟光，黄亮雄，程永林，等. 2017. "一带一路"经济学创立及其诸多向度[J]. 改革，（2）：5-16.

程聪，贾良定. 2016. 我国企业跨国并购驱动机制研究：基于清晰集的定性比较分析[J]. 南开管理评论，19（6）:113-121.

杜奇华. 2016. 国际投资[M]. 3 版. 北京：高等教育出版社.

韩永辉，李子文，张帆，等. 2019. 中国双向 FDI 的环境效应[J]. 资源科学，41（11）：2043-2058.

韩永辉，罗晓斐. 2017. 中国与中亚区域贸易合作治理研究：兼论"一带一路"倡议下共建自贸区的可行性[J]. 国际经贸探索，33（2）：72-84.

韩永辉，罗晓斐，邹建华. 2015. 中国与西亚地区贸易合作的竞争性和互补性研究：以"一带一路"战略为背景[J]. 世界经济研究，（3）：89-98，129.

韩永辉，王贤彬，韦东明，等，2021. 双边投资协定与中国企业海外并购：来自准自然实验的证据[J]. 财经研究，47（4）：33-48.

韩永辉，韦东明，戴玲. 2019. "一带一路"产能合作中的贸易投资竞合联动研究[J]. 广东社会科学，（4）：23-34.

韩永辉，韦东明，黄亮雄. 2021. 中国与"一带一路"沿线国家产能合作的耦合效应研究[J]. 国际贸易问题，（4）：143-158.

韩永辉，韦东明，谭锐. 2019. "一带一路"沿线国家投资价值评估研究：基于 GPCA 模型的测算分析[J]. 国际经贸探索，35（12）：41-56.

何树全. 2004. 国际投资协定中的主要争议和未来的选择分析[J]. 社会科学，（5）：25-32.

黄亮雄，钱馨蓓，李青. 2018. 领导人访问与中国企业在"一带一路"沿线国家的海外并购[J]. 国际商务（对外经济贸易大学学报），（6）：47-60.

贾镜渝，李文，郭斌. 2015. 经验是如何影响中国企业跨国并购成败的：基于地理距离与政府角色的视角[J]. 国际贸易问题，（10）：87-97.

贾妮莎，韩永辉. 2018. 外商直接投资、对外直接投资与产业结构升级：基于非参数面板模型的分析[J]. 经济问题探索，（2）：142-152.

蒋冠宏，蒋殿春. 2017. 绿地投资还是跨国并购：中国企业对外直接投资方式的选择[J]. 世界经济，40（7）：126-146.

蒋冠宏，曾靓. 2020. 融资约束与中国企业对外直接投资模式：跨国并购还是绿地投资[J]. 财贸经济，41（2）：132-145.

李馥伊. 2018. 美墨加贸易协定（USMCA）内容及特点分析[J]. 中国经贸导刊，（34）：26-28.

李俊，孟夏. 2018. 跨国公司对外直接投资与服务贸易出口：美国经验及其中国启示[J]. 现代经济探讨，（3）：67-77.

李猛. 2018. "一带一路"中我国企业海外投资风险的法律防范及争端解决[J]. 中国流通经济，（8）：109-118.

李青，韩永辉. 2016. "一带一路"区域贸易治理的文化功用：孔子学院证据[J]. 改革，（12）：95-105.

李青，韩永辉，韦东明. 2020. 文化交流与企业海外并购：基于"一带一路"孔子学院的经验研究[J]. 国际经贸探索，36（8）：81-96.

李善民，李昶. 2013. 跨国并购还是绿地投资？——FDI 进入模式选择的影响因素研究[J]. 经济研究，
（12）：134-147.

李诗，吴超鹏. 2016. 中国企业跨国并购成败影响因素实证研究：基于政治和文化视角[J]. 南开管理评
论，19：18-30.

李向阳. 2018. 亚洲区域经济一体化的"缺位"与"一带一路"的发展导向[J]. 中国社会科学，（8）：
33-43.

李玉梅，桑百川. 2014. 国际投资规则比较、趋势与中国对策[J]. 经济社会体制比较，（1）：176-188.

李子文，李青. 2017. 中国对非洲直接投资的双边领导人访问效应：理论解释与实证检验[J]. 国际经贸
探索，33（12）：52-71.

卢进勇，杜奇华. 2004. 国际投资理论与实务[M]. 北京：中国时代经济出版社.

卢阳春，吴凡. 2009. 中国企业集团跨国经营的风险及其防控机制[J]. 社会科学研究，（6）：34-37.

陆雄文. 2013. 管理学大辞典[M]. 上海：上海辞书出版社.

路遥. 2018. "一带一路"倡议下国际投资中跨国公司环境责任研究[J]. 求索，（1）：64-71.

罗晓斐. 2011. 中国与中东地区经贸合作特点及制约因素[J]. 中国商贸，（23）：204-205.

罗晓斐. 2016. 中国对"丝绸之路经济带"国家工程承包的区位因素分析：基于引力模型的经验考察[J].
国际商务（对外经济贸易大学学报），（4）：60-71.

裴长洪，郑文. 2011. 国家特定优势：国际投资理论的补充解释[J]. 经济研究，（11）：21-35.

綦建红. 2005. 国际投资学教程[M]. 北京：清华大学出版社.

石俭平. 2015. 国际投资条约中的征收条款研究[M]. 上海：上海社会科学院出版社.

孙南申. 2018. "一带一路"背景下对外投资风险规避的保障机制[J]. 东方法学，（1）：22-29.

孙南申，王稀. 2015. 中国对外投资征收风险之法律分析[J]. 国际商务研究，（1）：50-58.

孙维峰. 2013. 国际多元化的风险降低效应研究：基于中国上市公司 2009—2011 年的样本数据[J]. 投资
研究，32（10）：148-157.

滕维藻，陈荫枋. 1991. 跨国公司概论[M]. 北京：人民出版社.

王东京. 1993. 国际投资论[M]. 北京：中国经济出版社.

王稳，张阳，石腾超，等. 2017. 国家风险分析框架重塑与评级研究[J]. 国际金融研究，（10）：34-43.

王祥修. 2020. 论"一带一路"倡议下投资争端解决机制的构建[J]. 东北亚论坛，29（4）：15-26，127.

吴先明，苏志文. 2014. 将跨国并购作为技术追赶的杠杆：动态能力视角[J]. 管理世界，（4）：146-164.

夏辉，薛求知. 2011. 服务型跨国公司全球模块化与服务业国际转移及其对中国的启示[J]. 财贸经济，
（3）：81-88，137.

小岛清. 1987. 对外贸易论[M]. 周宝廉，译. 天津：南开大学出版社.

谢洪明，张倩倩，邵乐乐，等. 2016. 跨国并购的效应：研究述评及展望[J]. 外国经济与管理（8）：59-80.

谢洪明，章俨，刘洋，等. 2019. 新兴经济体企业连续跨国并购中的价值创造：均胜集团的案例[J]. 管
理世界，35（5）：161-178.

谢孟军. 2017. 文化"走出去"的投资效应研究：全球 1326 所孔子学院的数据[J]. 国际贸易问题，（1）：
39-49.

叶刚. 1989. 遍及全球的跨国公司[M]. 上海：复旦大学出版社.

余湄，谢海滨，高茜. 2014. 国际投资中的汇率风险对冲问题研究[J]. 系统工程理论与实践，34：67-74.

翟玉胜，周文娟. 2016. 中国能源企业海外投资研究[M]. 武汉：武汉大学出版社.

詹晓宁. 2016. 全球投资治理新路径：解读《G20 全球投资政策指导原则》[J]. 世界经济与政治，（10）：
4-18.

张纪康. 2004. 跨国公司与直接投资[M]. 上海：复旦大学出版社.

张丽娜. 2018. "一带一路"国际投资争端解决机制完善研究[J]. 法学杂志，（8）：32-42.

张茜. 2018. CPTPP 争端解决机制比较研究：以 WTO 争端解决机制改革为视角[J]. 大连海事大学学报（社

会科学版），17（6）：16-24.

张蔚，徐晨，陈宇玲. 2002. 国际投资学[M]. 北京：北京大学出版社.

张宇燕，李增刚. 2010. 国际关系的新政治经济学[M]. 北京：中国社会科学出版社.

张蕴岭，马天月. 2019. 国际投资新规则及中国应对策略[J]. 国际展望，11（4）：23-38.

张中华，李荷君. 1995. 国际投资理论与实务[M]. 北京：中国财政经济出版社.

赵蓓文. 2017. 国际投资学国际理论前沿[M]. 上海：上海社会科学院出版社.

赵蓓文. 2018. "一带一路"建设与中国企业对外直接投资新方向[M]. 上海：上海社会科学院出版社.

郑玲丽. 2008. WTO 关于区域贸易协定的法律规范研究[M]. 南京：南京大学出版社.

朱刚体. 1987. 国际生产折衷理论述评[J]. 经济学动态，（3）：60-64.

de Nanteuil A. 2020. International Investment Law[M]. Cheltenham: Edward Elgar Publishing.

Kojima K. 2010. Direct Foreign Investment: A Japanese Model of Multi national Business Operations[M]. London: Routledge.

Melitz M J. 2003. The impact of trade on intra-industry reallocations and aggregate industry productivity[J]. Econometrica, 71(6): 1695-1725.

Oral M, Kettani O, Cosset J C, et al. 1992. An estimation model for country risk rating[J]. International Journal of Forecasting, 8: 583-593.

Sabahi B, Laird I A, Gismondi G E. 2018. International Investment Law and Arbitration: History, Modern Practice, and Future Prospects[M]. Leiden: Brill.

Tan Bhala K, Yeh W, Bhala R. 2016. International Investment Management: Theory, Ethics and Practice[M]. London: Routledge.

United Nations Conference on Trade and Development. 2019. World Investment Report 2019: Special Economic Zones[M]. Geneva: United Nations Publications.

Yeaple S R. 2009. Firm heterogeneity and the structure of U.S. multinational activity[J]. Journal of International Economics, 78(2): 206-215.